シリーズ　日本の中の世界史

手仕事の帝国日本

シリーズ
日本の中の世界史

手仕事の帝国日本

民芸・手芸・農民美術の時代

池田 忍
Ikeda Shinobu

岩波書店

刊行にあたって

人や社会のあり方が、それらを取り巻いて生起する世界中のさまざまな出来事によって突き動かされ、方向づけられてきたこと、そしてそのような衝迫《インパクト》に対する人や社会のさまざまな反応《レスポンス》が、人や社会の内実を形づくってきたこと、このことは過去のどの時代についてもいえることである。しかし、それが特に目に見える形をとって現われるのは近代という時代においてである。

幕末・維新期以降、日本の近代を生きた人々は世界中の政治や経済や文化の動きに否応なく巻き込まれると同時に、それらの動きを取り込んで、自らの主体を形づくってきた。その過程で、「国民」と「国民国家」の形成という一九世紀世界史の基本的な動向が日本列島にも貫徹して、人々を「日本国家」という鋳型の中にがっちりと嵌《は》め込んでいった。それは同時に、人々が「日本国民」という意識を自らのものとして受け入れていく過程でもあった。ただ、この「日本国家」、「日本国民」という枠組みは、沖縄の人々やアイヌ（ウタリ）の人々、そして後には、「在日」を生きることになる人々などに対する差別の構造を深く内包するものであった。

このようなものとしての日本の近代においては、法律や社会制度、社会運動や社会思想、学問や芸術等々、何をとっても、日本に「固有」といえるものは存在しない。それらは、いずれも、「日本の中の世界史」の現われとして存在しているのである。

それゆえに、私たちはいたるところに、「日本の中の世界史」を見出すことができるはずである。本シリーズの七名の著者たちは、二〇一四年八月以来、数カ月に一度の研究会を積み重ね、政治や経済、文化や芸術、思想や世界史認識など、それぞれの関心領域において、「日本の中の世界史」を「発見」するために、持続的な討論を行ってきた。本シリーズは、その過程で、七名の著者たちがそれぞれの方法で「発見」した「日本の中の世界史」の物語である。

今日、世界中の到る所で、自国本位《ファースト》的な政治姿勢が極端に強まり、それが第二次世界大戦やその後の種々の悲惨な体験を通して学んださまざまな普遍的価値を否定しようとする動きにつながっている。日本では、道徳教育、日の丸・君が代、靖国といった戦前的なものの復活・強化から、さらには日本国憲法の基本的理念の否定にまで行き着きかねない政治状況となっている。

私たちは、日本の中に「世界史」を「発見」することによって、日本におけるこのような自国本位《ファースト》的政治姿勢が世界的な動きの一部であることを認識するとともに、それに抗する動きも、世界的関連の中で日本のうちに見出すことができると確信している。読者のかたがたに、私たちのそのような姿勢を読み取っていただければ幸いである。

二〇一八年一〇月一七日

池田忍、木畑洋一、久保亨、小谷汪之、
南塚信吾、油井大三郎、吉見義明

目　次

凡例

- 引用文の出典や本文叙述の典拠などを示す際には、原則として、［池田、二〇〇七］のように略記し、その文献名や出版社、出版年など詳しい書誌情報は巻末の文献一覧に表示した。
- 展覧会の図録類について本文中で示す際には、便宜的に付した通し番号と図録タイトルの一部を示し（例：図録41『藤井達吉の世界』）、その詳しい情報は、文献一覧の中に【展覧会図録】としてまとめ、番号順に配列して示した。
- 史料の引用に際しては、旧字体を新字体に、旧仮名遣いを新仮名遣いに改めた。また、濁点や句読点を適宜補い、振り仮名を付した。

プロローグ――手仕事の居場所

暮らしの中の手仕事

私の出身地は北海道である。父方の曽祖父は、明治二〇年代に、山形市から最終期の屯田兵として北海道中部の滝川に入植した。空知《そらち》アイヌが暮らす土地であったはずだが、一八九九年生まれの祖父からアイヌの人たちとのかかわりについて聞いたことはない。もっとも祖父が亡くなる頃、三〇代にさしかかった私自身の関心は、郷里の歴史に向いていなかったのだから、祖父は聞かれもしない話をしなかっただけなのかもしれない。

さて、明治の北海道への入植者だった先祖は、そのごく限られた荷物の中に、小ぶりな朱塗りの膳の揃いを加えていた。それは、何としても運びたい「モノ」のリストに含まれていたのだろう。しかし、父の話によると、昭和四〇年代には、使用される機会もなくなっていた膳は、祖父の田舎の家から札幌に住む私の両親のもとに渡っていたが、その時点で傷みがかなり激しく、捨てることも検討せざるを得ないほどであったらしい。

ところがその頃は、まだ、大きな商品見本を背負って全国を行商してまわる輪島の塗師屋《ぬしや》が、北海道まで商いに来ていた。隣家の主婦に紹介され、我が家ではその膳を持ち込みで修理に出すことになった。塗師屋によれば、「修理に耐える木地と塗りの膳である」とのことで、それは輪島へ送られ、職人の手で見事に再生したのである。

記憶をたぐり寄せれば、祖母が大正期の女学生の頃に作ったという今はもう失われた刺繍の額絵が晩年の祖父の居室にあった。手芸はおろか裁縫をする祖母の姿も覚えていなかったので、祖母の手になると聞いて意外であった。

母方の祖父は、大正期に親類をたより徳島から北海道へ移り住んだが、暮らしが落ち着いた晩年、やはり昭和四〇年代には、郷里・阿波浄瑠璃の木偶人形を手に入れて大切にしていた。この祖父の部屋へ昇る階段に掛けてあった般若の面が子供心に怖かった。着るもの持つものの染めや織にこだわりのある人であった。

衣食住に不可欠な実用品にとどまらず、手で持ち、肌に触れ、目に入れるたびに、心地よさや満足をもたらす「モノ」を、人はどの時代にも求めてきたであろう。とりわけ近代という移動の時代において、「モノ」は人を記憶に、そして家族や故郷といった失われてゆく「共同体」につなぐ働きを果たしてきたのではなかったろうか。

「モノ」の手触りと視覚的な「美」は、私たちの身体と記憶に宿る。だからこそ、「モノ」は、いま、ここに存在するだけではなく、過去にそれが人の手で作られ、使われた協働的な「場」を想起させる。言い換えれば、私たちは、誰かの手仕事の跡を残した「モノ」によって誰かとつながり、社会に己の居場所を見つけたいと望んできたのだと考える。

とりわけ、それまで在った共同体が崩れて「個」に解体され、移動を余儀なくされ、また「個」として生きようと人が模索する時代、つまり近代にこそ、「手仕事」に対する欲望は自覚化されていったと考える。そして、今なお、この欲望は消えず、大きくなり続けているように思われる。自分の居場所が失われると直感した時、あるいは喪失に直面してはじめて、人は手仕事による「モノ」を手に入れようと行動する。

そして近年の私は、祖父母や両親のみならず私自身にもずっと見えなかったアイヌの人々の手仕事とその歴史に惹かれている。それは私にとっても故郷である北海道、いや国境線が引かれる以前の北方に生きた人々の記憶を宿し、日々の暮らしの証であるからだ。

手仕事の来し方をみつめる

では、日々の暮らしとともにあったあまたの「モノ」、手仕事は、近代日本の社会の中でどのような位置を占めてきたのだろうか。それらは、本書のI章で見るように、明治以来の西洋美術の規範の導入の下で、生成する公的な「美術」の制度からは排除され、私的空間という社会の片隅に追いやられていった。

しかし、西洋から導入されて一旦は整ったかに見える近代日本の美術の制度に対して、疑問を抱く一八八〇年代生まれの若い美術家たちは、日常生活を重視し、そこに美術の制度化の過程で排除された「手仕事」の復権を目指した。ここで言う、「手仕事」とは、文字通り人がその手でこしらえる行為と、その結果としての「モノ」を広く指す。

本書は、「美術」や「工芸」が排除してきた手仕事に芸術としての価値と意味を認め、自らの実践とした若者たちによる新たな創造の提唱、運動を取り上げる。それは、日露戦争後の日本社会で一定の期待と支持を集め始まった。それらは「小芸術」と呼ばれたりするが、一八八〇年代生まれの若い美術家たちは辺境の人々、在地の民衆や女性の生活に密着した手仕事に心をゆさぶられる。それらの手仕事は単に美術の制度から排除されたというにとどまらず、帝国の周縁に位置する人々によって担われていた。

　とりわけ本書のⅡ・Ⅲ章で取り上げる美術家たち、富本《とみもと》憲吉《けんきち》（一八八六―一九六三）、藤井《ふじい》達吉《たつきち》（一八八一―一九六四）、そして山本《やまもと》鼎《かなえ》（一八八二―一九四六）は、同時代の「西洋」（帝国）の動向に敏感に反応し、帝国の経験を取り入れながら、第一次世界大戦後の日本においてそれぞれの実践、運動を展開した。ウィリアム・モリスを知って英国に留学した富本憲吉は、ヴィクトリア&アルバート博物館に通い、エジプト、インドに旅をして、未知の造形に目を開かれる。帰国後は、バーナード・リーチとともに「民芸」創始に深く関与する。富本やリーチの動きに触発されて藤井達吉は家庭の女性たちとの協働、生活の美を目指す。近代版画の扉を開けた山本鼎は、これらの人々の動きに微妙に接しつつ、欧州留学の帰路にロシアに立ち寄り彼の地の農民美術の影響を受けて、独自の農民美術運動を展開しようともがいた。

　大正後期に顕在化する彼らの運動がめざしたのは、過去の再生ではなく、「民芸」「農民美術」「手芸」といった言葉とともに、「他者」の手仕事との協働を前提にした創造であった。手仕事の生まれる場としての土地（ローカリティ）と「家《ホーム》」は重なり合い、独自の創造実践の拠点とみなされ、新しい「美」を生んだ。

「家《ホーム》」は、都鄙、帝国と植民地、「美術」と「工芸」、「工芸」と「手芸」といった近代の境界、ヒエラルキーを越える方法／回路であったとみることができる。しかし、こうした運動は、昭和に入ると国家による工芸にかかわる政策や戦略に接近し、その組織化の過程で葛藤を経験、それぞれに変容を余儀なくされる。

本書が明らかにしたいのは、上記の美術運動が、抑圧された帝国の周縁、女性への着目によって生まれたものの、近代の枠組みを内在化した男性知識人を主導者とすることで免れえなかった矛盾、葛藤の過程である。制度化された「美術」に抗う男性知識人は、旧来の「家《いえ》」に対し異議を申し立てる人々でもあった。他方、本書においては、男性知識人の言説と実践によって、意味づけられ、導かれる対象とされた人々にも目を向けよう。

今日もなお、手仕事とその表象はわたしたちの心をゆさぶる。失われた／回復すべき原風景を想起させ、ノスタルジーを喚起するからであろうか。またそれは、しばしば共同体のアイデンティティ形成の核に据えられ、あるいは商品価値への期待から、地方自治体や国の関係省庁による振興事業が続く。しかし、開発を背景にした素材確保の困難、後継者不足が急速に進み、工芸や手芸を取り巻く環境は厳しさを増している。

本書が考察の対象とする時代、とりわけ第一次世界大戦後の大きく変容する社会の中で、民衆、女性の手仕事の再評価が行われ、手仕事についての言説や表象が増加、流布する状況は、現代に通じる。ゆえに、手仕事に基づく美の創出に賭けた人々の軌跡や主張を振り返り、歴史的射程の中に位置づけ、今一度、未来の社会の在り方をじっくりと考えたい。

第Ⅰ章

「日本美術」の生成

――美術政策と西洋近代

わたしたちが今日「美術」と呼んでいる対象は、歴史的な過程を経て変化してきた。そもそも、明治のはじめに「美術」という言葉は存在していなかった。また「工芸」は修練によって獲得する技能をさす中国由来の漢語で、今日のように「美術」の一翼を占める分野として、さまざまな材料、技術を駆使して制作される特定の造形物をさす言葉ではなかった〔前田、一九七五〕〔森、二〇〇九〕。近世の日本列島において造られるモノ、描かれる媒体は多様で、それを享受、使用する人々の階級・階層に応じて異なっていたので、それらを俯瞰して総合的・体系的に把握する動機や必要はなかったのである。

もちろん近世後期には、各種「画論」や「画譜」、あるいは都市の評判記や人物誌といった、民衆により身近な媒体を通じて、作品や絵師、工人に関する情報、流派についての理解が一定の人々の間で共有されていた。しかしそれは、書画や文芸、あるいは芸能（能楽、茶の湯、生け花など）によって構築される、特定の社会的ネットワークの参加者が共有、交換する情報であり、彼らが求める「モノ」であった。階級・階層、身分に応じて、暮らしの舞台となる住まい、取り巻く環境が異なり、それぞれに必要な「モノ」、観賞対象を含めた諸々の道具は違っていた。

また近世の日本において「工」という語は、工芸、絵画、彫刻を総合的に含む用語として使用されており、技能を意味するとともに、たとえば「漆工」「画工」ということばが示すように、その技能を身につけた職人をも意味する。そして維新後も、明治二〇年あたりまでは、工芸／工業／手工／手芸などの言葉の定義、区分は曖昧であった〔木田、二〇一四〕。

しかし、維新後の日本は、産業革命の進展によって激化する工業化の国際競争を目の当たりにすることになった。また日本は、国家として対外的に「日本」を表象する場、すなわち博覧会への参加を通じて、「日本」を構成しアピールする「モノ」の掌握に迫られる。「モノ」の展示には、出品国の国際的地位や出品部門の重要性に関する情報に始まり、割り当てられた会場の構成、配置のための情報、知の獲得が不可欠だった。

展示の方法、つまり空間の表象は、誰に、何を、またどのように見せるのかという万国博覧会の視覚の制度に直結していた。展示にかかわる者にはその効果の吟味が期待される。維新後の日本では、見せるべき「モノ」の掌握とその展示方法を学習する必要に迫られた国家(政府)主導の、視覚の制度化に連動しながら、万国博覧会への参加は準備され、さまざまな組織、集団が生まれ活動を展開していった。

I章では、万国博覧会と同時代の西欧社会の視覚文化、造形をめぐる枠組みを概観した上で、一八七三(明治六)年のウィーン万国博覧会に始まる博覧会、そしてそこから出てくる博物館、さらには教育制度の整備過程をたどる。併せて、「美術」「工芸」「手芸」と呼ばれるジャンルの階層的な成立と、そこから分離、排除された手仕事の行方を追う。

一 「日本美術」揺籃の場としての博覧会
――ウィーン万国博覧会を起点として

博覧会の世紀

明治維新の後、産業の国際競争に参入した日本は、美術に関しても、海外の制度を学びながら国家主導の近代化を推し進める。国際博覧会は、日本では「万国博覧会」と訳され、日本政府による参加は、そのスタート時点において特に重要な意味を持っていた。

そもそも博覧会(産業博覧会)は、産業革命後の技術革新によって生まれるさまざまな製品を競わせ、市場を開拓する目的で、一八世紀半ば過ぎにイギリス、次いで世紀末以後はフランスで規模を拡大しながら継続的に開催されてきた。そして、英仏を中心に西洋世界の産業化の国際的競争が激しさを増す一九世紀半ば、一八五一年に第一回の国際博覧会がロンドンで開催される(The Great Exhibition of the Works of Industries of All Nations)。それから二〇世紀初頭にかけて、国際博覧会は産業の見本市であると同時に、帝国の巨大なディスプレイ装置として、地球規模で増殖していった[吉見、一九九二]。明治政府は万国博覧会は「近代」を知るための情報メディアとしてその重要性を認知し、それに倣いながら内国博覧会を開催、充実させていった。明治政府は、博覧会という意図的に演出された展示(「見世物」の一種/スペクタクル)を通じて、権力とその配置を、広く国民にのみこませていったのである。

遡れば幕末に、すでに万国博覧会についての情報は日本に届いていた。よく知られるように、一八六二年の第二回ロンドン万博には、折しも開市・開港の延期交渉を目的に欧州の条約相手国六カ国に派遣された幕府の使節団（竹内下野守保徳《たけうちしもつけのかみやすのり》を正使とし、福沢諭吉や福地源一郎が加わる）が、開幕式に賓客として出席し、会場に足を運んでいる。またこの博覧会には、イギリスの駐日領事であったラザフォード・オールコック等が、個人的に集めた日本の品々を出品していた。

続いて幕府は、一八六七年開催の第二回パリ万博に、徳川昭武を将軍慶喜の名代として派遣し、漆器、七宝、象牙細工、染付陶器などを出品した。たとえば漆器類は、幕府自らの収集品の外、商人にも命じて出品させ（三〇〇件）、その合計は四五〇件におよんだという（図録21『世紀の祭典 万国博覧会の美術』）。また薩摩、佐賀両藩も個別、独自に参加する。「薩摩太守政府」は「薩摩と琉球の産物」を出品するが、中でも島津斉彬《しまづなりあきら》の指導を受けた朴正官《ぼくせいかん》による薩摩焼（薩摩錦手《にしきで》）は高い評判を得た。イギリスのサウスケンジントン博物館（後のヴィクトリア&アルバート博物館）は、花瓶や鉢から茶器、カップ・アンド・ソーサーまで、また多様な技法の薩摩焼を二〇件購入している［深港、二〇一四］。確かに万国博覧会の歴史は、西欧世界の中で異文化に対する関心が一層の広がりを見せる時代に重なっていた。ジャポニスムの兆候はすでに世紀の半ばに遡ってみられ、日本の側からもそれに対応しながら、輸出用の産業見本として技術を革新し、求められる調度や生活用品を出品する動きが始まっていた。

ところで、この時代、西洋美術の歴史が大きな転換期をむかえていた。

西洋美術史家の天野知香は、「一九世紀における産業と芸術の間の関係は、旧来の芸術と社会との齟齬が明らかになり、歴史画を中心とした絵画の考え方と制度が崩れてゆく中で、社会における芸術の位相をめぐる議論に本質的な影響を与えることになると同時に、やがては芸術という概念そのものの枠組みを揺るがす問題へと発展してゆく」と説く［天野、二〇〇一、四八―四九頁］。

博覧会という舞台における国家間の競争が、視覚文化、造形の世界に及んでいく中で、各国は「芸術的な表現と産業的な生産との融合」を課題とするようになった。この動きに注目するならば、「純粋芸術」（「美術」）の地位は脅かされつつあったともいえる。フランスやイギリスをはじめとする欧州では、機械的技術、そして職人の技への関心や期待が高まる。機械的技術と職人の技とは、拮抗・競合関係に置かれるが、それればかりではなかった。産業、製品の性格に応じたすみわけ、あるいは部分的な提携が模索されたのである。また、芸術家の役割にも変化が生じた。

ただし純粋芸術としての美術が、一気に衰退の道をたどったわけではない。応用美術・産業芸術とは一線を画した「純粋芸術」（フランス語でボー・ザール、英語ではファイン・アート、あるいはハイ・アート）の強化がおこる。純粋芸術をナショナルな文脈で整理し、その発展の経緯と成果を検証（／顕彰）する学知としての美術史学が成長すると、各国の過去の「巨匠」の作品、また最新（同時代）の美術を紹介、世界に向けて発信する晴れ舞台として、万国博覧会は重要な意義を担い始めた。一八五五年のパリ万博では、各種産業館、各国別パビリオンとは別に「美術宮」を建設して、重要な役割を付与する戦略が採用され、フランスの国威発揚に大いに貢献した。産業技術を中心に進歩をたたえる万国博覧会に、芸術の祭典という要素が加わったのである。フランスでは、博覧会の公式展示とは別に、会場外で個人やグループが個展を開催して、未だ評価の定まらない革新的な最新作の展示も試みられた。

こうした中、美術作品に特化した展示会場の内部に設けられた国別区画に、日本が絵画（日本画）や彫刻、工芸を選択的に出品して、「日本美術」の存在を示すのは、一八九三年のシカゴ万博の美術館が最初となる。この博覧会については後にまた触れよう。

ウィーン万博の日本表象

一八七三（明治六）年、オーストリアのフランツ・ヨーゼフ一世の治世二五周年を記念して開催されたウィーン万国博覧会は、明治政府が本腰を入れて参加した最初の万国博覧会であった。一八七一年二月にオーストリア代理公使より公式参加要請を受けた日本政府は、七三年五月一日の開幕まで、短い準備期間にもかかわらず慎重に検討を重ね、計画的に展示物を集めた。また派遣員は、官吏、通訳、展示物や日本家屋・庭園の造営にかかわる職人や工人、さらには二〇代の若者を多く含む技術伝習生二〇名をあわせ、総勢一〇〇人に迫る規模であった［角山、二〇〇〇］。

展示品の収集は、各府県を通して製造者（製造業者）、所有者、販売業者に呼びかけ進められた。特に各府県に対しては、物産調書の作成、そして特産物などそれぞれ二点の提出を求めた。一点はウィーンへ送るもの、もう一点は将来の博物館開設に備え国内用とするものである。その過程で、一八七二（明治五）年三月、湯島聖堂大成殿《たいせいでん》を会場として文部省博物局による最初の博覧会が開かれた。その展示品は、ウィーン万国博覧会のための収集品に、前年の大学南校《なんこう》（文部省の前身）物産会の引継ぎ資料を加えて構成され、古器旧物（歴史的、文化的人造物）、そして天産物（剥製、標本、鉢に入れられた大山《おおさん》椒魚《しょううお》など）を主体としており、本草《ほんぞう》学、博物学を背景にした物産会の枠組みを色濃く残していた。

図1　ウィーン万国博覧会，日本庭園写真（オーストリア応用美術現代美術博物館蔵．図録『ウィーン万国博覧会』たばこと塩の博物館，2018年）

博覧会事務局は、諸国物産の資料や現状調査にもとづき、ウィーン万博への輸送、展示にふさわしいか否かを吟味した。事務局管理下の官営工場で製作されたものもあり、膨大な収集物の中から選定されたのである。

また文部省博物局は展示品の収集調査のために、博物学者を地方に派遣し、社寺や正倉院の調査には博物局勤務の蜷川式胤《にながわのりたね》や町田久成《まちだひさなり》（留学経験があり英国の博物館事情に通じていた）が関与し、出品物の選定にも携わった。博覧会と博物局（博物館）の事業は、一体となって進展した。政府の修史編纂担当局として一八七二年に太政官のもとに設置された歴史課も、博覧会参加の外国人向けに日本を紹介する本（仏語、日本では『日本志略』）の編集に協力した［伊藤、二〇〇八］。

さて、現地、ドナウ河畔のプラーター公園に設けられた万博会場に目を移すと、日本政府に与えられた展示の独立区画は、中央ドームの左右に延びるメインパビリオン内の東の一角、ほぼ東端に位置していた。戸外には、神社（鳥居）、反《そ》り橋や神楽殿《かぐらでん》を備えた日本庭園で風俗を紹介し［久米編、一九七八］、異国情緒あふれる「日本」をアピールした（図**1**）。

次に具体的に日本パビリオンの展示品と構成を見ていこう。

日本から出品された展示品については、事前に記録として日本側が出品作を種類別に撮影した『澳国維府《ウィーン》博覧会出品撮影』と題したアルバム（ウィーン写真帖）が遺されている。また折しも前年から岩倉具視を総裁とする使節団がアメリカ・欧州に派遣されていたが（岩倉遣米欧使節団）、彼らもウィーンに立ち寄り、その一員として四日間にわたり博覧会を視察した久米《くめ》邦武《くにたけ》の日記にも参観記や図版が掲載された。主催者側の記録集や現地、各国のメディアの記録類も多数出版されている。

中でも、日本が出品した戸外の神社、庭園（図1）、パビリオン入り口付近の写真は、日本側の記録集（『澳国博覧会参同記要』）や現地の新聞・雑誌に掲載され、名古屋城の金鯱《きんしゃち》、大提灯、染付陶磁器の灯籠や花瓶など、珍しいもの、大型の出品物が目を引いたことがわかる（図2）。

だが、展示構成を平面図で確認すると（「澳国博覧会場本館日本列品所全図」『澳国博覧会参同記要』一八九七）（図3）、大型品ばかりではなく、先に確認した分類カテゴリーに応じ、多様な品々が配置されていた。それは符号を振られ四六種におよび、自然物（「天産物」）に属す茶、革、煙草、木見本、乾物、薬種も多種含まれ、さまざまな器物は主として素材、技法、機能別にまとめられていた。列挙するとイロハ順にイからスまで、銅器、金器、磁器、銅（細）小品、銅鋳物、木器、織物、竹器、漆器、鉱物、草、茶、煙草、北海道産物、石細工、大工道具、機具雛形、農具、農家雛形、小船、大船雛形、燈明寮出品、木見本、楽太鼓、五重塔、仏壇、人力車、大仏、大名屋敷雛形、神輿《みこし》雛形、商家雛形、大神宮雛形、玉石細工、土蔵雛形、勧工寮出品、鉄器銅器、書籍画図、紙類、金銀細工、古銭具、屛風、乾物、薬種、家内飾物、雑品、大桶と並ぶ。

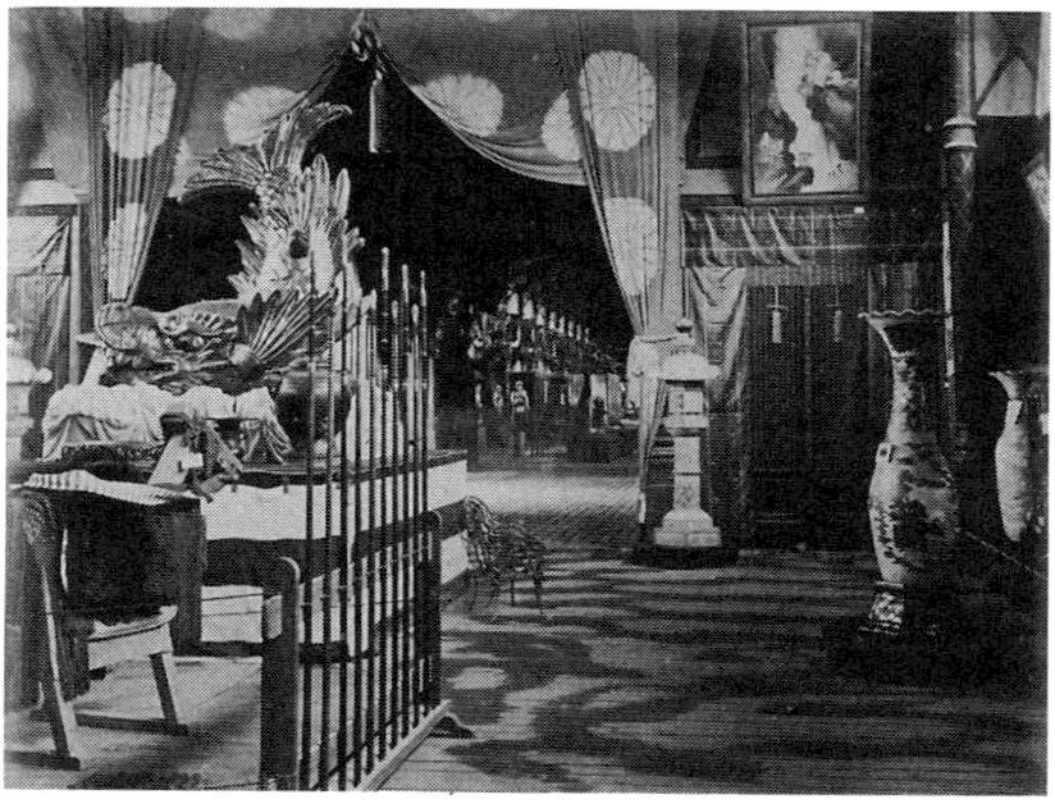

図 2　日本館内部写真（東京国立博物館．図録『ウィーン万国博覧会』たばこと塩の博物館，2018 年）

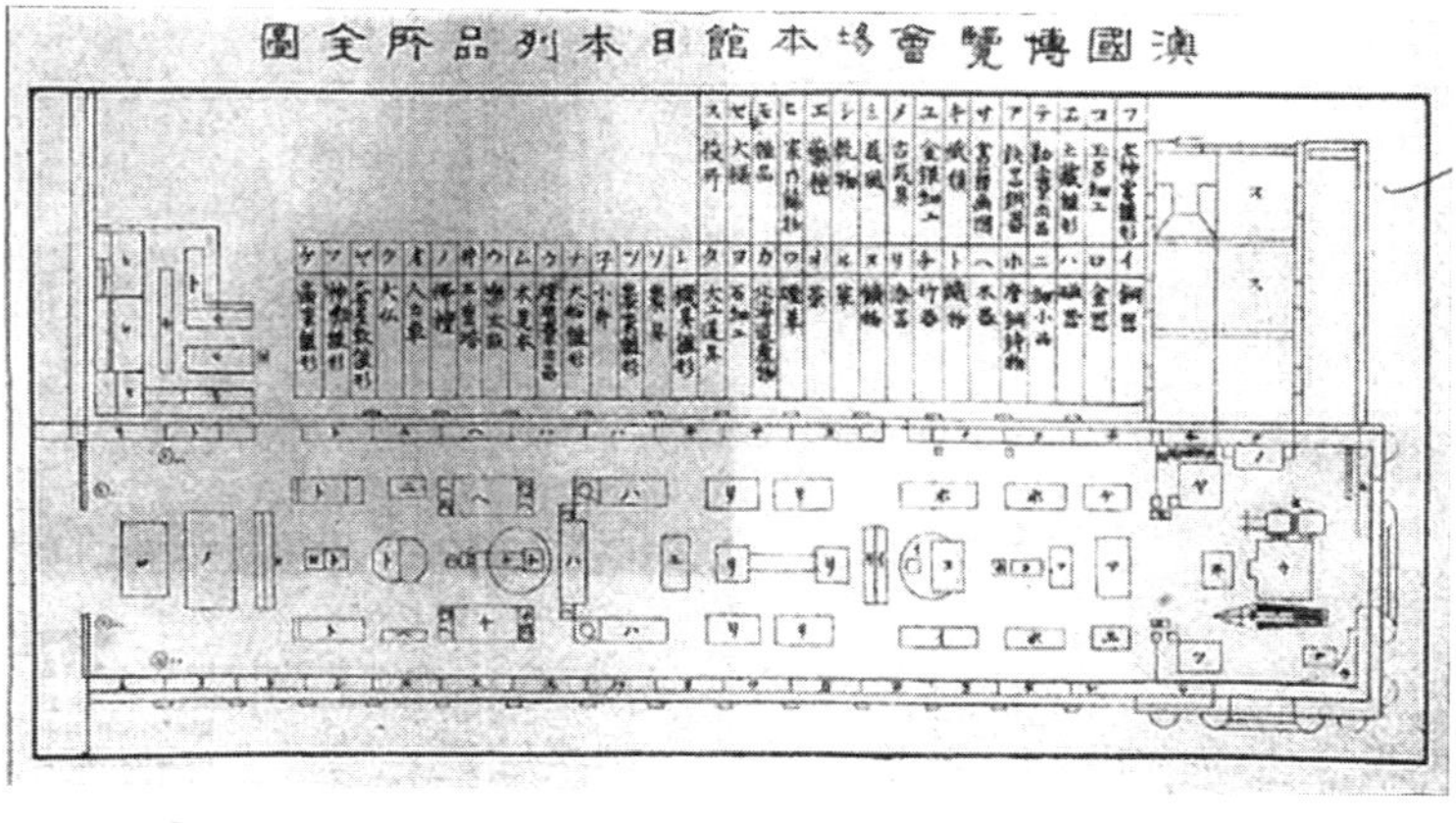

図 3　「澳国博覧会場本館日本列品所全図」（田中芳男・平山成信編『澳国博覧会参同記要』1897 年，挿図）

ただし、パビリオン入り口付近に目を引く大型品を配置するだけではなく、磁器、漆器、ブロンズ（金工品）、染織品、木器等には明らかに広いスペースを割り当て、多くの品を集めて複数箇所に配置した。だがそれらの目玉品にとどまらず、天産物、多様な建築物の雛形（模型）、あるいは北海道産物というカテゴリーが設けられていることにも注目しよう。

「北海道産物」――アイヌの造形をめぐって

「北海道産物」の区画は中室の右壁（入り口を背にして）の一角（カ）に設けられた。美術史、博覧会史において注目されることがほとんどなかったこの区画、展示された物品については、博覧会事務局の意向をうかがいながら開拓使が収集した物品の中に、北海道「固有」の産物中、人造物として「土人」「土蕃」の所持品、彼らとの交易品、彼らに製作させての購入品など、アイヌ関係のものが多くを占めることが指摘されている［三浦、二〇〇一］。

そもそも博覧会事務局は、北海道開拓使に限らず各府県に出品物の提出を求めた。しかし、北海道産物だけが独立の区画となり、他の府県からの提出品は、区画別に同種の品目が集められシャッフルされて配置された。博覧会事務局関連の史料（目録原稿）には、当初、第二十区「田舎人ノ住居 幷《ならびに》 其附属ノ建物、及内部ノ模様、器品、家具ノ事」に加えるものとして「上中下農家敷家作略図 埼玉県」と一緒に「北海道産物」「朝鮮産物」が記載され、かつ後者二種については「追加目録ニ編入ス」と記されていた。この記述と別に存在する「区外蝦夷《えぞ》朝鮮物品目録」にあげられる「北海道産物」とが一致し、それが実際の展示品となったとされる。「区外」展示とした理由、しかも収集品には樺太《カラフト》産のものが含まれるにもかかわらず実際の展示から排除したのは、当時の日露間の関係を配慮しつつ、「北海道の「内国化」を視覚的に象徴する「産物」としてアイヌ民族資料が強く意識され、陳列されたのではないか」との説が提示されており興味深い［三浦、二〇〇一、一八九―一九〇頁］。

先行研究によれば、収集された北海道産物は、動植物・鉱物、アイヌ民族資料（樺太の少数民族ウィルタを含む）など一二〇〇点、この中から運ばれ、実際に展示されたのは一七一点であった。麻や木綿、木材、鯡《にしん》や数の子とその加工のための道具、写真などは別の区画に振り分けられ、一五七点が「北海道産物」の区画に展示された。一五七点中、砂金や鉱石など広い意味で殖産興業の目的にかなうものが品目中の約三分の二を占め、残りがアイヌ民族資料に該当する。狩猟具、衣類、装身具、日用品、祭祀具、獣皮におよび多彩であった。会場に展示されたアイヌ民族資料のほぼすべて（五七点）は、ウィーン万博の終了後、ワグネル（後述）の仲介でベルリン民族学博物館に移されたことからも、成立過程にあった西欧の民族学の関心を踏まえた選択であったといえよう。アイヌ関連資料は、開拓使、博覧会事務局双方が構想していた博物館・博覧会政策に必要なものとして意識的に収集されたと考えられる［三浦、二〇〇一、一九〇頁］。国内に残されたアイヌ民族資料は、博覧会事務局から博物館に引き継がれて、東京国立博物館の所蔵となった。

開拓使は、「土人造物」（民族資料）について、「できるだけ精巧なものを集める」という方針を立てて、短期間に、樺太や千島を含む広域からバランスよく網羅的に収集した。それが可能になった背景には、江戸後期にすでにアイヌの木彫りを中心とした「蝦夷細工《えぞざいく》」が、本州の文人や知識人の関心を集め、蒐集・愛玩の対象となっており、アイヌの側もまた和人の需要に応じた器物を作る状況が成立していたからであろう〔大塚、二〇〇三〕〔齋藤、一九九四〕。また、北前船《きたまえぶね》のルートで商人が入手したと思《おぼ》しい収集品も現存する。他方で、シーボルト・コレクションに見られるように、ロシアを含む欧州において、民族学的関心のもとにアイヌへの関心は高まりを見せていた。開拓使、および博覧会事務局は、このような関心の広がりを認識していたはずである。

それにしてもなぜウィーン万博には、「区外」として北海道産物のみならず、旧対馬《つしま》藩が収集した「朝鮮産物」四九点（虎皮、鉢、弓など）も展示されたのか。幕末のパリ万博には琉球の豊かな産物が薩摩藩によって出品されたが、ウィーンではそれが除かれた理由は何か。同地がいわゆる「琉球処分」の過程にあったためなのだろうか。疑問は尽きない。

ウィーン万博の終了後、博覧会事務局（移管された後は内務省博物館）は、一八七〇年代に各府県において続々と開催されていた地方博覧会に対し、この「北海道産物」を貸与したという（一八八〇年まで）〔三浦、二〇〇一、一九六頁〕。中でも注目されるのは、ウィーン万博のわずか二年後、一八七五年の京都博覧会である。ここでは特定の区画に北海道の器物や衣服を展示し、「蝦夷ノ家屋ノ形チヲ模造シ、中ニ男女ノ偶人〔人形〕ヲ生ルガ如ク」製作し、器物や衣装に本物を用いたいわゆるジオラマ展示に近い「見世物」展示が実現していた。「京都博覧新報」（会場案内）によれば、これは現在の北海道人を模したものではなく、「従前の未開野蛮」すなわち蝦夷の風俗を写したものと説明される。先行研究は、「アイヌを「野蛮」とする文化意識を民衆にまで浸透させた」メディアとしての博覧会、そこに貸与されたアイヌ民族資料の内国、それも地方博覧会での機能に目を向けている〔三浦、二〇〇一、一九七―一九九頁〕。ただし、このような展示方法が採用された同時代の事例、史料は他に見られない。

複数の関係者、重層する文脈

さてウィーン万博の準備過程を踏まえ、あらためて万博の関係者とその背景を点検し、集められた「モノ」をめぐる複数の文脈を明らかにしておきたい。

まず関係者という観点から見ると、この事業には、西洋の視点、お雇い外国人が不可欠であった。特に、墺国博覧会事務局の御用掛《ごようがかり》として出品物の収集を指揮した、ゴットフリート・ワグネル(一八三一―九二)の存在は大きい。ワグネルはドイツのゲッティンゲン大学で数学・物理を修め博士の学位を取得した人物で、幕末の一八六八(慶応四)年に来日、長崎でアメリカのラッセル社の石鹼工場の設立事業にかかわるが失敗、その後佐賀藩に雇われ、有田で窯業《ようぎょう》の指導にあたる。七〇年には大学南校のドイツ語教師として東京に移り、その後も文部省下(東校)で数学・博物学・物理学・化学の教師をつとめる。ウィーン万博でのワグネルの役職は「列品並物品出所取調技術誘導掛」であり、その任務は彼が持っていたヨーロッパの嗜好や化学の知識を背景に、博覧会への出品物、特に陶磁器などの選定や技術指導、目録・説明の作成を行うことであったという。彼の判断で日本からの出品物は、精巧な工芸品の選定に力が注がれた[佐藤、二〇〇四]。

また、明治政府民部省雇で、博覧会へはウィーンの大使館付(記録掛兼務)として、博覧会副総裁・佐野常民《さのつねたみ》(一八二二―一九〇二)に随行したアレクサンダー・フォン・シーボルト(一八四六―一九一一)の建言が、出品選定の方針に大きな影響を与えたことが知られている。『澳国博覧会参同記要』によれば、欧州では「東洋風俗の奇観」に注目が集まるのは必定なので一、二の巨大物を出品するのがよかろう、との彼の提言を入れて、金鯱、鎌倉大仏模型(紙の張抜で作られたが、現地で失火により体部を失って仏頭のみを展示)、東京谷中天王寺五重塔の雛形、大太鼓、大提灯、庭園、神社建築および売店が設営された。現地の新聞・雑誌では、巨大物の展示や屋外庭園、そして本来は万博会場では禁止された売店での扇や団扇《うちわ》、帛(絹)の小切れ(ハンカチ)などの土産物販売が好評であったことが知られる。このような試みの実現は、博覧会を日本にとっての「視覚の広報の場」ととらえたアレクサンダーによる広報戦術であった[堅田、二〇一七]。確かに、欧州の観衆の関心をふまえた出品物の選定や配置には、著名な日本学者、フィリップ・フランツ・フォン・シーボルト(一七九六—一八六六)の長男であるアレクサンダーの果たした役割が大きかったと考えられる。

アレクサンダーは一八五九年、二度目の訪日となる父とともに一二歳の若さで来日し、父が帰国する六二年まで行動をともにした。父の帰国後も彼はひとり日本にとどまり、英国公使館の通訳・翻訳官に任用され、一八六七年の徳川幕府の使節団に随行し、第二回パリ万博を見ている。維新後に再び日本に戻ると新政府に雇用され、七一年の岩倉使節団に随行しての欧州滞在時にウィーン万博の計画を知り、日本政府に参加を働きかけ、先述のワグネルを紹介し、またパリ万博以来既知の間柄であった佐野常民と協働しながらその成功へと導いたのだった[クライナー、一九九六]。アレクサンダーの弟で、後に日本の考古学に大きな足跡を残すハインリッヒも事務局に起用された。

日本政府はウィーン万博への参加を「太政官布告」によって一般に知らせると同時に、別紙で博覧会の意義と参加の目的、展示品収集の方針を明らかにしている。それによれば、博覧会は参加各国が「天産人造品」を出し合ってその優劣を競い合う場であり、日本は「器機の発明」といった面ではお

コラム……1

P・シーボルトの「日本博物館」

アレクサンダー・シーボルトの父、フィリップ・フランツ・フォン・シーボルトは、一八六二年に帰国後、アムステルダム、ヴュルツブルク、ミュンヘンで二度目の日本滞在時のコレクションを主体とした展覧会を催した。彼は、オランダ政府、もしくはバイエルン国王によって民族学博物館の核としてコレクションが購入されることを望んでいたのである。その希望は容易には実現せず、フィリップは個人的に場所を確保し「日本博物館」（一八六三―六六）の展示をおこなった。

彼は、「自らのコレクションが、貿易の発展と起業家や商人の教養のために重要であることを強調し」、また支援者に宛てた手紙の中で「伝統的な工芸美術の「勤勉さの製品」は、ヨーロッパの工業製品が進出することによって消滅しつつあるので、民族学的なコレクションは早急に収集すべきであると指摘した」［リヒツフェルト、一九九六］。コレクションの特徴は、その注目するところが、日本各地で生産される特産品の質の高さ、精巧さや美しさにとどまらず、原材料を利用・加工する工程、それを用いる生活や社会、さらには商品としての流通にまで向けられていたことにある［北原、一九九六］（図録54『シーボルトの日本博物館』）。

すなわち、第一に自然科学への関心、第二に貿易（商業）・経済への関心、第三に日本の生活文化についての民族学的関心という三つの関心が、連動、重層しながら形成されたのが、フィリップ・シーボルトのコレクションであったといえよう。

自然科学にかかわっては、動植物の標本や図譜、地図、磁石や遠眼鏡、化学や機械工業に関する邦語訳の出版物等が目につく。また、輸出品としては茶・煙草、生糸、建築や繊維の原料となる木材・樹皮等の見本、紙類など、そして漆器や陶器などにはすでに輸出向けを意識した製品が含まれる。そして民族学的コレクションには仏教を中心とする宗教的造形からあらゆる生活用品までが含まれ、硬貨・銀札《ぎんさつ》（諸藩発行の紙幣）、玩具・遊具・装身具、家屋や舟・駕籠《かご》など乗物の模型（雛形）、風俗人形、各種織物や型染・板締の裂《きれ》見本、祭礼の衣装、アイヌ民族の衣装や装身具、あるいはアイヌ絵（和人が描いたアイヌ風俗を主題とする絵画）等が挙げられる。

　このようにシーボルトの「日本博物館」とウィーン万博の「日本列品所」の収集・展示品の種類には、明らかな繋がりが認められる。しかし、それは直接的な参照の結果というよりも、この時点においてワグネルやアレクサンダー・シーボルトらを含む博覧会事務局による選択の方針が、P・シーボルトのそれと部分的に重なっていたためであろう。

くれを取っているものの、「生糸、蚕卵紙、茶、紙、陶器、漆器等」で「精妙な人工の生産品」があるとする。東洋第一の物産をあげて各国から求められるようになれば、国の栄誉、繁昌が期待できるのだから、国民はその趣意をふまえて国益をはかることに注意するようにと述べる。その上で、設置された博覧会事務局へ出品品目の目録を作成して申し出るよう通達を出した。

　このように経済重視の方針を立て、将来を見据えた万博準備の要にいたのは、前出の事務局副総裁・佐野常民である。佐野は佐賀藩出身で、幕末の京都で蘭学や化学、また江戸で物理、冶金学を学んだ後、佐賀に戻って蒸気船や蒸気車の模型を完成、また幕府の長崎海軍伝習所にも参加して佐賀海軍の建設にも尽力した。万博とのかかわりで言えば、一八六七年のパリ万博に佐賀藩士を率いて訪問（終了後にはオランダ、イギリスを視察）、維新後は明治政府に出仕して主に海軍の創設に尽力する〔國、二〇一三〕。このような経験、背景を踏まえて登用された佐野は、博覧会事務局の置かれた正院《しょういん》（内閣）に対し、万博への参加の目的を「墺国博覧会出品ニ関スル伺書」にまとめ提出した。その五つのポイントは以下のとおりである。
①優品の陳列によって、国の栄誉を海外であげる。②各国の出品物、風土・物産・学芸を調査するとともに機械技術を伝習する。③万国博覧会を機に、将来日本にも博物館を設置し、博覧会を開催する。④日本産物品の評価を知り、輸出の増進をはかる。⑤各国の有名物産の価格や需要を調査し、貿易振興に備える[沓沢、二〇〇〇][國、二〇一〇]。
この方針と収集・展示品を照らし合わせると、開催国によって提示された二六の出品物区分に沿いながらも、将来の輸出品として期待する物品、すなわち欧州において「工芸」として認知されている美的で精巧な応用美術を前面に押し出そう、との判断にいたった背景がよくわかる。併せて先述したように、大型品を効果的な場所に置くことで、西欧の観衆の期待に応える、エキゾチックで魅力的な日本イメージの創出を図った。

意図的で戦略的な選択と集中、重点化した配置は、別の角度から見れば、シーボルトの「日本博物館」が尊重した幕末日本の学術成果、たとえば地図に代表される西欧の自然科学に学んだ出版物や製品、あるいは升や桶・樽・笊《ざる》、楊枝、麦藁細工といった素朴な日用品や玩具は除外、もしくは相対的に小さく扱われたことを意味している。

博覧会と帝国主義

博覧会を視覚に依拠する国際競争の場と捉えるならば、その展示空間には、帝国主義のイデオロギー、すなわち社会進化論と人種差別主義に直結する重要な特徴が備わっていた。博物学・人類学といった学知と博覧会の展示手法との関係性については、すでに膨大な研究の蓄積があり、ここでその詳細に触れる余裕はないが、少なくとも以下の点を確認しておきたい。

一八五五年のパリ万博以降、植民地の産物の出品は増加し、さらに六七年、七八年、そして八九年のパリ万博へと時が進むにつれ、万国博覧会における植民地展示の規模は拡大し、展示手法が「進化」した。特に八九年のパリ万博では、植民地のパビリオンを集めた集落を設け、そこに現地で集めて連れてきた「人間の展示」が実現する。これは植物や動物を展示する動植物園が、人類学的「教材」として「未開」の原住民を展示する方針を、経営的な戦略から導入したことに倣ったものであったという[吉見、一九九二]。「人間の展示」は、明治中期、日本の帝国化の過程で内国博覧会にも導入される。一八九〇年開催の第三回内国勧業博覧会では、フランスに学んだ人類学者の坪井《つぼい》正五郎《しょうごろう》(一八六三―一九一三)によって、場外の施設とはいえ「人類館」が開設されて評判となり、内外に波紋を呼んだ[松田、二〇〇三]。以後、日本の内外の博覧会において、帝国主義、植民地主義と明確に結びついた人の展示が盛んに試みられる。これら明治中期以後の人の展示と、明治初期における地方博覧会でなされた「野蛮」の可視化との違い、またほぼ同時期の地方博における区画を分けてのアイヌ表象・展示と、ウィーン万博におけるアイヌ産物展示とは、どのように連続し、あるいはどのように異なっていたのだろうか。

詳しく述べる余裕はないが、維新後の博覧会展示は、日本国内の歴史的文脈に照らすならば、江戸時代に発達した本草学や博物学を継承する側面があった[鈴木、二〇〇三]。江戸幕府によって設置された蕃書調所《ばんしょしらべしょ》の物産方(学)で働いた幕臣の中には、まさに博物学に精通し、パリ万博に派遣され、維新後には新政府に移ってウィーン万博をはじめとする博覧会行政に尽力した田中芳男(『澳国博覧会参同記要』編著者)のような人物がいる。田中とパリ万博で出会った薩摩出身の町田久成もまた、明治新政府で一八七一年の太政官布告「古器旧物保存方」(いわゆる文化財に相当する歴史的に価値のあるモノを保護する最初の法令)を提言し、物産会から博覧会への過渡期を経て博物館設立の立役者となった。

他方、江戸後期の日本では、視覚的な快楽(スペクタクル)、娯楽の場として、「見世物」が人気を博していた。これは、近代的な学知を背景に構築され、モノの階層性やカテゴリーを重視する博覧会との違いは明らかながら、観衆が展示された珍奇や動物や生物・人形等の人造物を見ることの意味という点では重なり合う。ウィーン万博を支えた錯綜する複数の文脈とともに、背景となる同時代、過渡期の視覚文化にも注意を払わねばなるまい。

日本が展示品を通じて万国博覧会に姿を現した当初(幕末、および一八七三年のウィーン万博)、日本の風俗や習慣を伝えるモノは産業見本に交じり、一緒に観衆のまなざしに晒された。たとえば一八六二年のロンドン博における、ラザフォード・オールコックによる日本展示に、漆器や刀剣から蓑笠や提灯、草履までが含まれていたように、ウィーン万博の日本パビリオンは多種・多様な「モノ」で構成されていたのである。

ところが、日本政府による脱亜入欧の方針と平仄《ひょうそく》をあわせ、輸出奨励に目的が絞られると、日本パビリオンにおけるモノの展示からは、風俗や習慣の特異性を表象する「モノ」が排除されていく。他方で、万博への参加当初より茶店や茶室、田舎家などを、中期になると宇治の平等院鳳凰堂や法隆寺金堂をモデルにする建物をというように、建築物や庭園は引き続き出品された[三島、一九九三]。また時には、軽業《かるわざ》や相撲などの興行を導入して異文化を演出、西欧のオリエンタリズムのまなざしに応え続ける。

万国博覧会とそれをとりまく西欧世界の視覚文化の状況について、ここでポイントを三つに絞り、注意を促しておこう。第一に、産業革命後の西欧市民社会では、そこで使用される日用品、あるいは生活の場を飾る調度など、応用美術の需要が高まった。機械の導入、産業化の加速によって、競争原理が働いて、製品の質の向上が求められ、分野によっては(逆説的に)職人の優れた技との提携が必要となった。第二に、純粋芸術の価値をナショナル・アイデンティティと結びつけて主張する動きがあらわれ、それが研究、称賛、そして保護の対象となった。第三に、帝国主義、植民地支配の拡大と強化のもと、「未開」の人々の身体と生活の展示がおこなわれた。すなわち、「文明」による「未開」の一方的な視覚的支配である。そこでは「文明」の側に立つ帝国の人間が、人種差別主義を内包する学知(社会進化論、人類学)に依拠し、「柵」(物理的な隔て)に守られて、脅かされることなく「未開」の人々を見つめることが可能となった。

近代日本文化の枠組み——その起点からの展望

ウィーン万博は従来の美術史研究の文脈においては、近代日本における「美術」概念の生成の起点として検討が重ねられてきた[北澤、一九八九][野呂田、二〇一五]が、そこに展示された物品は実に幅広かった。天産品から人造物におよぶ収集品は、選択的、意図的に配置されたのだった。今日、美術館の展覧会や出版物において明治の「輸出工芸」として脚光を集めるような作品とジャンルは、当初から重視はされていたものの、その一部に過ぎない。

ウィーン万博で同一空間に並んだ多くの製造品は、以後の「美術」や「工芸」の展示空間からは消えていき、また創意工夫、吟味や考察の対象として言説空間に取り上げられることもなくなる。しかし近代化が進行し、展示やメディアで取り上げられなくなっても、それらのモノの多くは「手仕事」として各地の人々の日常生活を支えていった。その多くは、在地の自然素材を用い、個人の手仕事によって製作される日用品だった。ところが、近代化の波が急速に地方にも及ぶ明治の後半、日常に埋もれていった多様なモノやその作り手が、制度化された「美術」の外側に発見されていく。

またウィーン万博では同一空間に置かれていた「土人造物」(「民族資料」)は、明治中期の博覧会になると帝国＝宗主国側の生産品とは明確に切り離されていった。自然科学の最新の学知としての進化論、帝国主義に結びつく展示の方法を確立して以降、別空間を設けて生身の「蛮人」の「現在の生活展示」がおこなわれるようになったからである。こうした展示は植民地博覧会を舞台に一九三〇年代まで続き、その残滓は後に長くのこる。他方、明治末から大正時代にかけて、文明社会とは異なる時間、制度化された造形には認められない価値をそこに見出し、「蕃」のなかにこそ存在する「美」を積極的に評価する人々、世代が登場した。

ウィーン万博の展示品・展示構成を支えた複数の重層する文脈の中から、言い換えればウィーン万博を起点として、モノとその担い手を、現代におよぶ意味での「美術」、「工芸」、「工業(製品)」とに分けて階層化する近代日本の諸制度が生成していく。それぞれのカテゴリーに含まれるモノの選択、いずれにも含まれないモノの排除、周縁化が進行する。そしてウィーン万博ののち、博覧会への取り組みが続けられる一方、博物館が制度化され、その過程で「美術」には新しい位置が与えられることになった。

二　産業と「美術」――「美術」の制度化(1)

サウスケンジントン博物館と日本

ウィーン万博の会期終了後、現地では博覧会事務局副総裁・佐野常民を中心に貿易のため起立工商《きりつこうしょう》会社が設立され、博覧会に出品された産物を欧州で販売した。佐野の指名で、佐賀県嬉野《うれしの》茶(グリ茶)を輸出し実績があり、販売担当の名目で随行員となった松尾儀助が社長に、また道具商として展示品の選定に尽力し、同様の役割を期待されて同地に赴いた若井兼三郎が副社長に任命された。

帰国後、改めて政府に承認された起立工商会社は、補助金を得て、輸出において利益が見込まれると判断された分野、漆工(蒔絵《まきえ》)、陶磁、金工、織物縫物類に力を注ぎ、海外の需要に応えて質の高い製品の量産をめざした。言い換えるならば、上記の分野が近代日本における「工芸」の核となって、そこに含まれる製品によって「工芸」の輪郭が明確になり、定義が定まっていったのである。

起立工商会社は、従来の工人を再編成して統一した組織を作り、種類によっては工場生産を実現した。企業の形態としては、いわゆる国策会社で、運営や財務は政府の監督下にありながら、製品は起立工商会社を通じて輸出され、海外の博覧会、あるいは国内博覧会に出品したのである[角山、二〇〇〇」。起立工商会社にとどまらず、香蘭社《こうらんしゃ》や瓢池園《ひょうちえん》、精工社《せいこうしゃ》など工芸の輸出を目指す製造者や貿易会社も現れた。

政府が輸出にふさわしい製品の指導に乗り出したのは、ウィーン万博の準備段階からである。博覧会事務局は官営の附属磁器製造所を設立し、各窯業地で成形した素地《きじ》を集め、全国から集めた優秀な陶画工によって絵付けをおこなわせた。その絵の図案指導に、日本画家が雇われたのである。ウィーン万博の終了直後には、このような政府主導の図案指導はさらに強化された。一八七五（明治八）年から八一年にかけて編集され『温知図録』（東京国立博物館所蔵）と題された図案集は、博覧会事務局や製品画図掛の事務官が考案した図案を編集したもので、これが全国の製造者や貿易会社に与えられたのである。そこには製造者が提出した図案を事務局側で修正し、それを画工が筆写したものも含まれ、「図案」を重視する姿勢がうかがえる。器物の製造者と、図案の考案・決定にあたる者との分離は、「美術」と「工芸」、「工業（製品）」の階層化された関係に基づくカテゴリーの成立によって進んでいくことに、あらかじめ注意を促したい。

とはいえウィーン万博の成果、終了後の展開は、万博参加の目的に照らしても、これまで美術史研究において強調されてきたような輸出向け工芸の振興にのみ光をあてることは適切ではない。博覧会事務局は三五冊におよぶ膨大な報告書（『墺国博覧会報告書』）を編纂、一八七五（明治八）年の五月に政府に対し提出したが、その内容は議院、礼法、博物館、農業、道路、山林、養蚕、教育、兵制、博覧会、鉄道、貿易、風俗、制度、教法、国勢に分けられ、その他工業伝播、航海造船報告書等が付された。このように明治政府初の万博参加という事業には、博覧会というショーケースとその中身に照らし合わせながら、産業化の進展する欧州諸国の制度や状況についての視察、さらには相応しい人物を派遣しての技術伝習がプログラムされていた。技術伝習生の専門分野は、養蚕、農学（山林・園芸）、造船、建築、測量機器、セメント製法、製陶、染法、石版、画術、写真、時計、硝子、鉛筆、眼鏡、巻煙草やパンにいたるまで多岐にわたり、また個別具体的な品目の製造技術の導入を目指したことがうかがえる。

そして、このように総合的な視野に立ち日本の近代化を推進しようとした政府において、博覧会が、そのまま博物館に連動するものとして構想されていた点に注目したい。博覧会事務局は、すでにその開設準備が同時進行で進む博物館事業のために、欧州各地の博物館の念入りな調査を実施し、人脈作りに精を出した。『墺国博覧会報告書』の博物館部を見ると、日本が手本とすべきは、イギリスのサウスケンジントン博物館であるとの認識が示されているのは興味深い。実際、ウィーン万博において、佐野常民とサウスケンジントン博物館（一八五二年に大英博覧会の展示品を核に開館した装飾博物館が五七年にサウスケンジントンへ移動、さらに九九年にヴィクトリア＆アルバート博物館に改名）には深い縁が結ばれ、その後も関係が継続した。

イギリスの出品展示の責任者であった二代目館長のフリッツ・オーウェンは、万博会場において佐野常民をはじめとする日本側の事務官に懇切に接したという。その後、日本政府が購入した欧州の美術品、日本展示の持ち帰り品を積んだフランスの貨物船ニール号が、一八七四年三月に伊豆沖で遭難し積荷が失われたことを耳にしたオーウェン館長は、日本の損失を埋めるべく陶磁器やガラス器、金属器などを日本に寄贈したのだった。寄贈品は、選定にも関わった一九世紀後半を代表するイギリス

コラム……2

「戦慄の間」と「ピリオド・ルーム」

サウスケンジントン博物館、そしてヴィクトリア&アルバート博物館の前身である装飾博物館（一八五二年開館）のコレクションは、歴史的分類ではなく、織物、金属、陶磁器、ガラス、木というように材料別に分類された。製作過程の学習への寄与が、連携する附属図書館、実技の教育機関とともに重視されたからである。しかし、博物館内部、および製造業者や美術関係者からは、産業に特化した展示に対する反対が表明され、美的価値を基準として作品を収集し、時代区分や流派といった観点から分類する美術史的な展示を望む声が強かった。

また初代館長のヘンリー・コールは、装飾博物館に「悪趣味」の刻印を押した製品のみを集めて展示する「戦慄の間」、別名「誤った原理による装飾例の展示室」を設け、人々の観覧ルートの冒頭に置いた。生産者を恐るべき競争にさらし、博物館が観衆の選択に直接介入していくやり方は、デザイン史研究者の菅靖子が指摘するように、消費の対象として広く流通する日用品への国民のまなざしを、「公的な機関を通じて統制しようとする初の試み」となった［菅、二〇〇五、四一頁］。

菅はまた、美術史家ケネス・クラークの「機械によって趣味の基本が作ることから選ぶことへと変化する」（一九五九年）との指摘を引用しつつ、「選ばせるためのモノづくり、仕掛けづくり、制度づくりが複雑に発達し、影響力を増していく」と近代社会の生産と消費のメカニズムにおける博物館の役割を浮かび上がらせた［菅、二〇〇五、五〇頁］。

こうした議論を踏まえるならば、博物館の展示をめぐる論争は、産業デザインと美術との間の緊張関係を高めながら、建築、生活空間に密着した造形の意味と価値を浮上させ、特定の作者と作品を評価して選択・抽出することで、国家間競争の激化の下、家具や室内装飾に用いる「工芸」を「美術」と同様に「一国の精華」として称揚するナショナリズムに結びつく。博物館とは、すぐれて「国民化」の時代に寄り添う器である。実際に欧州の博物館では一九世紀の後半に、時代と様式で作品を集合的に展示する「ピリオド・ルーム」という新しい展示方法が導入されていった。サウスケンジントン博物館もまた、一八六九年にあるフランス貴婦人の化粧部屋の復元展示を行ったのを端緒に、この方式の展示を増やしたという［菅、二〇〇五、九六頁］。「工芸」への機械の導入を推進する時代に、「図案指導を担う美術家」（図案家／デザイナー）の重要性は、画家や彫刻家など特定ジャンルに才能を発揮する従来の「美術家」の在り方との緊張関係を孕みながら、二〇世紀にいたるまで確実に高まっていった。ウィリアム・モリスは、こうした時代に登場し、イギリスの「よき趣味」を代表する存在となる。「図案」と「美術」の関係は、産業化時代の「工業（製品）」「工芸」「美術」、そして「手芸」のすべてに本質的に深くかかわった。

の産業デザイナーの一人、クリストファー・ドレッサーに託された。一八七六年末に来日したドレッサーは、これを内務省管轄下の博物館に届け、陳列にアドバイスを与え、また日本各地を三カ月ほど視察したという［佐藤、二〇〇一］。サウスケンジントン博物館はこの時期、北米、他の欧州各国など海外の美術館への影響力行使を意図した活動を展開しており、日本への美術品寄贈もその一環でおこなわれたと考えられる［岸田、二〇一二］。美術製造業者や貿易関係者に資する美術コレクションの形成、附属教育機関の重要性こそが、サウスケンジントン博物館の方針であり、オーウェン、ドレッサーの持論であった。

ただしサウスケンジントン博物館の理念と機構は、国家プロジェクトとして独自のスタートを切っていた草創期の日本の博物館に、そのまま移植されたわけではない。その一部に取り込まれるところから始まる。

殖産興業政策から離陸する博物館

さて日本の博物館の構想は、先述のように、ウィーン万博への参加に先立ってたてられていた。その出発点に位置づけられるのが、一八七二(明治五)年三月開催の湯島聖堂の大成殿を会場とする博覧会である。この博覧会は未だ江戸の本草学・博物学の枠組みを残していたが、大成殿は文部省博物局の展観場、すなわち博物館として、西欧の知識を取り込みながら整えられていく。博物局は、天造物と人工物を収集・陳列する「博物館」と、動植物について学ぶ「博物園」、そして「書籍館」(図書館)を統轄することになった。

ところが一八七三年、ウィーン万博参加のための専務機関として、太政官正院に博覧会事務局が設置されると、上記の文部省博物局と所属の博物館・書籍館は博覧会事務局に合併・移転することになり、博物館事務局の陳列場として山下門内博物館(現在の千代田区内幸町、帝国ホテル付近に所在)が設置される。博覧会事務局は、殖産興業、近代産業、工業技術の発展をめざす内務省(内務卿大久保利通)の支持を得ながら、理事官の佐野常民を中心に、博物館を拡充する新たな構想が具体化していった。付言すれば、湯島聖堂の博物館のうち、書籍館は七四年に浅草へ移転(浅草文庫)、さらに七五年には東京書籍館と改称した。そして博物局所管の博物館(東京博物館)、薬園(小石川薬園)とともに文部省管轄となる。教育に用いる道具・教材を中心に充実が図られ、七六年に「教育博物館」と名乗るようになった。草創期の博物館は、万博参加を経て、国家事業の中で期待される役割に応じ、またその役割にふさわしい行政システムに移管され分かれて発展を遂げたのだった［黄、二〇〇三］。

一八七五年に内務省の所管となった山下門内博物館においては、列品棟が増築され、ウィーン万博に派遣された人々が伝習してきた各種技術の試験操業を行う施設が構内に設けられた。館蔵品の区分は、博覧会事務局所管時代の古器物・動物・植物・農業・舶来品に加えて「工業機械部」と「芸術部」を増やした。七六年には「芸術部」に、先に触れたサウスケンジントン博物館からの寄贈品が展示された。陶磁器、金属器、ガラス器に加え、織物や図画写真等の参考資料も含め、三〇〇点を超える寄贈であった［佐藤、二〇〇二］［岸田、二〇一二］。内務省管轄下の博物館における「工業機械部」と「芸術部」の新設は、佐野が提唱するサウスケンジントン型、産業博物館の理念に基づく拡充の結果に違いない。そして、「工業」（機械を導入して製作する大量生産品）と、「芸術」（この時点では「美術」や「工芸」の名称と概念が未成立であるから殖産興業の目的にかなう美的価値の高い製品の意味と判断される）とを分けつつ、重視する方針がとられた。

さて、山下門内博物館を管轄下とし、文部省時代の古器旧物を主体とする博覧会を殖産興業政策の一環に転換した内務省は、さらなる産業奨励の推進を目的に、内国勧業博覧会の開催を決定し、その会場として上野（現、台東区）の整備にとりかかった。

上野は、言うまでもなく徳川将軍家の祈禱所・菩提寺、東叡山寛永寺《とうえいざんかんえいじ》があった場所であり、戊辰戦争でその伽藍は灰塵に帰していた。一八六七（明治元）年東京府の管理地となり、翌年には一般開放、七三年には東京府公園に指定された。実は七三年の段階で、文部省博物局時代の町田久成が、大博物館の各部門を配置する場所として上野を想定した建白書を提出した前史がある。内務省は、七六年に兵部・文部両省の管理地であった中堂や本坊の跡地を、博物館建設予定地として引き継ぎ、さらに七七年には上野公園を博物館の所管とした。この年の暮には、博物館建設予定地を中堂跡から本坊跡に変更、博物館の上野移転を本格化した。

その過程で、上野を会場とした第一回内国勧業博覧会が、一八七七(明治一〇)年八月に開催された。閉会後の利用を見据えて、煉瓦造りの「美術館」が建てられる。内国博覧会の「美術館」の建物が、恒常的な開館を前提とする「博物館」となり、さらに八一年三月開催の第二回内国博覧会までに、ジョサイア・コンドル(一八五二―一九二〇)設計の博物館本館を完成させた。その一階は、まず博覧会の美術館として用いられる。第一回内国勧業博覧会の美術館は、博物館の附属館として利用するためにそのまま残される。

一八八一年四月、博物局は同年に新設された農商務省へ移管された。農業・林業・水産業・商工業といった諸産業を管轄し、内務省勧業寮から殖産興業政策を引き継いだのである。併せて、博物館の内山下町からの移転がなり、動物園も建設されて、翌年三月二〇日には明治天皇を迎え、上野の博物館の開館式が執り行われた。新築の博物館本館と動物園も開館し、まもなく浅草文庫から移された書籍も公開される。歴史・美術・天産(自然史)・図書館・動物園を含む大博物館がここに完成し、現在とほぼ同様に年末年始と月曜日を除く毎日の開館が実現した。

農商務省博物局に管轄が移った博物館では、すでに三度の万国博覧会への参加を経て自覚された課題、海外に輸出する日本の「工芸」の評判を上げるために「美術」との連携が不可欠であるとの認識を深めていく。すでに触れたようにウィーン万博後に始まった工芸図案指導（『温知図録』）は、一八八五年頃まで続き、また、佐野常民や九鬼隆一《くきりゅういち》、河瀬秀治ら殖産興業政策の一環としての博覧会を牽引する高級官僚を中心に七九年に発足した龍池会《りゅうちかい》は、古美術の鑑賞、学習を目的とする観古美術会（龍池会が一回から七回までを運営）を開催して制作者にも影響をおよぼしていった。そこにはフィラデルフィア博覧会を見学して日本の展示品に魅了され、七八年に東京大学で哲学・政治学等を教えるお雇い外国人として来日したアーネスト・フェノロサ（一八五三―一九〇八）も加わった。

　龍池会の中核を占めた官僚らによる美術奨励は、輸出増進という経済的目的から導き出されたもので、そこには、日本における西洋美術の隆盛は、日本固有の文化を弱体化し滅ぼしかねないという危機感を伴っていた。日本美術への関心を一層深めたフェノロサは、日本画の優位を主唱して影響をおよぼしたが、その力点は経済的功利性を越えていた。一八八四年には岡倉覚三（天心。一八六二―一九一三）とともに鑑画会を結成して、時代の変化とともに推移、発展してきた「日本美術」の独自性、歴史的体系を明らかにすることに注力する。フェノロサは自論の核に「絵画」を置いてその優位を説きつつも、美術家（画家や彫刻家）を「工」から引き離す。「工」には、前近代日本の文脈から継承する高い手技／業という意味と、維新後に切実な課題となった近代的テクノロジーにもとづく工業の両方が含まれる。そのいずれとも異なり、美術家こそが理念（＝「妙想」）の表現を成し遂げうる存在だと主張したのである。

　北澤憲昭は、帝国議会の開設、憲法体制の構築、「教育勅語」の発布が重なる明治二〇年代、その政治的なナショナリズムの深化の過程と、「美術」が理念と幽遠さを追求し、ロマン主義的ナショナリズムを内在化させていく過程は、まさに重なり合うと指摘する［北澤、二〇一三］。
その後、フェノロサ、そして岡倉は、彼らに共鳴する美術家たち、たとえば狩野芳崖《かのうほうがい》や橋本雅邦《はしもとがほう》らによる実作に深く関わりつつ、日本美術史と美術教育の基礎を築いていった。

ウィーン以後の博覧会

その後の万国博覧会への取り組みを、簡単に整理しておこう。内務省への移管前、一八七四年三月には、文部省管轄下にあった山下門内博物館で、ウィーン万博よりの持ち帰り品に、寺社や個人の出品物を加えた展示がおこなわれた。視察を経て帰国した田中芳男、山高信離《やまたかのぶつら》らの官僚は、事務局長に就任した町田久成（途中で河瀬秀治に交代）らと協力し、すでに七六年五月開催が決まっていたフィラデルフィア万博の出品準備にとりかかった。同万国博では日本は、庭付きの茶室を建て、出品物は前回ウィーンで好評だった金工・漆工・七宝・染織品を増やした。縄文土器や須恵器《すえき》に始まり日本の陶磁史を物語る二一六点が集められ、起立工商会社によって出品されたが、これらは博覧会の終了後にサウスケンジントン博物館によって購入された。全般的に、欧米の博物館、コレクターや美術商による注目度も高く、売れゆき好調であった。

続く一八七八年のパリ万博（第三回）では、民間の貿易会社や製造会社の参加を積極的に勧めた。総裁は松方正義《まつかたまさよし》がつとめ、事務官長にはフランス留学が長かった前田《まえだ》正名《まさな》が就任して、日本に対する認知度を高めるために充実した案内書や出品目録を準備した。ジャポニスムの追い風を受けて日本の輸出工芸品は人気を集め、多数の褒賞を獲得した。トロカデロ宮では、ヨーロッパ美術の回顧展と並行して東洋美術展が開催され、ジャポニスムの立役者で蒐集家のサミュエル・ビングや、エミール・ギメの所蔵品と並んで漆工や陶磁等の古美術が展示された。

士族反乱やインフレによって経済的にも逼迫していたこの時期の日本は、欧州先進国の機械化、重工業化の進展を見せつけられた。パリ万博における日本の出品物の売却総額は三〇万七七二七円で、その九割は「家具」という区画（出品分類の総称で室内装飾品を含む）に出品した陶磁器、金銀銅器、七宝、漆器で占められた。出品総数においてもこの家具（第三区）と織物衣服（第四区）だけで全出品の八割に達する［國、二〇〇五］。「美術」、すなわち第一区へは未だ出品していない。殖産興業政策の下で、室内装飾の一翼を占める「工芸」分野への特化は、当時の日本の国力や技術力を考えると、近世に培われた技術力や人的資源を有効に振り向け、収益をあげる上で効果的であったと見ることもできる。パリ万博の報告書（『仏蘭西巴里《パリ》府万国博覧会報告書』）には、陶磁器類と絹糸・絹布類の部の展示品に他国の模倣が多く、日本についてもデザインや使用する材料・用具において西洋の模倣がみられるという、欧州の有識者による批判が書きとめられており、評判に注意を払っていることがわかる。

明治前期における万国博覧会、内国博覧会、そして博物館という三つの事業は、相互に連関するものとして構想され、日本の産業奨励と発展への貢献が何よりも期待されていた。しかし明治中期には「工」と「美術」の役割や機能についての知識や理解が深まり、両者は分離していった。一九世紀も末を迎える明治二〇年代には、万国博覧会の性格も変化し、日本が輸出する「工芸」をめぐる情勢も動いていった。起立工商会社をはじめとする工芸輸出の振興を目指した製造者や貿易会社はしだいに不振に陥っていくのである。

一八八九年のパリ万博(第四回)は、フランス革命百周年を記念して催され、過去三度のパリ万博を上回る規模であった。エッフェルの設計した鉄のモニュメント、エッフェル塔は、毀誉褒貶に晒されるが、長期的視点に立てばこの博覧会のシンボルというにとどまらず、先端技術と提携する新時代の芸術として記憶されるようになった。美術館では、各国別に空間が確保された展示の他、大規模な「フランス美術百年展」も開催された。この時点でも日本は未だ、産業の展示パビリオンとは別個の美術館への出品を果たしていない。またこの博覧会は、先にも触れたように、本格的な植民地パビリオンをはじめて設けた。カンボジア、コーチシナ、セネガルなど、フランスの各植民地の凝った意匠の建物がセーヌ川岸やアンヴァリッド(廃兵院)前の巨大空間にたち並び、タヒチへ出発する直前のポール・ゴーギャンをはじめとする芸術家、観衆の異国への関心を掻き立てた。産業振興の枠を超えた試みにスポットライトがあたっていく。

一八九三年にシカゴで開催されたコロンブス世界博覧会は、「新大陸発見」四〇〇年の祝意を込め、ヨーロッパをしのぐ進歩と発展を遂げたアメリカ合衆国の国力を顕示した。娯楽施設の充実を企図して、第二会場「ミッドウエイプレザンス」には、人類学者が関与して世界各地の民族的な生活を「文明・半開・未開」の順に配置・演出する空間(エスニック・ヴィレッジ)やレストランを設ける。各国の女性による作品を展示した女性館、大観覧車も評判になる。日本は、農商務省内に設置した臨時博覧会事務局を中心に、前回パリ万博の五倍近い予算規模を確保して準備と米国側との交渉をおこなった。特に、はじめて工芸を含めた日本美術の出品を決定し、また鳳凰殿《ほうおうでん》と名付けた独自の展示パビリオンを建てて、歴史的な建築空間の再現とともに古美術を展示したのも新たな試みであった。美術館への出品に際しては、西欧の影響が顕著な洋画を排して「日本美術」に絞る方針を立て、家具や調度等の室内装飾品とみなされることを避けるため、軸物、巻物、帖などの形に表装することを認めず、平面作品は基本的に額装とした。この方針は、すでに一八八二年と八四年に開催された農商務省主催の内国絵画共進会でも採用されている。

殖産興業の枠組みに沿ってジャンルを絞り、海外での需要に合わせて形態を変化させながら形成された近代日本の「工芸」は、本格的に「美術」を目指す時代に入っていく。しかし、西洋の美術概念と日本のそれとの違いの調整は容易ではなかった。たとえば「彫刻」の場合、日本ではその素材、技法は、古くから青銅や木彫はもちろん、乾漆、塑像、象牙等多種に及び、複数の技法を組み合わせた合作も試みられてきた。また微小な根付や香合から仏像や仏具、近代になると巨大化する置物から公共空間の銅像まで、用途も多岐にわたり、そこに物語や風俗、風景、人、植物、鳥獣・魚虫の類までありとあらゆる形象を表現してきたのである。日本の立体物は西洋のそれとは素材・技法・主題のいずれの点でも合致しなかったが、北米側は日本事務官に一任とし、日本が提出する作品を受け入れた。博覧会開始後に、美術館内に日本に割り当てられたスペースが拡大した際、急遽「工芸館」から「美術館」に移した鈴木長吉の金工《十二の鷹》が評判になる。

しかし、一九〇〇年のパリ万博(第五回)では、工芸は再び美術から切り離される。フランス側の決定で美術館は絵画、彫刻、建築のみの展示となった。その一方で、当時パリで全盛を迎えていた芸術運動、アール・ヌーボーに接した日本の美術関係者は、鉄やガラスといった新素材を用い、有機的な植物等のモチーフを曲線で表す豊かな装飾性に衝撃を受ける。本章の冒頭で述べたように、西欧の美術の世界では、まさに産業と芸術の関係が変化し、美術と工芸の関係は緊張を孕みながら接近すると同時に、一種の競合関係に置かれていく。ジャポニスムに熱狂する時代は過去となっていた。日本は完成度の高い一点ものの工芸品(美術工芸品)を美術館に展示することを望むが拒否され、「工業雑品」のカテゴリーで展示されることになり、アール・ヌーボー様式の新鮮な室内装飾品やグラフィック(ポスターなどの印刷媒体)が脚光を浴びる中、旧態依然の印象をもたらしたことは否めない。シカゴに続きここでも古美術展示を目的とした日本館を建てた。しかし割り当てられた場所が、列強の個別パビリオンの並ぶ地区ではなく植民地パビリオンの並ぶトロカデロであったため、移動を求めてフランス側と交渉するも、叶わなかった[伊藤、二〇〇八]。また、東京帝室博物館の編集で日本美術史を語る*Histoire de l'Art du Japon*(翌年国内向けに日本語版『稿本日本帝国美術略史』を出版)を準備し、美術をもって日本独自の伝統と優越性を示そうとも試みた。しかしパリ万博の地理的配置や「美術」の境界線を引く政治的駆け引きの中で、日本の戦略は必ずしも有効に機能しなかったのである。

世紀の変わり目にいたって、「美術」と「工芸」の関係は、教育制度や展覧会制度と絡み合いながら、また国際的な動向の中で、改めて問われる時代が到来した。

博覧会と博物館、それぞれの歩み

最後に、世紀末の日本国内における博覧会と博物館の関係を見ておこう。博物館を所轄する政府機関は、一八八七(明治二〇)年に農商務省から宮内省に移管され、八八年には宮内省図書寮の附属となった。八九年に帝国博物館と改称し、同時に帝国奈良博物館・帝国京都博物館が設置された。この時、博物館創設以来その中に置かれていた博覧会の事務部門は、農商務省総務局博覧会課に移された。そして展示の中心は歴史および美術への傾斜を強めていく。

さらに東京帝室博物館と名を改めた一九〇〇年には（京都と奈良の博物館も同時に改称）、存置されていた工業部門を廃止し、美術の特権的位置を明確にした。そして皇太子（大正天皇）御成婚奉祝の事業として美術館の建設と献納が企図され、一九〇一年の着工から七年を経て〇八年竣工、「表慶館」と命名され東京帝室博物館の管理下に置かれる。

一九二三年の関東大震災によってコンドル設計の本館が被災し、使用に耐えなくなると、長年の懸案であった動・植・鉱物標本を中心とする天産部関係の資料は、東京博物館（現、国立科学博物館）等へ譲渡され、天産課は廃される。復興本館が完成する三八年までには、表慶館における日本美術の名品展示が常設となり、美術と歴史の二課制をとる東京帝室博物館の体制が整った。

一方、内国勧業博覧会は、第三回が一八九〇年に過去二回と同様に上野で開催された。間隔をあけて三回を重ねた内国勧業博覧会は広く国民の間に浸透し、産業育成や奨励政策の一環という性格を保ちつつ、人々にとっては物見遊山、観光の一部となっていく。万国博覧会同様、遊興娯楽化が加速し、また各府県下で物品陳列所や共進会が開催されて産業奨励の機会が増えたことから、内国勧業博の役割は相対的に低下した。第四回を一八九五年に京都で、第五回を一九〇三年に大阪で開催したのを最後に内国勧業博覧会は終了する。ただし拓殖博覧会、各地の自治体主催の博覧会、京城（ソウル）や台北での植民地総督府主催の博覧会など、個別テーマを掲げる博覧会は存続した。繰り返し触れたように、人類学や地理学、自然科学の学知もまた、視覚的・身体的快楽を与える装置の中で提供され続ける。博覧会が、観衆の世界観、自国・自民族意識の肥大に、長く大きな影響をおよぼしたことは間違いない。

そして博覧会と分かれ宮内省の管轄下に移った博物館は、独自の歩みを進める。美術とその歴史を軸として、文化の庇護者としての帝室との結びつきを鮮明にした帝室博物館は、資力と権力を傾けて制作された一点ものの美術作品を核に、一国史の枠組みのもと、「日本」を表象し語る装置となった。過去の歴史的文脈においては、ごく一握りの人が特定の場で享受してきた造形が、「日本美術」として帝室の威光のもと「我々」(＝臣民)のものとして供されるに至って、帝国日本を表象する博物館の制度は整う。この過程からは、西欧の制度に学びつつも、西欧とは異なるユニークな場の創出が目指されたことがうかがえる。

所轄、主催者も別となり、また観衆へのアプローチも分かれた博物館と博覧会は、ともに帝国日本を統べる天皇、皇室との一体感、優越感を国民の間に醸成し、ナショナリズムを下支えする装置であった。その意味では、両者ともきわめて高い政治的機能を果たし続けたといえよう。

三 ジャンルのヒエラルキーと教育制度――「美術」の制度化(2)

「工業」と「工芸」のはざまで

さて、殖産興業政策、輸出増大の方針のもと奨励された「製造品」の担い手の育成・教育はどのようにおこなわれたのか。前節までに述べたように、維新後は、機械化、産業化が本格化し、また列強、西欧諸国の制度に基づく博覧会の枠組みに学び、それと交渉しながら、「製造品」は、「工業」「工芸」「美術」に分けられ、階層化していった。言葉の意味が変化したのみならず、それぞれ異なる社会的な位置づけを得て、展示（販売）空間や流通ルートも分かれてきたのである。教育にも、上記の区分を意識した公的な介入が始まる。

前近代の日本では、いかなる品目においても工房制作が基本であり、親方（師）から徒弟（弟子）に技が伝えられた。しかし、更新されていく新技術の導入、製造品の質の向上のためには、新しい教育の場と指針が不可欠となる。そして、担い手育成には複数のスタート地点があったが、それらは別個に進展したのではなく、相互に役割を補い合ったり、あるいは分担を明確にしようと分岐したりという具合に、複雑な過程がみられる。

先に述べたように一八七三年のウィーン万博に深く関与し、「技術伝習生」の派遣を提案して、日本への工業技術の導入に指導的役割を果たしたワグネルは、中等技術教育の必要性を主張し続けた。それが文部省の博物館行政にかかわっていく九鬼隆一や浜尾新《はまおあらた》などの賛同を得て、八一年に官立の東京職工学校が設立される。職工学校は「職工学校ノ師範若《も》シクハ職工長タル者ニ必須ナル諸般ノ工芸等ヲ教授スル」（「東京職工学校規則」一八八一年）学校として位置づけられ、工部大学校を卒業した日本人が教員となった。

先行して、政府は一八七三年に工部省の工学寮工学校を日本最初の国立の工業学校として設立する。土木、機械、造家、電信、化学、冶金、鉱山、造船の学科を設け、外国人教師を多く招いて、学生が英語により高度で専門的な知識を学ぶカリキュラムが整えられた。他方、現場技術者とその指導者の育成を急務と考えていたワグネルは、中等程度の実用的な技術教育の必要性を訴え、政府は大学南校から専門学校に転換した東京開成学校内に「製作学教場」を設置するも、それは七七年に廃止される。東京開成学校はこの年東京医学校と統合して東京大学に編成される。工学寮工学校もまた、七七年に工部大学校に改組、八六年には東京大学に合併され、東京帝国大学工科大学へと改組される。その後は、実務的な工業教育よりも学理研究へと傾斜した。

いっぽう東京職工学校は、ワグネルが急務と考えた工業関係の実務者速成を主眼として「製作学教場」を継承し、機械工芸科・化学工芸科からなる本科、および予科で構成された。一八八四年には、ワグネルは唯一の外国人教官に就任して新設の「陶器玻璃工科」の主任となり、陶器・ガラス・漆器など、科学的知識と機械の導入による革新が可能で輸出産業として有力な分野に絞り、近代産業への発展をめざす教育がおこなわれた。

一八九〇年には、前近代的な徒弟制度を想起させて評判の悪かった「職工学校」という校名を「東京工業学校」に改称、染織工科、陶磁玻璃器(七宝)科、応用化学科を設置し、学校規則を改正して、地方入試制度や尋常中学校卒業生のうち工業関係科目で優秀な者を無試験で入学させる制度を設けるなど、高等教育機関としての整備がおこなわれた。

一九〇一年には、さらに改称して東京高等工業学校となり、紡績(染、機)、窯業、応用化学、電気科(電気機械分科・電気化学分科)、工業図案科とを設けて拡充がはかられるが、一九一四(大正三)年になると工業図案科の廃止を決定する。教員学生の反対にもかかわらず、図案科は東京美術学校へ移設されて、工業と工芸の分離がはかられた。工芸は、図案の重視とともに、個人の美術家の個性尊重の見地からも東京美術学校に移され、建築装飾などとともに教えられることになった。他方、デザインと機械的生産に適応する工芸教育の必要性が主張されて、一九年に東京高等工芸学校（現、千葉大学工学部）の設立が決定し、二一年に開校する。他方、東京高等工業学校は、二九年大学に昇格した（現、東京工業大学）。

地方における教育制度の整備にも目を向けておく必要がある。

ウィーン万博の「技術伝習生」の中に、佐野常民と同じ佐賀藩出身の納富介次郎《のうとみかいじろう》（一八四四―一九一八）がいた。納富は、博覧会では事務官として働き、終了後に陶磁器の伝習生として、ボヘミア（現在のチェコ共和国）のエルボーゲン製陶所で製陶と陶画の技法、石膏型製作法を習得する。また自費でフランスへ赴き、セーブル製陶所を視察して一八七四年にいったん帰国する。七六年のフィラデルフィア博覧会にも事務官として渡米、陶磁器やガラス器などの審査にあたった。この納富を中心に、博覧会事務局がとった方法が、佐賀や長崎の陶工・画工を選抜して集め、彼らを指導して図案を作成し、各地の窯に配布することであった。先に触れた『温知図録』の一部である。

その後、納富は東京江戸川製陶所の設立に場長として加わり陶画工を養成するほか、石鹼の試製、髹漆《きゅうしつ》（漆塗）や鋳銅の試験所を設けるが、のちに売却して、製造品の審査や指導に携わった。この納富が、石川県に巡回教師として招かれたことをきっかけに、一八八七年に金沢区工業学校（現、石川県立工業高等学校、および金沢美術工芸大学）を設立、その後も九四年に高岡に富山県工芸学校（現、富山県立高岡工芸高等学校）、九八年高松に香川県工芸学校（現、香川県立高松工芸高等学校）を設立した。一九〇一年には佐賀県工業学校長に就任、前年に徒弟学校から県立に昇格していた佐賀県工業学校有田分校を有田工業学校として独立させることにも尽力した。

納富は、日本各地に前近代から続く地場産業の近代化の担い手を養成する地元密着型の教育を、図案意匠と技術面、また流通・経済面をも視野にいれて目指した。ただし、納富がかかわった上記の学校の校名が、「工業」と「工芸」で揺れ、また変更があったことからも、機械の導入、産業化と、伝統的技法や素材を生かした工芸の継承・発展の間で、(両方を追求するにせよ)せめぎあいがあったことをうかがわせる。また、図案、意匠の教育をめぐっても、工芸家自身、画家(画工)、図案の専門家のいずれに主眼を置くのかは、容易に定まらなかった。美術学校の図案科の位置づけにおいても同様の問題が浮上した。

さらに京都においては、官の主導ではなく、地場産業の育成と保護を願う有力な手工業者、産業と結びついて生計を立てていた多くの画家の側からの働きかけによって、一八八〇(明治一三)年に京都府画学校が開かれた。ところが実際に開校すると、その教育課程は、産業とは距離のある京都の有力な画塾の寄り合い所帯からなる鑑賞画家養成の学校としてのものであった。画学校開設の要件とされた勧業の視点の欠落を補うために、一八八八年、応用画学科が生まれ、京都市の経営に移って京都市画学校と改称した二年後の九一年に絵画科と工芸図案科の二科を設置、さらに九四年には学校自体の名称を京都市美術工芸学校(現、京都市立芸術大学)に改めた。その上で、改めて地場産業としての工芸にシフトした高等工芸学校設立の動きが加速、「美術と学理を応用すべき工芸技術の練習」を掲げての教育を目的に京都高等工芸学校(現、京都工芸繊維大学)が、一九〇二年に開校したのである。これらの教育機関は、第二次世界大戦後の学制改革を経て、工業高等学校、あるいは工学部系、芸術系の新制大学に改編・継承されている。

「美術」の純化とジャンルの階層秩序《ヒエラルキー》

日本で最初の「美術」学校は、一八七六年に工部省の工学寮に工部大学校の附属機関として、イタリア人教師を招いて開設された「工部美術学校」である。西洋の制度に倣い視覚造形芸術に絞り、絵画と彫刻の二科としたが、その規則中の「学校ノ目的」に、「美術学校ハ欧州近世ノ技術ヲ以《もっ》テ我日本国旧来ノ職ニ移シ、百工ノ補助トナサンガ為ニ設ルモノナリ」と記されているように、新しいテクノロジーの導入によって日本で培われてきた「工」の発展に寄与しつつ、その延長上に「美術」を見据えるものであった。北澤憲昭は、工部美術学校の出身者が、建築、写真、印刷、織物産業の下絵製作等に携わったのは目的にかなうものであったと指摘する。

その一方で、工部美術学校で「工学部に「技術科」ではなく、独立した「美術学校」を設置したのは、「美術」が「工」から離脱する最初の兆」とみなせるという。未だ分化していなかった日本の工学、建築から、「美術」が絵画を主軸として、精神にかかわる事柄へと、すなわちテクノロジーから芸術へと変質していくと述べる。他方で、産業革命の進行に促されて機械工業化が進み、かつては手技をさしていた「工」が「工業」へその意味を転じていくと、逆に絵画や彫刻のための領域が「工」からは削減された[北澤、二〇一三]。

外国人教師の美術・芸術観と、政府がこれを工学部に開設した目的や意図との乖離は大きかった。

また、輸出増大、経済的目的から導かれた美術奨励が、アーネスト・フェノロサの登場によって「日本固有の美術」に絞られ、いわゆる国粋的主張に傾いて力を得ていく。工部美術学校では、教師でイタリア人画家のアントーニオ・フォンタネージが帰国すると、その薫陶を受けた小山正太郎（一八五七―一九一六）や浅井忠（一八五六―一九〇七）、松岡寿《ひさし》（一八六二―一九四四）らの学生は退学し、日本初の洋画家の団体である十一字会を結成するが、国粋主義の進展に歯止めをかけることはできなかった。工部美術学校は、開校からわずか六年で彫刻科を廃止、七年後の八三年には画学科も閉じて廃校となった。

フェノロサとともに、若き文部官僚として古社寺宝物調査に取り組んでいた岡倉覚三（天心）は、一八八四年、鑑画会を結成し、古画の時代・流派、真偽・優劣を計る基準を定め、これに基づく「鑑定」を経た作品を展示するシステムをつくった。そして同年、文部省に図画調査会が設置され（翌年図画取調掛と改称）、官立美術学校設立の準備が始まるとその実務を担う。

普通教育の「画図」のあり方を検討する図画調査会では、洋画家の小山正太郎と岡倉が、初等・中等教育における鉛筆画と毛筆画の採用をめぐり対立し、岡倉の主張する後者に決定して、国粋派の勢いが増していく。その後、美術学校は高等美術教育の場の設立に的を絞り、フェノロサと岡倉は、欧米の美術および美術教育の視察に派遣された。

フェノロサと岡倉が構想する「日本固有の伝統美術」の教育と発展を目的とする東京美術学校は、明治憲法に基づく国家体制が構築される時期において、国家の観念（国体）を体現し、民族的な思想を鼓吹するイメージを提示する視覚造形としての「日本画」を核に据える（自らの楽しみを尊重する南画を除く)ものであった。文部省の内部ですら合意は容易には得られず、西洋派の大臣・森有礼《もりありのり》は反対であったというが、一八八七(明治二〇)年に設置された東京美術学校は、五年制の学校として、八九年に伝統美術のみでスタートする。当初は普通科(二年)、専修科(三年)、特別の課程(一年)を置き、普通科では実技は絵画・造形を兼習、専修科では絵画(日本画)、彫刻(木彫)、美術工芸(金工・漆工)の三科に分かれ、普通図画教員志望者は、普通科修了後に特別の課程を履修するというカリキュラムである。

一八九二年、美術工芸に鋳金科、九五年に鍛金科が加わってもなお、西洋画の教育が導入されなかったことに端的に示されるように、「美術」の制度、国家に保証されたアカデミズムが完成に向かう過程で西洋画は長く不遇であった。その後、九六年に、フランスで学び帰国していた黒田清輝《くろだせいき》(一八六六―一九二四)を主任に迎えて西洋画科、および図案科が設置された。

この時、東京美術学校の西洋画は、黒田を中心として同時期にフランスで学んだ久米桂一郎《くめけいいちろう》ら「白馬会《はくばかい》」系の画家が中心となる。一八九六年に結成された白馬会(外光派、新派ともよばれる)は、洋行帰りの洋画家が結成した美術団体だった。これに対し、鉛筆画を主張した小山正太郎は、国粋主義が台頭する「洋画冬の時代」の八九年、明治美術会を結成して大同団結した複数の洋画私塾のリーダーのひとりで、浅井忠らとならび旧派の代表的人物であった。国粋派の岡倉に敗れた小山は、自らが図画科を設置した教員養成学校である東京師範学校を九〇年に解任される。しかし一九〇一年に、東京美術学校の校長であった岡倉が内紛によって同校を辞任し野に下ると、東京師範学校に復帰した。美術史家の佐藤道信は、明治中期における美術制度の揺籃期において、広範に繰り広げられた政治闘争を、関係者の出身階層や出身藩(旧幕臣、佐幕派、新政府側)にかかわるものと指摘する[佐藤、一九九六]。教育方針の選択、初等から高等におよぶカリキュラムの制定、ポスト等をめぐって、官僚と美術家が入り乱れて激しい抗争が展開した。佐藤が分析するように、美術の制度化をめぐる抗争が日本画・洋画を問わず絵画を中心に起こったことは、それが西洋美術の体系におけるジャンルのトップに位置するのみならず、画家の出身階層に士族が多く、士族間の権力闘争としての性格を有していたからだといえよう。立身出世の時代において、「絵画が官製「美術」の権力の中心に位置づけられるのに対し、平民出身者が多かった彫刻・工芸は権力の周縁部に置かれていた」〔佐藤、一九九六〕。

ちなみに、上記、国粋派と西洋派の対立、そして西洋派の中での新旧の対立とは別に、日本画をめぐっても岡倉覚三とフェノロサが一八八四年に結成した鑑画会が台頭し、殖産興業政策の一環として日本画の振興を目指してきた龍池会との相違が明らかとなる。前者(新派)は東京美術学校の設立を所管する文部省の官僚、後者(旧派)は博覧会や博物館を所管する農商務省の官僚を中心に構成され、両者の新旧対立軸も鮮明であった。

龍池会系の「旧派」は、宮内省の庇護をもとめ、有栖川宮熾仁親王《ありすがわのみやたるひと》を総裁に迎えて「日本美術協会」を発足させる。一八八八年には「宮内省工芸員」を認定し、年金支給によって顕彰・保護する制度となり、さらに一九〇一年には帝国博物館総長・九鬼隆一が選択委員長に任ぜられて「帝室技芸員」制度に発展した。初期には農商務省関係者が重要な位置を占めるが、後には帝国博物館を中心とする宮内省関係者と東京美術学校を中心とする文部省関係者が合同することで新旧の対立構図は解消されていくが、「帝室技芸員」は国家権力と皇室の権威に直結する制度として一三回の選定で、一九四四年まで七三名が任命された。

以上のように、近代日本における造形・視覚文化をめぐる制度は、明治初期から国家政策と不即不離の関係のもと、絵画を中心に純化した「美術」を上位に置き、選択的に保護・育成すべき「工芸」を組み込んで構築された。「工芸」と「工業」の境界は曖昧なまま、教育や展示の場を分けることで階層化を遂げた。手仕事の一部を機械に明け渡すこと、すなわち「工業」に近づく「工芸」は、「美術」の階層秩序においては、下位に位置づけられる。他方で、産業化推進の原動力となる最先端の工業技術は、次第に「美術」から切り離され、国家政策の重要な位置を占めて強化された。さまざまな要素を切り捨て、手放し、組み込んで生成する「美術」は、「国家」の権威を体現する文化の中でも、制度によって幾重にも保護された「聖域」として、政治的に利用されてきた側面が否めない。

続いて、本書Ⅱ・Ⅲ章で取り上げる一八八〇年代生まれの美術家たちは、まさにその親世代の人々が競争と立身出世にしのぎを削った時代に生を受けた。そこで成立した制度のもとで教育を受ける機会を得たり、成育環境のゆえに機会から疎外されたりしながら、それぞれの道を歩む。成人した彼らは、国家の管理下に置かれた美術の制度に反発し批判を向けて、独自の場で「個」の表現を模索し、自前の美術運動の組織・展開を試みたのである。

四　「手芸」と女性の国民化——もう一つの国家プロジェクト

女性の「美術」からの排除

さて、明治中期、男性美術家や官僚たちが激しい権力闘争を繰り広げたまさにその頃、女性は「美術」から排除された。近代の美術教育は女子に対し、男子に対するそれとは異なる枠組み・制度を用いたからである。

しかし、近代のはじまりの時点ではそうではなかった。殖産興業政策では、むしろ女子の手仕事に大いに期待が寄せられていたのである。その代表格が製糸関連の事業であったことは誰しも知っていよう。たとえば本章の冒頭に取り上げた一八七三年開催のウィーン万国博覧会には、博覧会事務局が、日本の養蚕をはじめとする農業製品の製法や品質の高さ、隆盛ぶりを海外に宣伝するために制作した、彩色木版一枚刷りの『教草《おしえぐさ》』(全三二枚)の出品が準備される。制作が間に合わず博覧会後に完成したのだが、その中の「養蚕手引草」「生糸製法一覧」等をみると、各工程で労働に従事するほとんどは女性である。糸繰り、糸をかせにする仕事などは、器具が導入されても女性たちが担い手であった。

また、先に紹介した日本初の美術学校である工部美術学校(一八七六年開校)には、男性と同様に女性の入学が許可された。油彩画で活躍した神中糸子《じんなかいとこ》(一八六〇—一九四三)、ロシア正教会のイコン画家としてサンクトペテルブルグへ留学し、帰国して各地に聖画を残した山下りん(一八五七—一九三九)、石版印刷を学んで多色石版画家として活躍、その傍らで夫とともに印刷業を営んだ岡村政子(一八五八—一九三六)などがいる。ところが、技術としての画法を教授する工部美術学校が閉鎖され、東京美術学校が設立されて専門的な「美術」教育が開始されると同時に、政府は他の官立高等教育機関と同様に女性を排斥したのだった。

他方で女子に対しては、一八七二(明治五)年に学制が発布されると、男女の区別なく四年制の小学校を設けるが、女子に対してのみ家庭生活にかかわる教科外の科目として「手芸」を課す。ただしここで言う「手芸」とは裁縫、機織り、洗濯、料理などを包括する広義の名称であり、近世から続く「婦工」を踏襲するものと考えられる[山崎、二〇〇五]。視覚表象・ジェンダー研究の山崎明子の研究が明らかにしたように、明治初期において「手芸」という言葉は、単に手仕事にかかわる技能をさす言葉に過ぎなかったものを、女児小学のみに設置することによって、「手芸」という概念そのものがジェンダーによって規定され、女性性の領域に配備されていく。そして、ジェンダー化された「手芸」が積極的に取り入れられるのは、女子上等小学(一〇歳から一三歳)であった。そこでの「手芸」は基本的に段階を踏んで上達を期待する「裁縫」をさしていた。

明治一〇年代の半ばになると、小学校を卒業した女子のため、さらに「手芸」を専門に学ぶ場として、実業系女学校が設立される。その教育の中心は基本的に裁縫であり、さらに、刺繡、造花、図案、染色、編物などにおよんだ。一八九五年の高等女学校規程によって学科目、修業年限、入学資格等が定められると、裁縫が正科目に、手芸が随意科目に編入された。一九〇一年の高等女学校令施行規則では、手芸の範囲を編物・組紐・袋物・刺繡・造花などとし、それら女子にふさわしい手芸を学ばせる目的は、縫物の手技(手わざ)の向上と、勤勉を好む習慣の涵養の二つにあると記し、手芸とその意義が定義された。山崎は、一見「手芸」と直接の関係が薄いと感じられる「勤勉の習慣の涵養」こそが、中産階級以上の子女の教育のみならず、女子の初等教育、工場を中心とする職業教育機関における教育等においても一貫して重視されていることに注目する。階級構造を超越したところで、女性に適した手仕事として、また不可欠な労働として「手芸」が共有された。その意味を、女性の国民化の過程と結びつけて浮かび上がらせたのである。

ところで機械化、産業化の進展で、「工」が「工業」を意味するようになると、製糸に代表される女工の労働は代替可能なものとして使い捨てを免れなくなる。ところが養蚕に関しては、明治中期以降の「手芸」を論ずる多くのテキスト(言説)を通じて、女子の重要な務めとして扱われ続ける。その理由と事情を、先の山崎の研究は次のように説明する。すなわち、養蚕は都市部の女性の日常的な労働ではなかったが、皇后や皇太后がおこなう宮中の養蚕に結びつけ、古代から連綿と続く日本の伝統と位置づけられることで、普遍的な意味と価値を持ちえた。また、「こがい」(育児)と重ねることで、経済的格差の底辺に生きる貧しい女工から、都会の家事使用人、その使用者たる主婦や上流階級の女性までを、頂点に君臨する皇后に結びつけることが可能になった。女性の国民化という一大プロジェクトは、「養蚕」を「手芸」の根本とすることで、女性の心身の陶冶に介入しながら推進されたのである。

ちなみに養蚕を皇后に結びつけ手芸を重視したのは、明治期女子教育界、最強のイデオローグとして活躍した下田《しもだ》歌子《うたこ》であった。下田は、一八九三年から二年余り宮内省からの官費で英国に渡る。ヴィクトリア朝の女性規範に基づく女子教育制度を広く学び、帰国後は、華族から労働者階級の子女にまでおよぶ女子教育に携わった。

実のところ女性の針仕事や手芸は、国家や教育によってただ押し付けられたものではなく、すでに先行研究が明らかにしてきたように、女性自身やその家族の関心、需要が高かったからこそ重視された。明治の早い時期から多くの教育機関においてカリキュラムが充実したのは、刺繡や造花に代表されるように貿易品、輸出向けとして注目される製品を多く含んでいたからである。国内でも「縫紋」や軍服の金モール等の刺繡は、高度の技術を身につければ高賃金が期待できた［大﨑、二〇一六］。もちろん裁縫、仕立ても同様である。ただし、「手芸」によって身を立てること、職業的な自立は、決して教育の主目的とはされなかった。父や夫の保護を失ってもジェンダー規範を逸脱することなく、体面を守りつつ賃金を得ることのできる内職向けの技能として、「手芸」は社会的に支持されたのである。ゆえに、その労働の対価、賃金は、男性のそれに比較し格段に低くみつもられることになる。高等女学校、女子の専門学校において「手芸」が重視された背景には、女性の職業選択の幅の狭さ、教育の権利や社会進出、経済的自立を阻む制度的・構造的背景が厳然と存在した。

手芸と美術

最後に、中産階級の女性に奨励される「手芸」と「美術」との関係をみておこう。「手芸」は、女子にふさわしい「美術」、あるいは「工芸」として語られることが多かった。女性が「美」に心を寄せることは、たとえば花を描くこと、家庭内、日常生活を美しい手仕事によって飾り整える行為として奨励される。織物や刺繍、染織のように、男性が従事する「工芸」と重なる手仕事をおこなう場合にも、担い手が女子であることによって「手芸」には異なる意味が与えられた。それは経済的収益を目的とするのではなく、私的な人間関係を基盤とする「家庭」に潤いを与えるものと解釈されたのである。すなわち、「手芸」が家庭という空間、日常生活の中に組み込まれるのと同時に、「美術」もまた「女子の美術」という「手芸」に重なる特化した枠組みに囲い込まれた。山崎明子は、「近代日本において制度化された「美術」と工芸に対する、女子の美術と手芸の関係は、美術領域から「手芸」を除外しただけではなく、女子の総合的な創造活動の育成システムそのものを美術教育の枠組みから排除した」と喝破する。

本書では、明治末から大正・昭和初期の新世代の男性美術家たちによる「美術」への「手芸」の編入の試みを検討するが、あらかじめ述べるならば、それはジェンダー・システムの解体には結びつかなかった。女子の創造活動に介入し、その一部を領有することで、男性美術家は従来の「工芸」や「美術」に揺さぶりをかける。だが彼らの目的は、対抗的に新しい「美術」創造の可能性を拓くことにあった。そのためには、無垢で素朴な素人、すなわち「女性」の手になる「手芸」という領域は、まるごと温存される必要があった。それは、男性美術家にとって、可能性を秘めた美術の「未開地」であったといえよう。

第Ⅱ章

帝国の工芸と「他者」

――富本憲吉の視線の先に

一八八九(明治二二)年に開校した東京美術学校に設置されたのは、日本画、木彫、美術工芸の三科であった。産業育成と国威発揚を「美術」奨励の目的とした明治期の日本において、輸出品にもならず、また国際的評価が期待できないとみなされた洋画(油絵)は、長らく国家の美術奨励策から除かれ、美術教育の対象としても軽視されたのである。また、工芸については、金工と漆工を選択的に官製の高等美術教育の対象とした。九六年になって、フランスから帰国していた黒田清輝を主任に迎え、西洋画科、および図案科が設置される。そこで、ようやく日本の「美術」制度は、西欧のそれに近づいた。

さらに一九〇七年、第一回文部省美術展覧会(以下、「文展」と略称)、すなわち政府による国家事業としての「美術」展示の場が確保され、褒賞制度が導入されると、「洋画」を組み込んで、美術界の権威的なシステムの構築が成った。しかし、文展は「日本画」「西洋画」「彫刻」の三部門であり、一九二七(昭和二)年の「美術工芸部門」新設まで工芸は排除されたのである。

文展開設の時点で、第二部(西洋画)審査員としてその中心に就いたのは、東京美術学校の実技系の教授である黒田清輝、久米桂一郎、そして美学や西洋美術史を担当する岩村透であった。彼らは、一九世紀の終わりにフランスに留学し、白馬会を結成し在野にあって同時代の新しい西洋美術の動向を紹介・移植しようとしてきたのだが、世紀が変わると、勅命によって文展の審査員に任命され、美術界のアカデミズムを背負う立場となっていく。

ところで文展開催の会場は、いまだ上野の第三回内国勧業博覧会(一八九〇年)の名残り(旧二号館)で、名称を竹の台陳列館と改めた帝室博物館の管轄下の施設であった。また、多くの美術団体は自らの恒常的な作品発表の場が限られていることに対し、文展開設前から不満を募らせていた。帝室博物館とは別個の美術館建設は、美術家たち共通の願いであったが実現は難しかった。

やがて洋画家たちは新旧の対立を乗り越え、洋画界の一新と発展を期して建築家とも提携しながら、一九一三(大正二)年、国民美術協会を創設する。新派の領袖で、一九一〇年には洋画家としてはじめて帝室技芸員に任命されていた東京美術学校教授の黒田清輝と、同校教授で美学・西洋美術史を教える岩村透がその中心にいた。

このようにして洋画のアカデミズムが成立していく中で、一八八〇年代生まれを中心とする若い世代の活躍が顕著となる。彼らは個人として頭角を現しつつ、グループを作りそこでの活動を通じて「美術」の表現内容、および美術と社会とをつなぐ場の変革を主張する。『みづゑ』(一九〇五—九二年)のように、美術にかかわる雑誌メディアも確実に読者層を広げ、また後期浪漫主義の文芸誌として名高い『明星《みょうじょう》』(一九〇〇—〇八年)には、石井柏亭や高村光太郎など若い美術家が詩や散文を寄稿した。その中から新しい表現の模索が始まり、自前の美術雑誌も創刊されていく。日露戦争前後におけるジャーナリズムの活況と成熟の最中にあって、多くの青年美術家たちは、文芸と美術、そして社会との関係に目をひらかれていったのである[北澤、一九九五ａｂ]。

Ⅱ章では、明治末から大正のはじめにかけて、美術界で注目を集めながら「手仕事」を通して自己の表現を模索した富本憲吉を中心に据え、彼の視線が帝国日本の周辺に向けられた状況を検証する。その際に、富本ひとりではなく、彼の交遊関係や、作品・文章を発表した場(媒体)を重視しよう。

一　日露戦争後の美術界

模索する青年美術家たち

一八八〇年代生まれの若者たちは、日露戦争（一九〇四—〇五年）の勝利によって帝国主義列強の一角に食い込んだ日本において、国民の意識に変容が生じた時代に、自己を形成し将来を切り開いていった。

とりわけ美術や文芸、広くは芸術や思想といった領域で生きる道を選択した（できた）知識人層の若者たちの間では「個」の自覚が深まり、各々の内面を探究する新たな表現が堰を切ったように溢れていく。その状況と特徴は、彼らがグループとして活発に活動を展開し、独自にその主張や表現を発表する雑誌や展示空間を欲し、自ら創出した事実によって端的に示されている。よく知られるように、『方寸《ほうすん》』（一九〇七年五月—一一年七月。→一九六頁「コラム4」参照）、『白樺《しらかば》』（一九一〇年四月—二三年八月）、『青鞜《せいとう》』（一九一一年九月—一六年二月）等、文芸と美術が溶け合う新しい表象空間がこの時期に出現した。

活動の担い手の中心は二〇代の若者たちで、出身階層には相違もあるが、相対的には教育・経済的な環境に恵まれて育ち、マルチな才能を備えていた。そして、頭角を現す彼らに世間は注目し、強く反応したのである。もちろん好意的な評価ばかりではなく、たとえば若い女たちが創刊した『青鞜』は、ジェンダー秩序への挑戦的な言動ゆえに激しく叩かれた。

また、明治期の激しい覇権争いを経て、ようやく制度化が成った美術界においては、青年美術家たちは未だ弱い存在である。たとえば、美術界への登竜門、一九〇七年にスタートした文部省美術展覧会に出品すれば、彼らは評価を受ける立場にあり、審査員らによる若手の表現を抑え込み、自派に取り込もうとする圧力も自ずと働いたはずである。

けれどもこの時期、国家主義的な観点からの制度化を果たして間もない美術界、それ自体が大きく揺らぎ、観客、美術愛好家の層が民衆へと広がって、変容していたのも事実である。海外からの新たな刺激が波状に押し寄せる時代にあって、権威をつくり維持する側にいた年長の美術家たちも表現と制度の更新を迫られ、また多くの人を惹きつけ美術と美術家の地位を向上させるため、新しい担い手を必要としていた。

本書Ⅱ・Ⅲ章では、この頃に頭角を現し、「美術」の概念を広げ、各々の道を拓いていった三人の美術家、富本憲吉《とみもとけんきち》、藤井達吉《たつきち》、山本鼎《かなえ》を取り上げる。

富本憲吉の英国遊学——V&A博物館とインドへの旅

一九〇八（明治四一）年一一月、二二歳の富本は、東京美術学校（図案科、建築および室内装飾専攻）の卒業制作を仕上げて提出し、私費で渡英、ロンドンに遊学する。到着後しばらくは、ロンドン市立セントラル・スクール・オブ・アート・アンド・クラフツ（夜間クラス）で、ステンドグラスの実技を学ぶ。そのかたわら、滞在期間を通じてヴィクトリア&アルバート博物館（以下V&Aと略記）に熱心に通った。

富本は大英帝国の威光をとどめる世界屈指の博物館で、ペルシャ、エジプト、インド、中南米、中国・日本、ヨーロッパの造形に親しみ、それらの膨大なスケッチを残す。特にペルシャ、インドのものが克明で、それらのスケッチから吸収し変換した模様は、彼の後年の陶磁に現れる。

英国滞在の後半（一九一〇年一月から四月）には、カイロからインドへも旅をする。この大旅行は、イスラムの建築様式の調査を目的として建築家の新家孝正《にいのみたかまさ》が計画し、農商務省から派遣されたもので、明治政府が検討していた天皇即位五〇周年（一九一七年）を記念する万国博覧会のための調査であった。

富本はその写真撮影と通訳を兼ねた助手に採用され、パリ、マルセイユを経由してカイロからインドへ渡り、ボンベイを起点にデリー、アグラ、ラホール、カルカッタと北インドを横断する大旅行に同行した。途上で見た建築や装飾は、幼少から幾何学を得意とした富本の感性や知性を通じ、更紗模様や細密な図案に反映されているとの指摘がある［松原、二〇〇六、一三頁］。

ロンドンに戻った四月末、二年足らずの留学を切り上げ帰国の途に就く。船上では南アフリカ出身の同世代の画家レジナルド・ターヴィーと知り合った。ターヴィーを通じ、帰国後の日本で、富本は生涯の友となるバーナード・リーチ（一八八七―一九七九）に出会う。英国留学を機にヨーロッパの外の世界に目をひらかれた富本と、植民地官僚の息子として一〇歳までを香港、日本、マレー半島で暮らした経験のあるリーチは、ともに父を亡くしていたが、家産（富本家は地主）、遺産（南アフリカの鉱山株）に恵まれ、美術によって世に出ようとの野心を持っていた。二人は惹かれあい、以後生涯にわたる友情を育み、ことに初期においては双子のように作陶の道へと進む。

奈良の生家から東京美術学校へ

富本の原点には、大和・安堵《あんど》村(現、奈良県生駒郡安堵町)の生家があった。法隆寺や中宮寺とも縁が深く、幕末までは庄屋をつとめたが、憲吉の祖父(久左衛門)、父(八右衛門豊吉)と二代の当主が早世したため、生家の勢いは次第に弱まっていた。

憲吉が一〇歳の時に亡くなった父は、漢籍に詳しく、書を能《よ》くし、日常の調度にも趣味を行き届かせる人であったという。憲吉少年に与えた父の影響は決して小さくはなかったようだ。もっとも、一緒に過ごす時間は少なく、父は、同村の旧家、今村家を中心に進められる奈良の鉄道事業に参画し、妻と年少の子らとともに奈良市内に暮らしていた。跡取りの憲吉は、祖母の愛情と期待を一身に受け安堵の本宅で育つ。

青年時代の憲吉が、版画作品の署名や、美術雑誌などに寄稿する際のペンネームに「久左」、あるいは「安堵久左」を用いたのは、代々の当主が交互に久左衛門、八右衛門を名乗ったことに由来する。祖母や母の実家、親戚や深い交わりを結ぶ近隣の有力な家にも、文人肌の人々が多く、豊かな自然に加え、旧家のネットワークが機能する文化的環境であった。

進学した郡山《こおりやま》中学校では、水木要太郎(近代奈良の歴史・地誌研究を牽引し、膨大な蒐集資料を残す。後に奈良女子高等師範学校教授)に親しむ。卒業の前年には、東大寺大仏殿回廊で開催された日本美術院主催の奈良絵画展に、法隆寺金堂壁画の模写に基づく作品を出品し入選。これをきっかけに富本は、東京美術学校への進学を考えるようになったともいわれる。だが、専攻については、数学が得意といった理由もあり、実学的な図案科を選択した。

一九〇四(明治三七)年に上京した富本は、上野の東京美術学校で近代西洋の学問である建築と建築装飾を専攻する。富本は「建てること」よりも理想を「描く」ことに強い関心があり、「ジョン・ラスキン(一八一九―一九〇〇)流の総合芸術としての建築を知り、生活空間をも思慮に入れるデザイン空間」を学んだ[山田、二〇〇六]。

東京美術学校では、ウィリアム・モリス(一八三四―九六)の思想と実践を日本に紹介した一人として知られる美術史家・美術批評家の岩村透(一八七〇―一九一七)、装飾美術に造詣が深く自ら革細工や金工をも試みた洋画家の岡田三郎助《おかださぶろうすけ》(一八六九―一九三九)らの指導を受けた。

同校・図案科(建築装飾)の教授、大沢三之助(一八六七―一九四五)は、東京帝国大学の工科出身ながら、文学に親しみ画家志望から転じた人物で、まさに美術学校の教師にふさわしい建築家であり、その富本への影響は無視できない。大沢は、一九〇七年、文部省からの派遣でロンドンへ渡り日英博覧会の準備のため滞在を延長、一〇年秋まで滞在しており、英国でも富本ら若い教え子と交わる。

富本は在学中の一九〇七年には、女と鳥を配したステンドグラスの図案で「東京勧業博覧会工芸品及図案之部」に入選していた。また、卒業制作として富本が提出した《音楽家住宅設計図案》(東京芸術大学所蔵、全九枚、年紀は卒業の一九〇九年)が現存する。平面や立面に加え、ホールの窓に嵌めるステンドグラスの帆船の意匠である。したがってロンドンでは、関心が高かったステンドグラスの技術修得を含め、西洋建築と室内装飾の専門家として研鑽を積むことを自らに課し、また周囲からも期待されていたに違いない。

留学の計画が具体化しはじめた一九〇八年正月、一足先に渡英していた親友の南薫造《みなみくんぞう》の手紙では、「建築図案を研究するに僕等の様なものに良き方法ありや(勿論ロンドンにて)」と書き送っている(『南

薫造宛 富本憲吉書簡』〔富本、一九九九〕1、一九〇八年一月八日付。以下、『南宛書簡』と略記)。

とはいえ彼の遊学は、実技一辺倒の研修ではなかった。V&Aはもちろん、旅の途上で目にするさまざまな建築やそこに施された装飾に惹かれるものを認めてはスケッチを重ねた。またウィリアム・モリスへの関心は、彼の足跡をアーツ&クラフツ運動の本場でたどり、見聞を広めることで、いっそう深まっていったと考えられる。友人たちとロンドンから郊外のウィンザーへ写生に出かけ、また時に一人で中部のハンティンドンやコーンウォール半島北部の港町イルフラコムなどへも足を延ばし、ローカルな田園の風景や田舎の家にも目を向けている。

人生の模索と手仕事遍歴

このような体験を経て帰国した後の富本は、結局、建築や室内装飾の「プロ」にはならなかった。一九一〇(明治四三)年六月に神戸に上陸した彼は、短期の上京を挟み、夏を郷里で過ごし九月に再上京、旧友南薫造の下宿で共同生活をしながら、ともに自刻自摺りの木版画の試作を始める。

一九一一年一月には大沢教授の勧めにより清水満之助店(後に合資会社清水組)で製図の仕事に従事するが短期で辞す。ただしそこで作成した図案は、その年の勧業博覧会に《紳士住宅図案》(上司二名の名)として出品され二等一席となった。奈良に戻っていた富本は「奨学金とかを少額貰った」(『南宛書簡』21、一九一一年六月二六日付)が、設計士としての仕事は彼の望むところではなく、そのお金で木版の材料を買ったと記している。

この時期の富本には、創りたいもの、試みたい表現が尽きることなくあった。自刻自摺りの木版画、水彩、籐製・木製の椅子、机、染め(更紗)や刺繡の布、木彫(器、香合、人形、家)、金工、樺細工、革細工などを試みる。そして一九一一年の春にはリーチとの出会いを機に楽焼《らくやき》にも着手した。父が蒐集した「二十種ばかりの推古裂《すいこぎれ》」を目にした英国帰りの憲吉は、これを参考に、曽祖母の「手機《てばた》」での織物を試みる(「工芸品に関する私記より」(上)、『美術新報』211号、一九一二年)。それらは、〇七年に創設された官製の美術展覧会、文部省美術展覧会(通称「文展」)には展示の場が与えられていないものばかりである。しかしそれゆえに、富本の関心や知識は歓迎され、同時代の新たな潮流に棹さすものとなっていく。

美術界には、様々な工芸作品を展示する空間を求め、創ろうとする時代が到来していた。帰国後の富本は、こうした動きの中心的なメンバーの一人となる。

他方、彼にとっての切実な悩みは、どこで作品を創るのか、自身の創造の場にふさわしい「家」はどのようなものなのか、言い換えれば東京と郷里のどこに、どのような住まいと「画室」(studio)を築くのかという問題であった。ここに、地主の家の若き当主としての結婚問題が絡んでくる。郷里の家族や親類の間では、具体的に結婚相手が探され、祖母や母が「観音さまに祈るまでして」、富本に結婚を迫っていた。

こうした状況の下、一九一一年から一二年にかけて、富本は自らの家の設計に熱心に取り組む。南薫造宛に図面を描き送っては意見を求めた。また木を彫り削って、手のひらにのるほどの家を造った(**図4**)。この木彫りの家は、一九一二年一月二二日付の南宛の手紙に書き入れられた小さな住宅(画室)の見取図(**図6**)によく似ている[山田、二〇〇六]。

一九一一年二月の案（図5）は、英国の民家風を取り入れた郊外住宅のスタイルを採用した二階建ての洋館で、一階は画室とホール（客間）、食堂、二階は吹き抜け（ツキヌケ）の一階画室を見おろす窓と飾り棚（ガレリー）を備えた洋間（寝室）で構成される。南面する庭など外構もふくめた設計だった。ところが、帰郷後の五月二九日付の手紙には、「此《こ》の間から画室の設計に時間を消して居る。今度は東京の時と異って寝る処とSingle hallさえあれば用は足るので又初めからやりなおし」（『南宛書簡』18）と記し、平屋に変更され部屋数が減って簡素な平面図が添えられた。

この案をベースに練り上げたのが翌一二年一月の図6で、手紙には「僕も大体新ら〔し〕くやる図案をきめた。参考になるかも知らぬから荒いplanをかく。此れは土地が有り次第着手するつもり」とし、図に添えて「南側のノキを成る可《べ》く深くする事が大変必要だ」「マド　Stained Glassをおく。幕を取れば画室は長きものとなる。此れは土間から直《す》ぐ入いれる戸。形、百姓家、約千円以下」と記す。土間と暖炉のある居間とスタジオ（画室）、台所のみで構成されており、当時の彼には実現可能な理想の芸術家の住まいであったと判断される。ただし一度は郷里への定住を決意したかのように見える富本だが、「自分には東京にも大和にもホントの宿る家がないのだと云う事がコミ上げる様に湧いて来る」（『南宛書簡』29）と嘆く。大和と奈良とを往き来し、不安定な精神状態のもとで彫られたのが、前出の小さな木彫りの家（図4）である。四面の外壁には、「SPIRIT」「HAPPY」「FRAME」「HAPPIER」と刻まれた。彼は自らの「家」を、創造の源であり、創造を体現する美の結晶として捉えている。

富本は、郷里の前近代的慣習や人間関係に苛立ち反発をおぼえながらも、郷里を仕事場として選択

図 4　《木彫の家》1912 年

図 5　富本憲吉の住宅設計案(『南宛書簡』12，1911 年 2 月 23 日付)

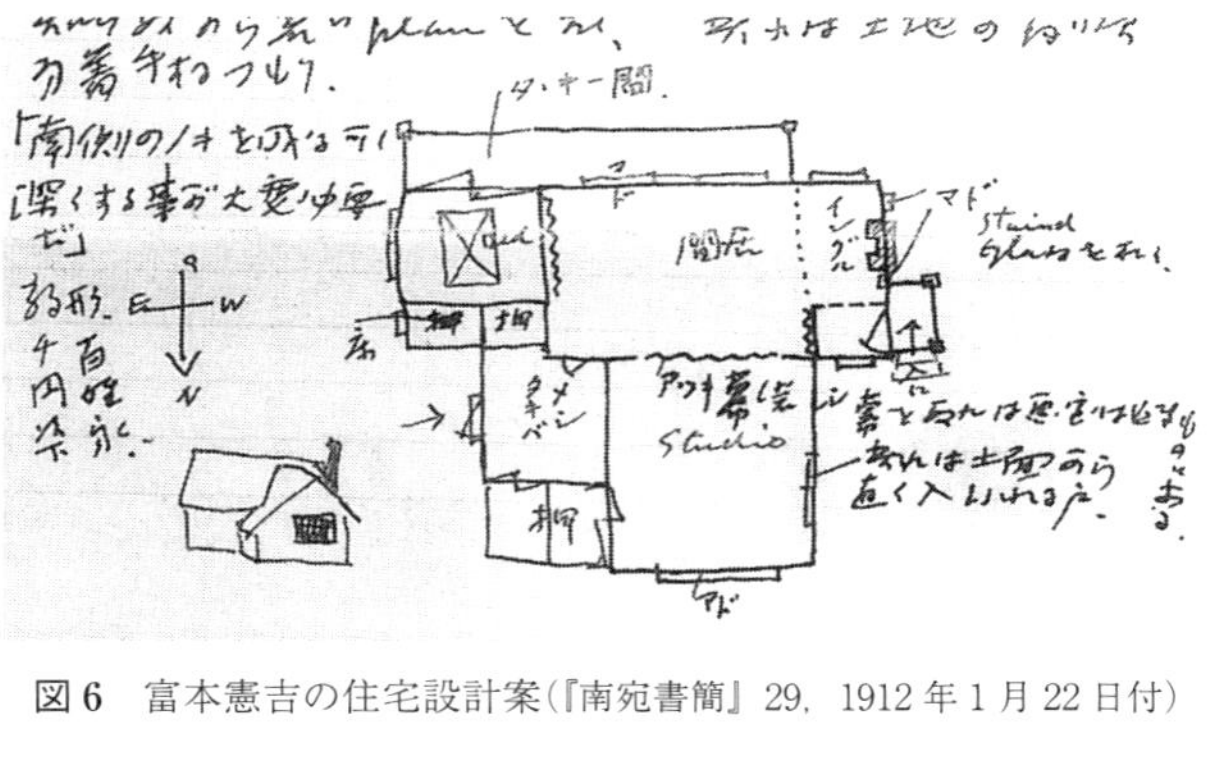

図 6　富本憲吉の住宅設計案(『南宛書簡』29，1912 年 1 月 22 日付)

した。彼は、近代の側へ大きく歩を進めた若者であったが、それゆえに、安堵の自然と暮らしの中に否定しがたい「美」を認める。言い換えれば、その「美」は彼を育み、いわば自身の一部でもあった。自らの中に共存する近代と前近代、そこに生じる軋轢《あつれき》や葛藤の只中に、創作の場＝「家」を探しもとめ、郷里を拠点として陶芸家としてのスタートを決意したのだといえよう。

またこの選択は、「理想の伴侶」を得ての結婚のタイミングに重なった。地主の家の当主という自意識・立場のまま、一九一四年一〇月に富本は「青鞜」の新しい女、尾竹一枝《おたけかずえ》と東京で結婚、盛大な披露宴をあげる。翌一五年三月、彼女を伴って安堵村に帰郷、年末には「つちや」(槌屋)と呼ぶ新居に移り、窯を新設して制作に打ち込み、五月に誕生した娘と夫婦の暮らしが始まる。

一枝は、日本画家・尾竹越堂の長女であり、画才に恵まれ、跡取りとして期待されて個性的に育った。『青鞜』への入社後は「紅吉《べによし》」というペンネームを用い、早々にその言動は「五色の酒」(吉原登楼)といった「事件」によって世間を賑わす。

結婚、恋愛、家庭にかかわる両性の関係は、家制度のもとでもゆっくりと変化していた。新世代の女性の主体的な言動は、時代の変化や新しさを象徴する現象として、社会の注目と好奇の的となり、かつ新世代に影響をおよぼしていく。尾竹一枝の場合、二〇歳になったばかりでその日本画が複数の展覧会に立て続けに入選したという話題性もある。才能を備えた著名人の娘である若い女性を、メディアは追いかけた。

声楽家の中島(柳)兼子(一八九二―一九八四)、洋画で頭角を現した長沼(高村)智恵子(一八八六―一九三八)などもまた、一枝とほぼ同時期に注目され、彼女たちの動静、恋愛や結婚が報道される。その相手となる男性たちは、互いをライバルとして意識し、交友関係を結ぶ間柄であったが、彼らの中でも西欧の思想や文学の影響下で、性愛や女性の存在を、芸術観や表現に深く関与するものとして重く考えるようになっていた。この世代の知識人層にとっての芸術における「女性」の位置、女性表象や言説については、以下の各章で分析と考察の対象としていこう。

『美術新報』というメディア

さて、世代の異なる美術家や批評家たちが交わり、美術界革新の最大の拠点としたのが『美術新報』であった。一九〇二(明治三五)年に画報社から刊行されたこの美術雑誌は、後援者(出版社)や編集責任者、方針を変化させながら一九二〇年まで続き、300号まで発行した。創刊号からこの雑誌に深くかかわった人物が、先に紹介した岩村透である。

初期の『美術新報』は、前身の『美術評論』(一八九七年刊)が廃刊になった後、同じ画報社から「観るだけではなく、美術に関する学術や理論の読み方を主眼に」、一部五銭という「大奮発」の定価で(一八八九年刊行の古美術専門雑誌『国華』は一円)、広い読者層を狙って刊行された。前身となる『美術評論』は、東京美術学校彫刻科の卒業生で、東洋を中心に美術史家として母校や帝室博物館で活躍した大村西崖(一八六八―一九二七)が編集長、森鷗外や洋画家の久米桂一郎が常時寄稿者であり、「高踏的」とも評される専門家向けのものだったのである(岩村透談「美術新報の生い立ち」182号、一九〇九年)。

岩村透は、美術記者の草分けであった小原大衛を責任編集者とする『美術画報』に積極的に関わった。ジョン・ラスキンの講義の抄訳、ヨーロッパ美術史、また自らの留学経験などを寄稿している。

小原はまた、一九〇二年に『美術新報』を創刊し、そこにも岩村は参画した。しかし小原の退陣後は岩村も執筆から離れ、経営不振が続いていた。

そこに再び岩村の参画が求められ、編集長に坂井《さかい》犀水《さいすい》（義三郎。一八七一―一九四〇）を迎え、注目すべき大胆な誌面改革が実行された。一九〇九年一一月（182号）からは、判型を改変、頁・写真図版を増やし、執筆者の幅を広げ、談話筆記をも取り入れることで、発行部数も一年間で倍増する（坂井犀水「創刊の回顧」182号）。雑誌は、それまでの党派的抗争を捨てて、新旧洋画界の合同を呼びかけ、またその動きを伝えることで後押しし、一九一三年には国民美術協会設立に至る。その経緯と意義については、272号の巻頭言（時言）「芸術家と対社会――国民美術協会各部成立に際して」に述べられている。

近年、比較文学・表象研究の今橋映子は、『美術新報』が改革早々の182号より巻頭に掲げる「時言」に注目し、それを編集会議における顧問・岩村の発言や議論をもとに、坂井犀水編集長が執筆したものとみて、そこに美術と社会にかかわるあらゆる問題項目が論じられていると指摘する。その上で、彼らが使命と考えたのは、「美術概念の拡張」であり、「工芸問題や装飾芸術問題はその中心」と喝破する［今橋、二〇一五、八七頁］。また、「一九一〇年代の日本で、「一般人士」の生活に美術を親しいものとし〈工芸〉概念の再構築を目指したことが、今後、美術史的にも再評価されうる」と述べた［今橋、二〇一四b、一二二頁］。

ただし、さらに検討すべき課題も残されている。今橋は、右の論考の引用箇所に続けて「平民社にシンパシーを持ち、初期社会主義の動向を知悉した上で、片山潜や安部磯雄を代表とするユニテリアンたちが、「弾圧の時代」に抗して唱導した都市社会主義（Municipal Socialism）を、美術の領域で独自に展開しようとした」との見解を提示する。だとすると、彼らの実践は、同時代の新旧世代の美術界の人々にどのように受け止められていたのだろうか。その検討は不可欠であろう。岩村・坂井時代の『美術新報』は、当時二〇代後半、まさに本書が取り上げる一八八〇年代生まれの若手美術家たちに働きかけ、投稿を促し、彼らの作品を紹介し、その動静を追いかけ伝えたからである。また、青年美術家たちも『美術新報』が用意する場――それは誌面にとどまらず、現実の展示空間をも最大限に利用して、自分たちの作品を発表して交流を深め、切磋琢磨したのである。

『美術新報』第Ⅱ期（182―255号）の記事を通して浮かび上がるのは、雑誌誌面と美術界の改革を唱道した岩村・坂井らと、富本憲吉を含む一八八〇年代生まれの美術家たちとの関係である。若者たちは、岩村・坂井によって意図的に注目され、起用・重用されたことは間違いない。今橋の一連の研究が綿密な調査に基づいて指摘した岩村・坂井の「真意」、意図を、富本のみならず、彼と同世代の美術家たちはどのように汲みとり、応答したのか。そこにずれは生じていなかったか。

以下では、『美術新報』によって用意された言説、展示の新空間に招かれ、起用された若者たちの具体相に迫ってみたい。富本に代表されるような青年美術家たちと岩村・坂井の関係、さらに地続きの場にいた文学関係者、学者や批評家、社会運動家、実業家、そしていずれにも分類しきれない立場で発言を開始した女性たちなどに目配りしながら、同時代に培われた問題意識と実践の展開を明らかにしよう。

交友関係の広がりと白樺派

富本憲吉の交遊関係は、美術界、東京美術学校関係者にとどまるものではなかった。後に深い親交を結びながらも、しだいに距離を生じていく柳宗悦《やなぎむねよし》との関係は、『白樺』への関心によってこの頃始まる。柳宗悦は、学習院中・高等学科で出会った友人、先輩たちと雑誌『白樺』の創刊(一九一〇年四月)に最年少で参加した。一九一〇年に成績優秀により銀時計を得て高等学科を卒業、東京帝国大学哲学科へ進学し、宗教哲学や西洋近代美術への関心を深めながら執筆活動を展開し、『白樺』に西洋近代の美術家を紹介し、芸術論を多数寄稿して頭角を現す。

柳と富本は、『白樺』や『美術新報』にかかわる若者たちの交流の輪の中で、富本の帰国後間もなく互いを知ったであろう。現実の交友関係と言論空間における出会いが、同時に進展したと判断される。

特に、富本の美術学校時代からの親友で、先に留学した南薫造は、その画風にも似て穏やかな人柄であり、対人関係を濃やかに結んで、広い人脈を築いた[南、二〇一二]。富本をはじめとする美術学校出身者と白樺派のメンバーとを近づける役割を果たした。

『美術新報』が「新時代の作家」(坂井犀水、一九一二年一月)として南薫造を取り上げる際には、「氏の親友富本氏の感想」という文章が掲載された。富本はこの中で「角の多いすぐ泣きたくなる、すぐ怒りたくなる、感じ易い私を、温和な南君が、長い間、此の美しい好みで良く誘導してくだすった事を感謝して居ます」と記している。

南と富本は頻繁に文通した。一九〇八年一月から一六年六月までの期間に富本が南に送った書簡六八通は、後に奈良県立美術館が『南薫造宛　富本憲吉書簡』(大和美術史料　第三集)としてまとめ刊行している［富本、一九九九］。富本と尾竹一枝との結婚が決まる一四年以降には激減するが、それまでの期間は、日常の喜怒哀楽、創作上の深い悩みや内面を吐露して南の支えを求め続けた。

その中の一通（『南宛書簡』31、一九一一年一〇月二八日付）は、南が自身の手紙とともに『白樺』（三巻一号、一九一二年一月）に寄稿、「私信往復」と題して掲載された。当時、富本が東京での個展開催を願って、手がけた作品を持参し上京したものの、実現できぬまま帰郷したことを慰める南の手紙と、これに対する富本の大和からの返信である。先立つ九月一二日付の手紙によれば、木彫人形置物、更紗、木彫香合、木製の机と椅子、木版、水彩等、一〇〇点余りの作品を、会期や予算も考え準備していた。南にも出品を誘っている。

この個展開催が、何らかの事情で果たせなかったことに対し、南は、富本の多くの作品が「非常にデリケートなもので例えば露の玉の如きものである」とし、「今日の粗雑な物事に馴れてしまって居る者の頭では到底君の作の好い点を解する迄一つの物を味わっては居ないだろう」と書き送る。また、他の人の作品と並べれば、「その腕力で君の作品が隅に小さく押しこめられた様にみすぼらしく見えるだろう」と述べて、富本の同意を求めている。

富本はこれに対し、「個人展覧会は誰れにも解かりそうにもなかったから止《よ》した」、「自分の立場及び自分を今の世間から離して宜《よ》い」ということを、東京での経験が教えてくれたと返す。さらに、故郷に戻って見た自然の美しさを「精神がトゲ〳〵の様になっても、美しいものは美しく見えると思った。嬉しかった」と書き送った。

母や老いた祖母の心配を知りながらも、自らの制作欲と美への信頼を語る青年美術家の姿を伝える記事として『白樺』にふさわしく、同人や読者の心を動かしたであろう。実は、この記事を読んで刺激された、二月に『青鞜』に入社したばかりの尾竹一枝が、大和の富本をはじめて一人で訪問したという事実を、紆余曲折を経て成った婚約の後に富本は知る(『南宛書簡』62、一九一四年一一月二五日付)。ちなみに、南からの書簡は、この記事を除いては富本のもとには残されていない。

富本の『白樺』との関係は、南に比べると間接的である。往復書簡を交わした頃、『白樺』主催「洋画展覧会」(赤坂三会堂)にテンペラ画やエッチングを出品したが、上京はせず奈良で更紗の制作に没頭していた。ただし、武者小路実篤の作品に打たれ、文通したことが手紙からはわかる。すでに富本が陶磁器制作を本業とした後、終刊間際の『白樺』一九二三年六月から八月までの表紙を担当している。陶磁器の文様としてしばしば用いた、枝を揺らす一本の柳がモチーフである。いずれにせよ『白樺』には目を通し、同世代の同人の動静に注意を払っていたことは間違いない。

他に、富本が南を介して知り合ったと思われる同世代の美術家には、津田青楓《つだせいふう》(一八八〇―一九七八)がいる。一九一二年四月、京都・岡崎の図書館で開催された津田青楓展に、富本と南はともに賛助出品をした。

京都の華道家(生花店経営)に生まれた津田は、日本画の画塾に入門して画技を身につけ、京都市立染織学校に学び、さらに浅井忠の関西美術院では洋画を修めるなどして、富本と同様、幅広いジャンルの創作を展開していた。津田と兄の西川一草亭《にしかわいっそうてい》は、ともに夏目漱石と親しく、また一草亭は美術批評の分野でも活躍していた。一九一四年には、大阪の三越呉服店の個展を一緒に開催するなど、この時期は交流があった。文芸と美術が接近する状況のもと、津田や富本は積極的に装丁や図案の仕事にも携わる。

バーナード・リーチとの交友

さて富本と白樺派をつなぐ触媒と言えば、もうひとり、バーナード・リーチを挙げねばなるまい。リーチは、一九〇九年の来日後、里見弴《さとみとん》や児島喜久雄に銅版画(エッチング)を教えたことから、白樺同人と深くかかわるようになっていた。とりわけ柳宗悦とは、文学から美術、思想におよぶ知識の交換と共有(英語の文献を貸し借りしていた形跡もあると指摘される)を通じて親しくなった[鈴木、二〇〇六](図7)。

富本は、日本へ帰る船上で知り合ったレジナルド・ターヴィーを介して、帰国直後の一九一〇年七月、リーチの上野・桜木町の家ではじめて出会う。リーチいわく「私は最初から彼が好きになった」、「さながら仲の良い兄弟のようであった。何でも分かち合った。二人共、同じ年頃で若く、熱狂的でこだわらぬ心を持ち、お互いの性格を信頼し合っていたから、遠慮なく物をやったり取ったりしていた」[リーチ、一九八二、三七―三八頁]。富本いわく「本当に相許《あいゆる》し、仕事の上での友達は結局彼一人であったと思う。一つの船に乗って生活の荒海を乗り切って行く二人でもある」(「六代乾山《けんざん》とリーチのこと」[富本、一九八一、五七二頁])と、後年の回想にいたるまで互いへの思いを抱き続けた。

二人の関係は間もなく、ともに招かれた茶会での楽焼の体験をきっかけに、陶芸の修得を通じて一層深化する。リーチの同世代の友人たちとの人脈は、「東京美術学校・『美術新報』を中心とする美術関係者グループ」と、「学習院・東京帝国大学・『白樺』を中心とする文学グループ」、二つのグループ双方との接点によって広範に築かれていった〔鈴木、二〇〇六〕。来日したリーチは、ロンドンで出会った高村光太郎から得た紹介状によって、まず東京美術学校の教授の高村光雲と岩村透を訪ね、そこから同世代の美校の出身者へつながる。他方で、新聞にエッチングの教室の生徒募集を出したことから、白樺の同人たちとも深く交わることとなった。

こうした交友関係は複層的で、ジャンルを超え、出身校を超えて広がったことが特徴である。たとえば岸田劉生《りゅうせい》(一八九一―一九二九)は、黒田清輝らの白馬会葵橋洋画研究所で学んで洋画家となるが、白樺に準同人格で深く関与し、他方で一九一二年には高村光太郎ら東京美術学校出身者とともにフュウザン会を結成する。表現主義(内面の感情や意識を自覚的に造形の様式を通じて表出する新たな潮流)に触発されたこの美術家集団には、リーチも参加しメンバーとなった。後述するように、フュウザン会の展覧会には藤井達吉、津田青楓も参加していく。

図7　富本憲吉とバーナード・リーチ．1912年頃，安堵村のアトリエにて(図録30『富本憲吉のデザイン空間』)

リーチは、洋画家の長原孝太郎(一八六四―一九三〇)や作家の淡島寒月《あわしまかんげつ》(一八五九―一九二六)などの年長者とも親しく交わり、彼らの古物蒐集(玩具、江戸趣味)や博物学的関心に触発された〔鈴木、二〇〇六〕。寒月の紹介で、リーチは市井の陶工六代乾山(浦野り、後には陶芸を本職とする。

「版」の表現と田園風景

所属グループの違いを超えて大正改元期の若者たちを惹きつけた表現に、「版」があった。バーナード・リーチの周辺に同世代の若者が集まった理由は、彼が銅版画（エッチング）を制作し、それを教える教室を開いたことが大きい。富本もまた、親友の南薫造とともに自刻自摺りの創作版画（木版）に取り組み、リーチに銅版を学んだ。

『白樺』が創刊号（一九一〇年）において取り上げた最初の美術家は、ドイツのマックス・クリンガーである。シュルレアリスム（無意識の発露を表現方法の探究を通じて模索する新たな芸術運動）の先駆的な美術家と評されることもあるクリンガーの幻想的な絵画は、銅版画、石版画の表現の魅力によっても、若者たちの心を捉えた。

また『白樺』は、やはりドイツのハインリッヒ・フォーゲラー（一八七二―一九四二）の特集を組み、展覧会を開いた。北ドイツのヴォルプスヴェーデに定住し、自然の中の芸術村に創作と暮らしを営んだフォーゲラーの表現世界もまた、白樺の同人たちを惹きつけるに十分であった。文通を通じて、フォーゲラーの版画を入手し、展覧会を企画、また柳の願いを入れて、フォーゲラーから『白樺』のマークとして使用する樹木の素描が送られてきた。それは、一九一二年の三巻一〇号から一二号まで『白樺』表紙となり、また四巻全号の裏表紙、さらには展覧会目録（第六回白樺主催美術展覧会）の表紙にも使用された。

ちなみに四巻(一—一二号)の表紙は、リーチによる絵で、樹木に裸婦、牛を配している。リーチのこの時期の銅版画には、象徴的な樹木を配した風景を描くものがある。また、後に柳宗悦や志賀直哉、武者小路実篤が移り住んで芸術村の体をなしていた千葉県の我孫子《あびこ》に、柳の誘いで窯を築いた時代(北京滞在を挟み再来日した一九一七年から一九年)、リーチは手賀沼《てがぬま》の風景をエッチングや陶器の絵付け(**図8・9**)に残している。

富本もまた、英国留学から帰国後の一九一一年一〇月、東京のリーチ宅に逗留した折に滞在期間を延長してまでエッチングを学んだが、主には木版に取り組んでいる(『南宛書簡』31、一〇月二八日付)。同年八月に南薫造に送った書簡には、安堵村の農家、小屋をモチーフとした作品が封入されていた(**図10**)。富本が、終刊近い『白樺』に描いた表紙絵(一四巻六号から八号、一九二三年)もまた、一本の柳の老樹であった。

田園風景、そこでの人の営み、またシンボルとなる樹木や道、民家などのモチーフは、富本の場合、まず絵と版に、少し遅れて一九二〇年代初頭の陶磁器の模様に表れ、典型化されていく。故郷を制作の場に定めた富本は、白樺派やリーチの影響を受け関心を共有する中で、身近な風景を描きはじめるが、そのいくつかのモチーフは、生涯を通じて描き続けられることによって、その時々の彼自身を照らし出す独自の「模様」となった。富本は「半農芸術家より(手紙)」と題された記事の中で、以下のように述べている(『美術新報』223号(美術工芸号)、一九一三年四月)。

「自分には出来ないが、出来れば模様を絵や彫刻と同じ様に自分のライフと結び付けて書いて見

図 9　バーナード・リーチ《白掛彫絵窯図(我孫子)湯呑》1919 年(UCA 芸術大学クラフツ・スタディー・センター．Edmund De Waal, *Bernard Leach, British Artists*, Tate Publishing 1999, 2014)

図 8　バーナード・リーチ《手賀沼》1918 年(『日本民芸館所蔵バーナード・リーチ作品集』筑摩書房，2012 年)

図 10　富本憲吉《小屋》1911 年(『南宛書簡』28．図録 23『創作版画の誕生』)

たい。又其《またそ》の事を考えてやって居ない模様は、何むにもならないものと考えたい。「都会に居住する絵かき又は田園の画家がある以上、田舎にすみ田舎の空気に育つ工芸家が有るのも、さし支え無い事と思う。／模様を研究する以外の意味で、博物館へ通ったりして居る連中には、何処《どこ》でも同《おなじ》だろうが、田舎の澄み切った空気、野花、百姓の生活から、絵彫刻と同じ程度の興奮を模様にも起し得る人々には田舎に住む事が大変良い事だと信ずる。」

一九一〇年代の末から二〇年代初頭にかけてのバーナード・リーチ宛書簡や絵葉書にあらわれる安堵の風景は、スケッチから風景模様へと醸成・転化していった。「老樹」「一の道」「曲がる道」「三つ倉と満月」(後に「竹林月夜」)は模様集におさめられ、晩年にいたるまで彼の陶磁器の模様として生かされた。また、後に訪れる朝鮮の風景や、東京・祖師谷《そしがや》移住後の近隣の風景も、その時々の自らの「ライフ」、すなわち生(生命)とわかちがたく結びつく心象風景として表されたものと考える。

さて、「版」による表現はなぜこの時期に、多くの若い美術家を惹きつけ、新しい試みが同時多発的に起こったのだろうか。版によって絵を写す技法は複数あり、そのプロセスは一定の技法の修得を要請する。技術的・科学的な知識とともに、彫る、摺るといった行為に伴う身体／力のコントロールによって生まれる表現の偶然性、そして差異を伴う反復可能性が魅力だったであろう。明治末期に隆盛する近代日本の版画は、異なる職種の工人による分業(描く、彫る、摺る)を経て完成する江戸時代以来の伝統的な多色刷木版とは異なる意味を持つ。一人の美術家の手により複数のプロセスを経て生み出される木版画やエッチングは、創造的な個の芸術として勃興したのだといえよう。

自画、自刻、自摺りの木版制作においては、一八八〇年代生まれ、つまりほぼ同世代の東京美術学校生ながら、工房での徒弟経験を経て入学した山本鼎（一八八二―一九四六）が注目されるひとりであった（本書Ⅲ章に登場）。彼が、一九〇四年に『明星』に発表した《漁夫》は評判となり、山本はその後、東京美術学校の友人、石井柏亭《はくてい》（一八八二―一九五八）や森田恒友《つねとも》（一八八一―一九三三）とともに、美術と文芸の雑誌『方寸』（一九〇七―一一）を創刊する。この雑誌は、創作版画運動の起点の一つとして、美術史上名高い（→一九六頁「コラム4」参照）。

一方、近年の研究では、雑誌や新聞媒体の相次ぐ創刊、隆盛の中で、活字とともに印刷される「コマ絵」と呼ばれる挿絵の需要が高まっていたことが指摘されている。「コマ絵」の原画は、従来、薄い和紙に毛筆で描かれたものであったが、この頃から洋紙にペンを用い、鋭く繊細・簡潔な線の表現が現れた。たとえば一〇代で竹久夢二（一八八四―一九三四）に強い影響を受けた恩地孝四郎《おんちこうしろう》（一八九一―一九五五）は、その後ペン画から版画の世界に進んだ。その背景として、二つの要因が指摘されている（井上芳子「解説」→図録8『恩地孝四郎展』四〇頁）。ひとつは、出版メディアで一世を風靡したとはいえ、竹久夢二の作品が木版を経て印刷・掲載される「コマ絵」、つまりは誌面の添え物であったのに対し、恩地は「作品として捉え直すことに創作意欲を燃やした」こと。そしてふたつ目に、「新帰朝の南薫造と富本憲吉が自刻木版画を発表したり、『白樺』でムンクの木版画が紹介されるなど、洋画家による木版画への関心が高まりを見せていたこと」を挙げる。

富本のこの時期の版画が、後続の近代版画の担い手たち、たとえば恩地孝四郎や長谷川潔に影響を及ぼした可能性を指摘し、富本自身の後の陶磁制作への繋がりを見出している見解にも注目したい［西山、一九九九］。

ここでは先行研究の指摘を受けて、大正改元期を中心に盛り上がった「手」の仕事への関心、その一領域に版画があること、また、田園の風景、その一隅がモチーフとして好まれたことを確認しておこう。需要や消費という側面からみれば、この二つの特徴は、ノスタルジーを喚起する機能があったのだろう。

だが表現者の立場に立って考えるならば、「版」の試みは、前近代の手仕事への回帰ではなく、この世代の青年たちの「個」の表現手段であり、複合的な手の技による表現を選ぶという意志表明として採用されたのだった。

「小芸術」の時代

すでに述べたように、英国から戻った一九一〇年代前半の富本憲吉は、染織（特に更紗）や刺繍の布、楽焼、木彫、金工、樺細工、革細工、そして籐や木を素材とした家具製作にまで創作を広げた。背景には、生まれ育った環境、進学した東京美術学校図案科の教育、そしてロンドンを留学先に選び、機会を得てエジプト、インドへ旅して世界の建築装飾や手仕事に目をひらかれる重層的な経験があったことは疑いない。

同時にその試みは、同時代美術の動静、展開の中に確かに位置づけられる。近年の研究、およびその成果に基づく展覧会では、富本の多様な初期作品を、「小芸術」（マイナー・アート）に対する関心の高まりと関係づけて論じる視点が提唱されている［山田、二〇〇六・二〇〇九ａｂ］。

「小芸術」とは、個人が暮らしを営む、私的な空間を構成するものであり、美術家の「手」によってつくられた品々＝「小芸術」を「趣味」あふれる生活に結びつけようとの声が高まっていた。それは、模倣や反復に堕ちた工芸、あるいは機械製品に対する批判として語られた。

美術史家の山田俊幸や今橋映子が注目するように、一九〇九年一一月(182号)より改革を実行した『美術新報』は、社会における美術の重要性を主張し、官設展覧会(文部省美術展覧会)と並んで、工芸の奨励や批評に力を注ぎ、工芸を含む「小芸術」の展覧会を主催して詳しく紹介していく。

この時期の『美術新報』を牽引した岩村透と坂井犀水は、社会、言い換えれば、広範な「国民生活」が要求する美術とは、文展に部門を有する絵画や彫刻の大作にとどまらないと考えたのである。182号の巻頭「発展の辞」が、「今や美術は社会に於ける最も切なる要求の一となれり、絵画、彫塑の鑑賞より、居室、邸宅、服飾、雑具の嗜好に至るまで、一として美術的要求の反影を示さゞるはなきなり」と始まるように、文展には出品できない(部門がない)工芸、版画や水彩を含む「小芸術」の重視が打ち出されている。

さらに183号の巻頭「時言」では、「活社会に接近せよ」と題して芸術家に呼びかけた。すなわち、目下力が注がれる展覧会向けの大幅の絵画や抽象的題目の彫刻は、現代社会から離れていると警告を発し、「現代の社会人生に交渉なき芸術は死せる芸術」だと断じた。

その上で「芸術作品の価格」に言及し、それが「果して我国民生活の経済的現況と均衡を得たるや否やを考うるに、之亦《これまた》両者の間隔頗《すこぶ》る遠きを覚ゆ」と述べて、芸術家側に譲歩を求める。「芸術家が進んで活社会と握手提携」すること、平たくいえば、より多くの人々に手の届く、値段は手頃で、かつ芸術性の高い小品の制作が喫緊の課題であり、それこそが「芸術の進歩を謀るの第一歩」なのだと主張した。

岩村・犀水時代の『美術新報』を読み進めると、上記の彼らの主張は、主として三つのキーワードを用いて展開されていく。「小芸術」、「美術工芸」(応用美術)、そして「趣味」である。しかも、この課題に応える著名な美術家の紹介記事と並んで、新人の積極的な登用を主張した。南や富本の帰国、リーチの来日は、まさにこのタイミングに重なる。

たとえば一九一〇年、187号の時言は「新進作家奨励と留学生　芸術趣味の地方普及」がテーマである。具体的な改正案や方策の提案もなされており、官民合同での取り組みが可能な機関の設置や、私情を排した厳正な審査、選定の重要性が、欧米諸国の例を踏まえて説かれている。

192号のそれは「地方特産美術工芸品の振興と趣味の人の聘用《へいよう》」である。地方工芸に並々ならぬ関心を持っていたのは、金沢出身の坂井犀水であった。「美術工芸品を特産とせる各地方に於て、特に趣味の人を聘用し、趣味の教育を盛んにし、俗悪愚劣なる工芸品を濫作するの勢力を転用し、之に代ゆるに高雅優秀なる美術工芸品を産出して、一には以て社会の趣味を高め、一には以て富源を豊かならしめんことを勧告せんと欲するに外ならず」とその主張の核心が署名入りで示されている。また当時の地方工芸が、事業主によって営業本位に製作されていることを批判、経営側に、「趣味の人」たる美術家の登用と、相応の待遇と理解を強く求めている。

193号の時言もまた「地方美術工芸の救済——美術工芸巡察官を新設せよ」(後半は「帝国芸術会議設置の議」)として、科学の進歩と機械の利用が、一面で機械的工業の発達を促した側面を認めつつも、「手芸的工業の衰退」、「美術的趣味の低落」、そして「美術工芸の堕落」をもたらしたと述べる。特に日本の地方の産業は、すべて農商務省の管轄に属していることの弊害を批判した。東京美術学校教授の黒田清輝と和田英作が、郷里鹿児島に帰省して、自らの趣味に基づきまた県知事の委嘱で、名産の薩摩焼の指導と助言をおこなって、「多年沈滞」の陶業家の目を醒まし、講習生三名を東京へ派遣することになった事例を紹介して、文部省下で真の美術家を地方に派遣することの意義を説いた。

しかしこの時期に至っても、日本の工芸振興は農商務省が管轄していた。一九一三年、農商務省図案及応用作品展覧会（通称「農展」）が新たに開設される。

工芸の発達とその質（美術趣味）の向上を訴えた『美術新報』のキャンペーンは、芸術本位の「小芸術」の振興、展覧会の開催として展開する。富本、そしてリーチは、その重要な担い手として招かれ、注目を集めることになった。

新進作家小品展覧会と会場装飾

一九一一（明治四四）年四月、『美術新報』編集部は、「本誌主催」と銘打って「新進作家小品展覧会」を開催した。会期は一六日から二週間と予定され（一五日内覧会）、会場は京橋八官町（現、銀座八丁目）に新築落成した吾楽殿《ごらくでん》であった。吾楽殿は、東京美術学校関係者を中心に結成された「吾楽会」の活動拠点として建設された建物である。設計者は東京美術学校図案科（建築教室）教授の古宇田実《こうだみのる》（一八七九―一九六五）、京橋八官町の建設用地は、有名な時計台を建てた貴金属商の小林伝次郎がパトロンとして提供した。

古宇田は、一九一〇年一月（184号）の誌面で、建築中の吾楽殿と吾楽会について、完成写真に近い計画図（スケッチ）（図11）とともに詳しく紹介している。古宇田いわく「東洋式と云う様な尚ッと複雑な現代化した日本式で、支那、朝鮮、及び日本在来の様式を混淆し洋風商店の特徴を加味」した節約第一で、オリジナリティを尊重した建物であった。

また、陳列室には「彫刻でも、絵画でも、図按でも、鋳像でも、建築の摸型でも、総《すべ》て研究的作品を列《なら》べて、世界の変り物すね者には、望みによっては御目にもかけ猶《なお》場合には御分けもしようと云うのである」として、販売を視野に入れていることがわかる。画廊の出現もこの時代ならではの現象だが、これについては後述したい。また「吾楽会」については、先に触れた通り東京美術学校関係者が中心であったが、他方、七宝商店に勤務して技法を学んだところから独学で多種多様な工芸制作を開始したばかりの藤井達吉もまた、この会に参加し、以後存在感を増していく。

図11　古宇田実《吾楽殿設計図》（正面）（『美術新報』184号，1910年1月）

さて、この吾楽殿のお披露目記念ともいうべき「新進作家小品展覧会」に、富本とリーチはどのように関わったのか。富本は油彩《花》、自刻木版、楽焼を出品、また展覧会場の装飾をリーチとともに担当した。富本はまた会場用の椅子をデザイン、予約販売を募って家具店に発注した。それらの椅子は予約者の承諾を得てまず会場で使用され、会期後に渡された。

一九一一年四月の『美術新報』（199号）には、展

図 12　新進作家小品展覧会会場風景（『美術新報』200 号，1911 年 5 月）

覧会の予告として、次のような文章が掲載され、特に詳しく会場装飾の計画が紹介された。富本とリーチの働きに詳しく触れているので、引用しよう。

「展覧会に海老茶の幕も余り有り来りになって来たから、此度《このたび》はズックの幕を用い、そして其《その》上部に極《ご》くプリミチヴな模様をステンシルでやる。此模様の考案もステンシルもリーチ君の手になる。それから会場に用うる椅子は特に今度の会の為めに新調したもので、富本君の意匠になる。富本君は近頃海外から来朝した建築装飾の青年美術家である。入場券としては唯《ただ》の切符は芸がないから、極く凝った、又洒灑《しゃれ》た「枝折り」にする。意匠はリーチ君と太田三郎君である。」（しおりは富本によっても制作された）（図**12**・**13**）

翌月の200号は、この展覧会の特集号と言ってよい。坂井犀水の署名入りで「小展覧会論」と題された巻頭の時言には、『美術新報』が展覧会を主催する意図が端的に述べられている。いわく、画家が一年に一度の勝負をかけ、党派の勢力争いまで起こる公設展（文展）とは異なり、「しんみりとしたる心持を以て、親しく芸術品に接して之を翫味《がんみ》」する鑑賞にふさわしい小展覧会場で、確固たる個性を有する作家による精選した作品を展覧することが「作家と看衆」双方に有益であり、進歩した理想の方法だと主張した。

続いて、この展覧会の幹事役であった森田亀之輔（一八八三―一九六八）の「展覧会の成立に就《つ》いて」と題する長文の記事では、企画の経緯や趣旨、会場の様子が詳しく説明された。

図 13　新進作家小品展覧会紀念栞, 1911 年（個人蔵. 図録 23『創作版画の誕生』）. 左より富本憲吉, バーナード・リーチ, 太田三郎作.

森田によれば、展覧会の目的はふたつある。ひとつは、洋画の普及を目指し小品を中心にすることで「美術と日常生活との接触」をはかり「世間に美的趣味を普及させる」こと。またふたつ目に、「若い新らしい画家の世に出ることを味方する」ことだという。犀水や岩村透の薫陶を受け、考え方を共有する森田らの展覧会企画者は、「世人の買い易い値段で、我々の住家に懸けられる様な大《おおき》さの作」、すなわち価格が一五円以下（およそ現代に換算し一〇万円程度）、大きなものでも八号（A3判よりやや大きいサイズ）以下とした。そしてこの記事でも森田は、会場装飾に言及し、富本とリーチを顧問とし、限られた予算内で、二人の考案と労力による幕や椅子によって新機軸を打ち出し、調和のとれた室内を用意し、観客をして愉快に絵を鑑賞させることができたと自賛した。三〇人ほどの作家に、一人三点以内として出品を求めたが、会場に掛けきれないという不都合が生じて、隣り合う作品相互の関係を配慮したと述べる。売れ行きも上々で、洋画以外にも、リーチや富本の楽焼、エッチング、富本・南の木版画を特筆する。

岩村透(芋洗生)は「雑感」と題した小論の中で米国における専門職の職業別平均年収を掲げ、美術家として生計を立てる厳しさに言及し、日本の中流家庭の懐《ふところ》事情に見合った洋画の普及を主張する。今回の試みは一種の実験であったが、期待に満たず、『美術新報』編集部による片手間では不十分だったとして、本格的に小展覧会を事業とする人の参画を促した。

「自己」の居場所を求めて

では、富本自身はこの小展覧会への参加をどう評価したのだろうか。郷里に帰っていた南に宛てて投函した一九一一年四月二二日消印の手紙(『南宛書簡』15)では、有島生馬をはじめとする白樺の同人たちが来観したこと、また自身や南の版画、リーチのエッチングが売れ、室内装飾も評判がよかったとして「先《ま》ず成功の方」としている。ただ、その評価が厳しいためか「例のバルーン、イワムラ(岩村透は男爵)が何《ど》うも困った」とし「小品は小品でも面白い作が少ない」と述べる。

この前後に書かれた手紙を併せ読むと、作品の制作や発表場所、方法についての思索、「家」のプレッシャーの下での結婚についての悩みや期待が文章、行間ににじみ出る。五月に安堵へ帰郷した富本であったが、七月には広島に南を訪ね、八月にはリーチの訪問を受け、また九月に東京で吾楽殿を借りての個展開催を想定しこの間に木彫人形や香盒《こうごう》、サラサ、家具、木版、水彩など各種作品を制作した。南の参加を促すなど、不安定な精神状態が彼の創作意欲を亢進させると同時に、共感者を求めての移動、行動へと彼を駆り立てていることがわかる。

六月二六日付の手紙（『南宛書簡』21）では、リーチからの私信に言及し、「三越で、話の仕様で我々の作品のためにDecorative work の一室をコシラえて呉れるそうだ」が、リーチが「自分でソウ云う店をやりたいと云うて居る」と伝え、また「ウィリアム、モーリースの様な小さい店を僕にやれとス、メて居た」と記している。その一方で、郷里に定住することを前提に画室中心の家の図面を描き送る。しかし進路は容易には定まらなかった。

東京を離れていても中央美術界の動向を強く意識していたとみえ、『美術新報』には、日々の暮らしを伝える手紙「大和法隆寺駅　富本憲吉君より」（六月、201号）、「室内装飾漫言（私記の一節）」（八月・九月、203・204号）を寄稿する。公開を前提に編集部に送られた手紙には、美しい郷里の自然、「推古朝の盛時」とかかわる郷里にて、「例の椅子」を並べ、幕をはった小室に、感興のおもむくまま「アッシリヤ、エジプトの写真を見る」自らの姿を描写する。

また「室内装飾漫言」では、自らの住まいの装飾を詳しく記述する。純日本風の室内に「オランダ古渡りと称する盃」を用いる暮らしを伝え、油絵、水彩、木版もまたそこに調和すると説く。本床には欧州から持参した、一九世紀後半のフランスを代表する壁画家ピュヴィス・ド・シャヴァンヌの絵画の写真、別床には自刻の木版《雲》を、同形の「直線よりなる金の額に入れて」かける。また、南による《鳥》と題した木版を掛ける場合には、古い青備前《あおびぜん》の香炉を置く別床に、オランダ渡来のガラス瓶にアジサイの花をさす、といった具合である。

確かに富本の室内装飾への関心とセンスは、ヨーロッパからの刺激と、彼に備わる天賦の才と生家の環境の賜物であったろう。見方を変えれば、富本は美術家として評価される以前に、室内装飾という観点から中央美術界の注目を集めたとも言える。

富本の文章を読むと、当該期の『美術新報』が求め、理想とする新進作家像を、意識的に自演しているようにすら感じられる。親友の南に宛てた手紙では、内面の葛藤や感情を率直に吐露するのに対し、掲載を前提とした文章は、言葉遣いも古風で難解、いささか背伸びしている感が否めない。そこには、自らの美意識をさらに研ぎ澄まし、芸術観を鍛えたいという思いもあったろう。「応用美術(工芸)への世間の無理解を批判し、「インデヴィヂアリテー(「自己の主義」と言い換える)と申す事は、絵画彫刻にのみ限られたるものにて御座なく候様相考え申し候如何にや」といった調子で自説を展開した。

坂井犀水の大和訪問

実は、こうした文章は、坂井犀水からの質問や要望に応えての寄稿であった可能性が高い。南宛の一九一一年八月七日付(『南宛書簡』27)には、「坂井さむから何むだか六《む》ツかしい質問が来た。何むにも知らぬ僕を大家の連中と同じ様にアツカワレて大《おお》いにメイワク」と書き送っている。

実際、坂井の「室内装飾家」、あるいは「新進美術家」としての富本に対する期待はすこぶる高く、翌一九一二年の夏、京都や奈良の寺社、古美術蒐集家をめぐる一〇日の旅の途に、大和の富本を訪問、同家に宿泊している。そして「安堵村の一夜」と見出しをつけ、富本によるもてなしについて詳細なリポートを掲載した（『美術新報』一〇月、217号）。

富本は、夕暮れの到着となった坂井を奥座敷に招じ、冷えたサイダーと風呂をすすめた後、香をたき、古雅な茶器に玉露を注いでもてなす。犀水は、「純日本式の室と、氏の新趣味とを如何に調和せしむべきかを苦心しつゝ、試みて居る所なので、自作の木版画、水彩画、油絵、木彫香盒、楽焼、絵団扇等が、この旧家の一室に別種の趣味を生ぜしめつゝある」とその家の印象を記録した。また夜が更ける頃には、旧菩提寺を利用した別棟の画室に案内される。その「独特なる趣味に富んだ芸術品を生み出す」場で、父遺愛の呉須《ごす》赤絵《あかえ》の鉢、法隆寺裂《ほうりゅうじぎれ》の帖等の愛蔵品を見せられて感銘を受ける。一五歳年長の坂井は満ち足りて、東京人の忙しく殺風景な生活と比べ、自らの郷里（金沢）を想起しながら、安堵村の環境に調和した「趣味」ある富本の暮らしを「余裕の産物」とほめたたえる。近作の木版画を挿図に掲げ「頗る法隆寺趣味を帯びて居る」と読者に紹介した。

ちなみに富本は、バーナード・リーチや南薫造をはじめとする親友たちに限らず、多くの知人を自宅に招き、心づくしの料理と器でもてなし、法隆寺へ伴った。犀水を招いた夜は、インド風のカレーライスと日本食、村名物の見事な梨を振る舞っている。

南宛の手紙の中には他にも、無聊をなぐさめるために室内を飾り、それに併せて空想で友や知人を招いての供応、メニューを考案する記述がある（『南宛書簡』45、一九一二年一二月二八日付）。さらに、実現したか否かは不明ながら、京都・岡崎の図書館での展覧会がきっかけだったのだろうか、津田青楓（青楓の個展に南と富本が賛助出品）、夏目漱石との交流でも知られる著名な「文芸芸妓」のたか女（磯田多佳)、青楓の兄で華道家・美術批評で活躍していた西川一草亭の他、芸術のパトロンとして名高い関西の実業家、岸本吉左衛門や加賀正太郎を招く予定を伝え、南を誘っている(『南宛書簡』55、編者による推定一九一三年一二月二三日付)。

ちなみに、富本は関心を分かち合う親しい友人や知人を招くのみならず、彼らの家を訪問し、長期滞在することを好み、結婚後の訪問先は妻の一枝の知人へと広がっていった。大正期の訪問・長期滞在先としては、新宮の西村伊作、津の川喜田半泥子《かわきたはんでいし》などがいた。

二　消費社会の美術工芸

美術と「自己の主義」

この時期の『美術新報』の期待と方針は、坂井犀水の署名入りの時言「我美術工芸界は新頭脳を要求す」に集約されている。「新頭脳を有し、新趣味を抱ける芸術家」が、専門以外に、余暇を利用して、各自が思うままに工芸品を手がけるならば、美術工芸界を刺激し、一般社会の趣味を向上させて効果は抜群であろうと述べる(207号、一九一一年一一月)。

また、翌年二月の時言「工芸美術家と其本分」では、「識見、趣味、技倆共に卓越せる純正美術家」が、進んで応用美術の製作に取り組み、その十分な技量を用いてこそ味わい深い「佳品傑作」は生まれると主張する。江戸時代の光悦、光琳、乾山による漆芸や陶磁をモデルにあげ、それらが当時の工芸界を豊かにしたと述べた。

もっとも次に筆者は一度立ち止まり、純正美術と応用美術の優劣を相対化して、両カテゴリー、職業の尊卑を否定し、美術は作家の人格と技能本位、と説く。しかしながら、二つのカテゴリー自体は自明とされ、最後には「純正美術家の応用美術家たるは易く、応用美術家の純正美術家たるは易からず。工芸美術家のこの点を弁《わきま》えて過無《かなか》らん事を望む」と締めくくる。この時言が掲載された号には、後述するように富本憲吉の「ウイリアム・モリスの話」(上)が掲載された(209号、一九一二年二月)。

『美術新報』が小芸術、美術工芸をめぐる論説を盛んに掲載したこの時代、富本の「専門」は、未だ決まっていなかった。実のところ富本が『美術新報』に寄稿した記事、あるいは南に送った手紙ににじむ迷いや試行錯誤の実態と、『美術新報』の時言の論点や主張との間には微妙な、しかし見逃しがたいずれがあることに気づく。また手紙には、時折、中央の美術界に対する苛立ち、さらには岩村透への批判的な言葉も散見する。

たとえば、一九一一年五月に帰郷を決めた富本は、それを知った仲間から「東京から夜にげ」したと評される。また「岩村先生は国家のため何むとかかと言われた」、「坂井さむが此れから何うかし様と思うて新帰朝者と云う手ヅマ師(奇術師)の様な称号をつけられた」が、田舎にしか自分の過ごすべき場所はないと、南に対し書き送っている(『南宛書簡』17、五月八日付)。岩村への批判の理由は、応用美術(装飾美術)の改革を主張しながらも、純正美術優位、あるいは制度化された美術の枠組みを維持しながらの試みに、若者ならではの疑問や反発を感じたためであろうか。

他方『美術新報』が推奨する現代の理想の美術工芸とは、たとえば岡田三郎助のような純正美術の作家による余暇を利用した制作であった。

しかし、工芸に軸足をおきながら、現代社会にふさわしい作品をつくり、個としての表現の認知をもとめるならば、どのような道が可能なのか。絵画・彫刻でもなく、また近代以降に制度化された「工芸」でもない。富本は、建築・室内装飾という第三の入り口から、上記のいずれにも属さない表現の世界に入ろうとしていた。

富本ひとりではない。本書で取り上げる藤井達吉、山本鼎といった美術家たちもまた、美術のジャンルのヒエラルキーにおいて劣位に置かれ、展示の場も別とされていた「工芸」とは異なる「手仕事」に価値を見出し、「美術」の概念の拡大に乗り出していく。大正改元期の『美術新報』による美術界改革の狙いは、その享受層を拡大し、「個」から生まれ、「個」に働きかける美(趣味)を重視する点で、八〇年代生まれの若者たちの考え方とさほど大きな開きはないように見える。改革期の『美術新報』は、美術界の諸派を束ね、新世代を取り込んで、権威(官展)とは異なる、もうひとつの場を創ろうと試みた。若手はその場に参画を求められ、合流したものの、「純正美術」を上位に置き、美術学校や官設展の枠組みを維持しつつ小芸術、応用美術の振興をめざす『美術新報』とは別な道を探り始める。

富本らの考え方は(各人の特徴はあるが)、純正美術の優位を疑い、あるいは否定して、むしろ手仕事の中に、作り手(個人)のすべてを注ぎ込もうとするものである。富本の言葉を借りるならば、それは「自己の主義」(individuality)の重視であった。

そして、次に注目すべきは、一八八〇年代生まれの美術家たちが、この「自己の主義」が、純正美術家の独占物ではなく、むしろ「女性」や「蛮人」(未開、半開の民族)、あるいは「農民」らの手仕事など、明治期に制度化された近代美術が疎外し、周縁に追いやってきた「他者」の表現に備わっていることを「発見」し、それらを取り込む戦略を立てたことである。

大正期以降の社会において、周縁的な人々とその表現に、誰がどのように目をひらかれ、いかに接近し、どのような実践・運動を展開したのか。富本憲吉、藤井達吉、山本鼎の試みとその意義も、美術界にとどまらず、広く社会全体の動きの中で相対化しながら考えていく必要がある。

「趣味」と消費生活

ここまで『美術新報』を中心に、美術と社会の関係の変革、小芸術や趣味豊かな美術工芸への取り組みの重要性が主張される様相を見てきた。しかし実は、美術を人々の生活に結びつけようとの試みは、より早く、また広く、明治後期にさかのぼる消費社会の成熟過程の中で始まっていた。

その中心的な舞台はまず、百貨店である。百貨店は、美術にいち早く目をつけ、その販売を展開していた。たとえば、一九〇七(明治四〇)年、三越呉服店(以下、三越)は、美術部をまず大阪支店に(一一月)、次いで東京本店に(一二月)開設した。そこで売買される美術は既製品であり、美術家の名声が商品の正当性を保証していた。しだいに増加する都市在住のサラリーマン、安定した収入と一定の社会的地位を得た都市中間層に属する男性たちは、借家に飾れる室内調度品を揃えることに関心を持ち、また百貨店は広報誌を刊行し、広告をうって、対象となる男性たちの関心をひきつけていった。特に文展の開設後は、文展の入選作家を中心とする美術家の権威付けが進む美術界の状況を背景として、百貨店が扱う既製商品としての美術は、新作の絵画が中心となり、特に床の間に飾る日本画は優位であった。置物としての工芸、洋間にふさわしい洋画も次第に取り扱われるようになっていった。

こうした百貨店の動きは「趣味」の問題につながる。「趣味」という言葉は、英語の taste の翻訳語で、既に見た『美術新報』にも、「時言」をはじめとする多くの記事で多用されている。

近代デザイン史、文化史を研究する神野由紀は、「資本主義経済が定着し始め、都市型の消費文化が姿を見せようとしていた明治四〇年代、人々の日常会話の中で突然、「趣味」という語が頻繁に用いられるようになる」と述べ、「趣味の流行」を、この時期における都市型消費文化の花形として発展した百貨店の商品企画や販売戦略と結びつけ、文化状況を経済、消費行動という視座から分析した［神野、一九九四・二〇一五］。

「趣味」とは、先に触れた草創期の英国サウスケンジントン博物館での館長による「趣味」の選別事件がそうであったように(→三二頁「コラム2」参照)、単なる個人的な好みの範疇にあるのではなく、観賞と消費行動への公的機関による介入、ひいては個人の内面や価値観の生成に対する統御にかかわる問題であった。

日本において「趣味」(＝taste)という概念は、ウィーン万博参加の段階で意識化され、当初は江戸後期の「風雅」の概念と重ねられ導入されたとの指摘がある［野呂田、二〇〇八・二〇一五］。前史として興味深いが、神野が言うように、都市型の消費文化が徐々に発展した明治後期になって、taste は、「趣味」という言葉によって、人々の日常生活に浸透していったといえよう。

さらにこの「趣味」の問題は、「家」の問題につながる。神野は、百貨店における美術の販売戦略と購買者の行動を、実例を挙げながら考察する。その前提として、フランス文学・ジェンダー論研究者の西川祐子による研究を参照し、茶の間が普及してもなお家父長的な日本近代の家が、基本的に「男の家」であったとの見解を共有する〔西川、二〇〇〇・二〇〇四〕。そして、中間層の家庭では、「明治以降も、接客を重んじる封建的な色彩の残る在来住宅の中で、家父長が客間の調度を調えることが一般的であった」と述べた〔神野、二〇一五、九八頁〕。中間層では借家であっても、その地位や教養をあらわすのにふさわしいモノ（百科事典や文学全集などを含む）は、家長の判断によって購入されたという。

さらに日本の状況を、一九世紀後半、ヴィクトリア朝時代のイギリスと比較し、両者の相違に言及する。ペニー・スパークの研究を援用しながら、生産と消費を効率よく回転させるための「趣味づくり」がおこなわれたイギリスでは、中産階級の女性が家庭の室内装飾の役割を担い、女性に向けた指南書が数多く出版され、消費者としても女性が重視された状況との違いを強調している。「「男の家」で発揮される趣味の多くは、近代的な家庭観とは距離のある、ほかの家族を排除した個人的な世界であったところが、西洋近代の「女の家」としてのインテリアと異なる点であ」ったと述べた〔スパーク、二〇〇四、三三頁〕〔神野、二〇一五、九八―九九頁〕。

高等教育を受け会社に勤務するホワイトカラーのサラリーマンを主体とする中間層の男性は、鑑眼と経済力によって飾られる上流階級の床の間に憧れつつも、むしろ百貨店によって推奨される「新美術」を商品として購入する。百貨店は収益を上げる目的で現存作家による新作美術を扱い、購買者に接近していく〔神野、二〇一五〕。美術以外の商品との組み合わせを踏まえた、マーケットリサーチもまた百貨店の強みであった。

以上の研究を踏まえるならば、百貨店に代表される消費生活の中での美術の位置と、当時美術界の主流を占めた『美術新報』における小美術、美術工芸勧奨のプロジェクトとは、どのような関係にあったのか。また美術家たちにとって、百貨店の美術部は、どのような存在だったのか。

両者はもちろん「趣味」という言葉でつながっており、深く結びついている。しかし、そこには拮抗や対立もあった。ここでは、二つの視座を提示しておきたい。

ひとつには、資本主義社会における美術と経済の関係である。先に、『美術新報』主催の「新進作家小品展覧会」を取り上げた際に、岩村透が同誌に寄稿した「雑感」において、美術家の経済的自立の問題を、年収によって示される社会的地位にからめて論じていることを紹介した。この時期の美術家にとって、自らの作品の価値を決める「展示の場」への帰属、選択は切実な問題になっていく。

展覧会には、作品の価値を専門家が決め国家が保証する官設展覧会（文展）から、各美術団体の展覧会、『美術新報』や『白樺』のように主催者独自のテーマを掲げるものもあった。

百貨店の美術部の開設に続き、個人経営の画廊も誕生する。高村光太郎・豊周《とよちか》兄弟による琅玕堂《ろうかんどう》（一九一〇年）を皮切りに、大正に入ると順に木村梁一のヴヰナス倶楽部、三笠美術店、美術史家・田中喜作の田中屋美術、竹久夢二の港屋、流逸荘、写真家・野島康三の兜屋《かぶとや》画堂などが開かれた。収益を度外視する面もありいずれも短命に終わるが、美術家の新たな試みを後押しし、その普及に果たした意義は大きい。富本の場合も、百貨店美術部、港屋を除く上記の画廊で個展を開催し、三笠の『芸美』や田中屋の『卓上』などの機関誌に協力した。工芸の官設展である農展（農商務省主催）には一切出品をしなかったのである。

東京だけではなく、京都や大阪にも画廊は開かれ、美術家、特に洋画家や工芸家にとって、収入にも直結する展示の場は増えていった。さらに頒布会方式といって、作家が購入者に直接アプローチする方法も採用される。また、特定のパトロン、そこから広がるネットワークに連なる人々による購入が、創作を支えた。

ふたつには、消費者としての「女性」、また制作主体としての「女性」たちの存在がある。西洋近代社会に限らず、日本近代においても消費社会の成熟は「女性」を消費主体として徐々に押し上げていった。また、すでに触れたように、近代日本の教育は、女性を国民として二流の存在とみなしながら、「女性」の手仕事、必ずしも実用に限定されない「手芸」を重視する。他方で、官設展(文展)、団体展、画廊での個展に現れた女性美術家の存在にも関心が向けられ、ジャーナリズムは好んで取り上げた。男性中心の教育、展示、批評の構造の中では、下位に位置づけられる存在ではあったが、女性たちの表現は確かに存在していた。

またこの現象は、「女性」に限ったものではない。女性以上に匿名の存在とされた「蛮人」(未開・半開の民族)、「農民」など、周縁的な位置を占める人々の手仕事が、注目を集めていく。先んじて、西洋近代の思想や美術に触れた若い世代の美術家が、周縁的な手仕事に広く関心の眼を向け、それらに触発された積極的な創作、展示実践にのりだしていった。

周縁的な手仕事が、同時代の既存のジャンルを超えて立ち上がる時、それらはまた「商品」として扱われていく。百貨店は重要な場となるが、制作者、美術家の側は、百貨店と交渉し、またジャーナリズムも絡んで、多様な媒体、方法が模索された。美術と経済をめぐる問題は、制作主体に対し深く影響をおよぼす。次節、およびⅢ章では、周縁的な人々による手仕事への関心の深まり、さらには美術と経済の問題を視野に入れながら、新世代の美術家たちの思想と制作の実態を検証していこう。

三　女性、野蛮、農民の手仕事——「他者」との遭遇

モリスの気持ちでイッパイに

富本憲吉が、ウィリアム・モリス（一八三四—九六）に強い関心を持っていたことについてはすでに触れた。晩年の回想でも、留学先を英国ロンドンに決めた理由のひとつが、モリス研究であったと繰り返し述べている。

たとえば、一九五六年九月に富本の口述を陶磁研究者の内藤匡《ないとうただし》が筆記しまとめた「富本憲吉自伝」では、在学中に徴兵の関係もあって急ぎロンドンへ留学した理由は、先輩や先生がいて好都合という事情もあったが、「実はそれよりも美術家であり、社会主義者であるウイリアム・モリスの仕事に接したいため」だったという。

続いて「モリスの芸術はどうもオリジナリティが乏しいので期待はずれでした。それでも彼の組合運動などを調べてきました。後の話ですが岩村透氏の美術新報に大和から原稿を送ったことがありました。それに美術家としてのモリスの評伝を訳して出しましたが、社会主義者の方面は書きませんで

した。あの当時もしも書けば私はとっくに獄死して、焼物を世に送ることはできなかったかもしれません」と述べている〔富本、一九六九、七二頁〕。

日本でモリスを紹介したのは、社会主義者の堺利彦《さかいとしひこ》で、社会主義協会が平民社に移った一九〇四年、『平民新聞』（一月から四月）にモリスの『ユートピアだより』を抄訳した「理想郷」を連載した。同年に平民文庫の一冊として刊行されている。

富本の後年の回想に「獄死」という言葉が出るほどに、この時期、社会主義運動が監視と弾圧の対象となっていたことは確かである。モリスの社会主義者としての思想や活動を、立ち入って紹介することは、堺利彦もしていない。

式場隆三郎ら民芸の関係者が富本を囲む一九六一年の座談会では、富本は「友達に、中央公論の嶋中雄三（年齢が近い弟の雄作か）がおり、嶋中がしょっちゅうそういうことを研究していたし、私も中学時代に平民新聞なんか読んでいた。それにモリスのものは美術学校時代に知っていたし、そこへもってきていちばん親しかった南薫造がイギリスにいたものですからフランスに行くとごまかしてイギリスに行った」と英国留学の目的がモリス研究であったことを語っている〔富本ほか、一九六一、六頁〕。『日本経済新聞』の連載「私の履歴書」（一九六二年）には、「私が渡英するころには、モリスはすでに世になかったが、彼の唱導した日常生活の中に手作りの良さを浸透させようとする一種の芸術運動の影響は見いだすことができた」という（「私の履歴書」4）。

では留学から戻った直後の富本は、モリスについてどのように語っているのだろうか。『美術新報』の「ウイリアム・モリスの話」（上・下）（一九一二年二月・三月、209・210号）を見てみよう。確かに、後の社会主義思想については触れていない。

「ウイリアム・モリスの話」(上)は、サウスケンジントン博物館に展示されていた壁紙の下絵を見ての感想を、その記憶中の場所とともに記すところから始まる。後年の回想では、サウスケンジントンの図書館にあった古い本からとっており「期待はずれであった」とするモリスの模様だが、ここでは、「壁紙の下図」をはじめて見た時から面白く、見慣れるにつれ「たまらなく面白い」と考えた、と記している。「「手で製作した面白み」が機械の音で追々と乱されて行く事を、余り人々が注意して居なかった時代に熱心に良い趣味の復活を美術工芸の上に尽力して呉れた人は実にウイリアム　モリスであります」と讃える。

続いて、モリスの生年、生地、勉学を積んだオックスフォード大学エクセターコレッジの環境や友人・師弟関係、青年期の文学と美術とにかかわる活動が語られ(一)、彼の結婚、新婚の家である「レッド　ハウス」の建築と室内装飾を詳しく取り上げる。「レッド　ハウス」の室内装飾、カーテンの刺繍などが友人の女性たちの手になることを紹介する(二)。

さらに「人によく知られて居るモリス図案事務所」に言及した上で、レッド・ハウスがモリスが「住宅の装飾に使う刺繍、敷物、壁画等の趣味ある美術品を作った最初の試み」だと述べる。そして美術界の沈滞、特に「今でも欧米一般の下等な趣味である金色に塗った家具、模様の面白みを無視し真の自然に近かいと云う陰影や遠近法を施した、壁紙や敷物を無暗《むやみ》に眼の廻る程室いっぱいに列べて置いた時代」において、モリスの出現を意義あるものとし、彼が腕を振るうことができた理由を説明する。また、前身となるモリス・マーシャル・フォークナー・カンパニーという名の「協同の事務所」の立ち上げにかかわる人の名を列挙した上で、モリスの事務の能力を特筆して「技術家でしかも面白い詩的な趣味を持って居た人が、厭《いや》な面倒くさい世間の仕事を上手に切り廻して行った事も、私が此の人に感心して居る一つ」とした(三、前半)。

モリスのステンドグラスに注目しながら「施工する人」と「図案する人」との関係性、意志がよく通じ合っていることの重要性を指摘し、「私は小さい物ですがモリスとバァンジョンスの合作した「ペネロープ」と云うサウスケンシントン博物館にあるのを大変好きです」と紹介する。富本の英国留学の目的のひとつがステンドグラスの研究・修得であったことを想起させるが、他にもタイル(「瓦」)、壁紙などにも言及し、トータルな住宅室内装飾に発揮されたモリスの非凡な技術が、後進を養成し発奮させたと結ぶ(三、後半)。

「ウイリアム・モリスの話」(下)では、まず、モリス単独の事務所になって三年目に手をそめだした織物についてくわしく語り、化学的知識にもとづく染料の選択がなされたこと、また「古代染料」(植物染料)を用いたことの正しさが強調された。日本でも、在来の染料が忘れられ、「只安価《ただ》と派手(悪い好みの)と手数が入らぬアニリン染料が日本にも行われてゆくのをかなしみます」と嘆く(四)。

次に、モリスが若い頃から非常に好きだったものとして刺繍を取り上げる。その図案、糸の材料や染め具合などに、いかに彼が注意を払っているかを指摘し、「ツマリ余程コッて居ります、此の気持が大変大事な事と思われます」と述べている。サウスケンジントン博物館に隣接して開設された針仕事の学校(ロイヤルスクール・オブ・アート・ニードルワーク)に、モリスは図案を貸し助力を与えたし、娘のメイ・モリスの刺繍図案も上手だと添えた。モリス事務所の手がけた「窓かけ、机かけ、テーブルセンターその他の小さいものの数は非常なもので、此れ等が家庭的美術と目されて居る」と紹介して、この種の品に対する「趣味の向上」にモリスらが貢献したという(五)。

古代ペルシャの織物を研究し、その技術を独学で身につけたモリスは、手織りのカーペット(緞通)を芸術として、世間に認めさせたと讃える。女性の職工を雇っての織物工場についても触れた。

図案家としてのモリス晩年の大きな仕事として、出版事業を挙げている。手製の革の装丁本のみならず、普通のクロスの表紙でも研究を怠らなかったとする。そして、「表紙模様、活字の原型から、製本迄《まで》細かい処《ところ》迄殆むど道楽(アマチュアーの面白み)でやり上げた様な絵本詩集」を出版し、デザイナーとして自署し「之れを造る」とやる「此の心意気が大変好き」として、日本での同様の取り組みを望む(七)。

病がちとなったモリス晩年の動静、葬儀の日の様子、埋葬までを伝え、彼の人生を総括して「美術文学者としてのモリスの一生は随分華々しく、言わば派手な、然《しか》し男らしいものでありました」と記した。

「作家の個性の面白味」とか「永久な美くしいもの」は只絵や彫刻にばかりの物でなく、織物にも金属製の用具にも凡《すべ》ての工芸品と云うものにも認めねばならぬ事であります」と、モリスの芸術に重ねて自らの思想の核心を提示した(八)。

以上、三段組、上下で一四頁におよぶ記事は、図版も豊富で、冒頭のモリスの肖像、ステンドグラスにはじまり、カーペット、壁紙、刺繡図案、出版物などを掲載し、『美術新報』に寄稿した富本の文章の中でも、随一のまとまりのある内容となっている。

そしてモリスの仕事に鼓舞されるように、記事が掲載されたちょうどその頃、同誌が主催する「第三回美術展覧会」（上野、竹の台陳列館）の第三部に（第一部は洋画家による日本画展、第二部は洋行帰りの洋画家展と青木繁遺作展）、留学中に描きためた海外工芸品のスケッチ、木版画、水彩画、そして帰国後に安堵で制作した更紗や木彫などを展示した。先立つ一九一二年二月二三日付の南薫造宛の手紙には、出品計画を記し「室全体を工芸、早く云えばモリスの気持でイッパイにしたものを見せたいつもり」と抱負を語る（『南宛書簡』38）。この展示室は、いわば富本憲吉室であった。

模様から模様を造らず

ところで先行研究も指摘する通り、記事掲載の前年一九一一年の一一月、富本は南に「夜大抵おそく迄《まで》モリースの伝記を読むで居る。バアン、ジョンスとの関係、当時の連中がたがいに一生懸命だった事が今の自分に大変面白い」と記した手紙を送っている（『南宛書簡』34、一一月二〇日付）。

モリスの思想とのかかわりから富本について研究を重ねる中山修一は、富本留学中のV＆A博物館において、モリスのどの作品が展示され、また博物館内の図書館ではモリスが参照したどの文献を富本も実見しえたのか、ガイドブックや所蔵品、蔵書目録等の史資料を用いて実証的な解明を試みる。ちなみに豊富な図版の出典をも特定し、それらの雑誌（『ステューデオ』）や洋書を留学前の段階で富本が見ており、留学の動機が「モリス研究」にあったとする富本の発言を裏付けた。さらに富本のモリス評価の変化にも踏みこみ、晩年になって、モリスの作品についてオリジナリティに乏しく期待外れだったと回想するまでに評価を下げた理由を考察した［中山、二〇〇六a］。

帰国後の富本は、多くの先行研究が重視するように、自身の制作姿勢、とりわけ「模様」の創出について深く悩み、その苦しみの末に、一九一四年頃には独自の実践的哲学に到達する。

彼の模様についての哲学は、随想集『製陶余録』(一九四〇年)所収のエッセイ「模様と工芸」に、「私は私自身の模様を見る時以下のことを念として取捨する。模様から模様を造らなかったか、立派な古い模様を踏台として自分の模様を造りその踏台を人知れずなげ散らして、さも自分自身で創《はじ》めた如く装うてはおらぬか」との自問形式の文章で格調高く提示されている[富本、一九八一、三四一頁]。

「模様から模様を造らず」は、陶芸家富本の美術家としての信念の象徴ともいうべきフレーズとみなされてきた。この考え方がはじめて現れるのは、一九一三年一一月六日付の南薫造宛の手紙であった(『南宛書簡』54)。「模様雑感」というタイトルの文章である。ここには、自分のやってきた模様について、「実に情け無い程自分から出たものが無いのに驚いた」と率直に語る青年美術家がいる。模様とそれを施す工芸との関係。過去の模様をトレースすることから離れることのむずかしさ。自然に向き合い、古い陶器の素晴らしい模様を一切忘れ、野に出て模様を造りたいと考えても、「後ろから後ろから影の様に好い古い模様が付いて来て自分の新工夫をさまたげる」と書き送った。

「模様」にオリジナリティを求め、個を徹底して鍛えるという思想は、確かに富本の陶芸を唯一無二の高みへと押し上げたであろう。他方で彼は、先に言及したエッセイ「模様と工芸」の中で、陶器だけではなく、「染物や織物や木工のことあるいは家具建築のことについて忘れたことはなく」、「その一段落がすめばまた、別の工芸に手を染めてみたい考え」は、一九四〇年の今にいたるまで変わらないと述べている。「モリスの気持ち」は、続いていた。

中山は、富本の工芸をめぐる思想が、彼を高く評価した『美術新報』の編集責任者、岩村透と同じであったとする中村精の論考を引き、この見解を肯定している〔中山、二〇〇五、三三頁〕。しかし、既に指摘した通り、岩村と富本の工芸観、ジャンルのヒエラルキーに関する見解には、ずれがあったと考えられる。師の岩村とは見解を異にし、工芸＝手仕事を、決して絵画や彫刻の下位にはとどめないという自負が、「ウイリアム・モリスの話」を富本に書かせたと判断したい。

そして、その自負をより強いものとするために必要だったのが、女性の手仕事（刺繍）、そして「野蛮」なる者たちの手仕事、さらには民間芸術、すなわち農民の手仕事、この三つの周縁的な手仕事の美しさであった。これらは、周縁化された者たちの手が生みだす美であるがゆえに、体制化された「高級芸術」には望めない力が宿っていると、富本は考えていた。このような周縁化された手仕事への関心はひとり富本に見られるわけではなく、同時代に共有されていく。それについては後述しよう。

「マズク　ヤルコト」

改めて「ウイリアム・モリスの話」（上）に戻る。その中で紹介される、モリスの新婚の家、「レッド　ハウス」の建築と室内装飾に関する記述に注目したい。とりわけカーテンの刺繍が、友人の女性たちの手になることを紹介する箇所である。

「婚礼後両人（モリスとその妻、ジェーン。ただし富本はジェーンをミセスモリスとする）の住む家が充分に出来上って居なかったので、少しの間待って居りました。其の間にモリスの女の友達が画室にやって来て、新らしい家にかけるカアテン等に、モリスがやった図案を刺繍したそうです。自分の住む家に使う幕を図案家自身が下図を付けてその人の面前で職人でない人達が、只親切にすると云う事一つで製作したと云う話は面白い事だと考えます。」

富本はこの文章で、女性の手仕事、手芸としての刺繍を、「職人」のそれと区別し、図案家と一体となって「親切」の心で、つまりはお金のためではなく、かつ自らや親しい友のためにおこなうものと考えている。

この時期、大和で独身生活を送る富本は、「刺繍」に身近な女性、生家の下女の手を借りている。しかし希望、また理想は、ミセス、つまりは妻との協働であった。再び、南薫造宛の手紙に目を移そう(『南宛書簡』36、一九一二年一月二二日付)。

「Mr. & Mrs. の刺繍は大変面白い事と思う。一月号の新報に出るMor[r]is の話にも此の事を一寸《ちょっと》書いておいた。拾二月は多忙な月だったが油絵を二三枚と一間程の幕を刺繍でやった。此の相手をしたのは僕の処の下女だ。僕の図案を下女が毎晩ヨナベにやって居る。僕と下女何むだか、アタリ前の様な又自分が自分で馬鹿に気の毒の様な気がする。」

ここに出てくる「Mr. & Mrs. の刺繍」とは、前年に郷里の女性と結婚し、新婚生活をスタートしていた南薫造とその妻によるもので、少し前の箇所では、南からの手紙には、アドバイスを求められたのだろうか、次のように書き送る。「製作及び案 By Mr. & Mrs. Minermi と云う刺繍が出来るそうだが面白いだろう。面白く行かない道理がない。僕からも特に奥様に申し上げます「マヅク　ヤルコト」。」

富本にとっては、刺繡における女性との協働において、男性が図案を案出し、それを女性が刺繡するという形態は自明であった。女性の刺繡は、手間賃稼ぎではなく、無償の愛情を込めたものであるから貴く、面白いはずだと考えている。また、その面白さは、型通りであってはならず、「マズクヤルコト」が強調され、求められた。「マズク」とは、職人のように技術が高かったり、手本に忠実だったりすることを否定し、素朴であることをよしとする助言であろう。

逆説的に、同時代の女性たちの多くは、手間賃仕事、内職としても十分に通用するだけの刺繡の技法を鍛えていた現実が浮かび上がる。南の妻もまた、巧みな刺繡の技を身につけていた。実は、この時の作品と断定はできないが、一九二四年開催の第五回帝展（帝国美術院展覧会。文展の後身として一九

図 14　南薫造《秋の草》1923 年（帝国美術院第 5 回美術展出品．絵葉書）

図 15　南薫造妻の勝子によって刺繡された卓布（テーブルクロス）［南，2011］

一九年にはじまる）に出品した南薫造の油彩画《秋の草》には、M. K. とイニシャルが刺繍されたテーブルクロスが描かれている（図14・15）。これが、南薫造の長女のもとに残されていたことを、孫の嫁にあたる南八枝子の著作で、南薫造の生涯にわたる広範な交友関係を、丹念な史資料調査と遺族への聞き取りによってまとめた労作が伝える〔南、二〇一一、一三頁〕。

《秋の草》は、吾亦紅《われもこう》など可憐な秋の草花が生けられた壺と柘榴《ざくろ》ふたつが、刺繍を施した布をかけた丸テーブルの上に置かれている。机面のフラットな面に、赤い糸で施されたイニシャルは目立つように配されている。南の妻は勝子という名で、薫造とともにイニシャルはKである。ただしこの刺繍は、デザイン、技法ともに洋画の画材にふさわしい、西洋手芸である。あえて「マズクやる」ようにと求める富本の考えとは、確かにずれがあるようだ。

南八枝子は、「勝子の手作りにしては刺繍も、両端にあしらった縁飾りのレース編みも玄人《くろうと》はだしの出来なので、薫造のデザインを勝子が刺繍したとは考えにくい」、「南夫婦の合作と見て取れる手作り品は遺品の中に他には見当たらない。しかしながら、富本が想像したような、夫婦合作の手作りの味わいの、面白い作品にはなっていないように思う。勝子が、「マヅクヤルこと」に芸術性を認めなかったのかもしれない。それに比べると、後に富本夫妻の合作した、黒地に羊歯《しだ》の葉を刺繍した半襟は、マヅクできていて、いい味を出している。夫人も芸術家だったからこその、意図したマヅサだったわけだろう」と、洞察に満ちた考察をおこなっている。

結婚後の富本憲吉と一枝は、「1914 KAZ KEN」と縫い取りを入れた、刺繍の半襟作品を共作している（図16）。模様は、富本の好みの植物のひとつである羊歯とされてきたが、揺れる藤の花房のようにも見える。白、緑、紫、黄の太めの糸を用い、不揃いな曲線で小さな葉を刺し、布の枠の外へと広がる植物の生命力を感じさせる表現だ。インド更紗の植物文をも連想させよう。一枝はこの大胆な半襟を着用したのだろうか。

富本にとっての刺繡、手仕事は、ジャンルのヒエラルキー、すなわち工芸や手芸を下位に置く「純正美術」への挑戦と位置づけられていた。また修練を積んだ職人のような緻密さも否定された。この考えは、果たして刺繡する女性たちに受け入れられたのだろうか。彼女たちが望む表現であったのか。憲吉と一枝の刺繡に関していえば、名入れによって協働が判明する遺品は他にない。それにしても、絵を描く女でもあった一枝は、憲吉の図案をただ受け入れ、刺繡をするだけであったのか。そうではあるまい。

富本の羊歯模様については、一九二七年に刊行された『富本憲吉模様集』第三冊にスケッチが掲載されている。これを模様として完成させたのは戦後の京都時代であるが、原点が一枝との共作の半襟

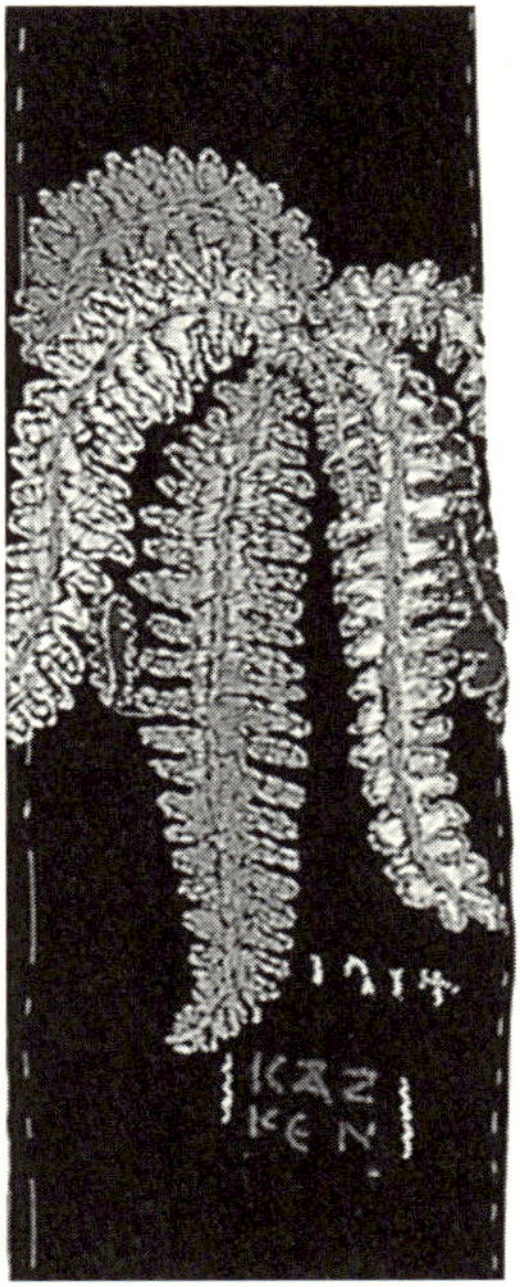

図 16　富本憲吉・一枝《羊歯模様半襟》1914 年（図録 30『富本憲吉のデザイン空間』）

刺繍であったことには注意しておきたい。

大和の女性たちの手仕事

結婚前、英国から帰国後の富本による刺繍作品は、数点が今に遺されている。前の手紙に「僕の図案」とある通り、また南宛の別の手紙に「模様エヂプトローマン　鳥と供物」(リーチのテーブルセンター)とメモを付し簡略なスケッチを描くなど(『南宛書簡』40)、富本は日頃から図案を考案していた。では、刺したのは誰だったのか。手紙に記されるように、実家の下女に面前での夜なべをさせたのだろうか。

《モスク模様壁掛》と題される作品をみると、そのステッチは、細い糸を用いた運針のように単純なもので、必ずしも目は揃っていないが、富本自身が染めたと思しい生地と、モスクの建物や器物、そして花の文様などを配したデザインも、かたちのゆがみや微妙な揺れにこだわらないステッチとあいまって、新鮮、かつユニークである。西洋刺繍のデザインと技法を駆使した南の絵の中のテーブルクロスの刺繍と比べるならば、「マズ」さが、芸術的味わいや個性を醸し出していると言ってよい。

ところで、手紙の中で、富本は「僕と下女何むだか、アタリ前の様な又自分が自分で馬鹿に気の毒の様な気がする」と書くが、下女との協働を「あたりまえ」に感じる一方で、妻ではなく、下女を相手に作品を制作する自らを「気の毒」だと南に訴えている。気の毒なのは、地主の息子の仕事を、自宅に持ち帰ることも許されず引き受ける下女であろうと、わきから突っ込みを入れたくなる。

ただし富本の環境を前提にすれば、下女との協働を「あたりまえ」と感じる背景、環境もあったろう。それは、古い生家（地主の家）で、幼少期、両親と離れて暮らす富本を、跡取りとして慈しみ育てた祖母との暮らしである。

たとえば、晩年、一九五六年の口述筆記による自伝では、次のように回想される。「祖母は大阪の人で、早く夫を失い、裁縫の先生をしていました。裁縫といっても一種の寺小屋で、糸の紡ぎ方から織る事、染める事、礼儀作法まで、当時の一般の教養を村の娘に教えていたのです。私はこの娘たちの間にはいって、いたずらして育ちましたから、そういう工芸のことも知り、紅花《べにばな》を使って染め物なぞをして遊びました。それに祖母は工芸品が非常に好きで、いろいろの物を買って持っていました。今は大切にして蔵に納めてありますが、春日の神前に供物をする、蒔絵のある、五斗台《ごとだい》——多分洗米《あらいよね》が五斗のせられる意味でしょう、足利期のもの——を父の手習いの机にと買ってくれました」［富本、一九六九、六八頁］。

祖母を回想する文章は、『日本経済新聞』の連載「私の履歴書」（1）にもみえる。

「祖母は一人っ子の父を育て、父が死んでからは、私たち兄弟を暖かく包んで、それぞれ身の立つようにはぐくんでくれた女傑型の人だった。大和のいなかに住んでいたものの、もともと大阪の都会育ちで、器用人だったので、ある時期は家計の助けにもと裁縫の先生をしていた。／裁縫のお師匠さんというのは、弟子の礼儀作法から身の上相談までやるもので、そのほかにちりめんに綿などをつめて作る細工物までもやったが、これが牛若弁慶とか、桃太郎とかいった、子供心にも楽しいものだった。／それに目鼻を書くのが、小学生の私の役だったのである。はじめはいやだったが、なれてくるにしたがって、私にも熟練のたのしみが出てきた。／ささいなことのようだが、祖母になだめられ、すかされて、絵筆を持つようになったのが、私が後年、工芸家として立つ第一の動機だったような気がするのである。」(一九六二年二月一日、『私の履歴書 文化人6』一九八三年、一八六頁)

東京美術学校の進学に際しても、周囲の強い反対にもかかわらず、祖母だけは「「好きやったら、それもよろし」と言ってくれた」という(同年二月二日、前掲書、一九〇頁)。富本にとっては、手仕事によってつながる親密な肉親であった。

留学から帰国した頃、祖母はまだ健在であった。南宛書簡では、嫁である富本の母とともに、跡取りである孫の結婚を心配し、意見する存在感を示している。

以上のような背景を踏まえるならば、刺繡を頼んだ下女とは、恐らく祖母を介してよく知る近隣の女性であったと推測できよう。地主の嫡男である富本の立場からすれば、モリスの新婚の家のカーテンを刺繡してくれたその女友達のように、「ただ親切にすると云う事一つ」で夜なべ仕事をともにやってくれると(勝手に)解釈できる身近な存在であったのだろう。

他方、この頃の富本にとって、郷里を仕事の場と定め、妻を得て自らの家庭を築くことは最大の課題だった。したがって、彼の傍らに座り刺繡をするのは下女ではなく「妻」でなければならず、一足先に夫妻の協働を実現する南に対し、相手がいない自分が「馬鹿に気の毒」と自嘲気味に書き送ったのであろう。親しい友の微笑を誘うかのような、男同士の絆を背景とした記述である。

同時に、下女であろうと、あるいは妻であろうと、富本の側では、図案は夫で美術家の男性である自分がなすものという大前提があり、彼の図案の意図を生かすべく、女性の技は素朴であるべしとの考えが押し付けられた。

青年期の富本の著作には、他にも郷土、大和の女性たちの手仕事についての記述がみられる。それは、機織りである。モリスの記事に続き、富本は「工芸品に関する私記より」（(上)のみ）を『美術新報』に寄稿した（211号、一九一二年四月）。

世界各地の土着的な手工芸品を紹介する文章の途中で、富本は、生前の父が集めていた二〇種余りの日本の織物の断片（「推古《すいこ》裂《ぎれ》」とよばれる一種の標本）に言及した。古代の「支那 印度 遠くは中央亜細亜の文明」を想起させ、そこで用いられる「植物や礦物の染料、模様の形式の面白み」に触発されて、織物を手がけることを決心したという。

そこで富本は「先ず倉へ行って曽祖母が使ったと云う最もプリミティーブな「手ばた」と云うのに糸をのべて最初の試作」に取り組む。未だ研究中のそれは、もはや故郷の百姓の間ではほろびてしまったもので、機械化が進んだ現代の観点から見れば「馬鹿げたもの」ながら、この手機を用い、昔ながらの染料で染めた糸を織る喜びを語る。

「織って行く時にカチ〳〵と手を動かす毎に、赤や青の彩糸が、丁度《ちょうど》油絵の塗りかけの時の様に織れて行くのは実に愉快です」との一文は、この記事のハイライトではなかろうか。富本は、世界の民衆による土着的な手仕事を、故郷の女性たちの過去の営みに重ね、それらと今、近代の芸術、そして自らの手仕事に同等の価値があると主張した。

記事はさらに、英国留学中のインド旅行で実見した彼の地の更紗の話に飛び、そこから得た刺激によって、自らもまた更紗、型染に取り組んでいることを伝える。下地に用いる木綿のこと、糸車で引き出す(紡ぐ)糸の味わい、手仕事のレース編みの魅力、カーペットへとさらに続く。

記事の前半では、タイルや陶器、なども取り上げるが、全体として、富本が留学中に足しげく通ったV&A(サウスケンジントン)博物館、さらには大英博物館における研究成果を披露する内容で、所蔵の工芸品、とりわけ多くの模様のスケッチを、図版として掲載する。

そして最後の段落は、「野蛮人のやった織物にも面白いものが無数にあります」との一文ではじまり、ペルーの織物、その刺繍や染め方が好きだと述べる。それらには、「天平頃の蠟纈《ろうけつ》の様な面白みのものと、古い欧洲の織物に摸して製作した面白いもの」「織物に附随して考え得る皮細工、染め革、皮の上に施す刺繍等の研究もやれば面白い事はたしか」と詳しく述べて、「野蛮」なるものの美への傾倒をあらわにした。

「野蛮」なるものの美

一九一二年、七月末に明治天皇が崩御、大正と改元された初夏から秋にかけて、楽焼の道具をそろえた富本は試作をはじめる。

九月と一〇月の『美術新報』には、夏に執筆した「椅子の話」(上・下)が掲載された。(上)では、V&A、大英博物館所蔵のものを中心に、エジプト、ローマ、バビロニア、アッシリア、トルキスタン、英国の中世から近代までの各種、スペイン、フランス、オランダまで、地域・時代をまたがり、日本の椅子も法隆寺金堂壁画中のものをはじめ幅広く紹介する。

(下)では、英国の都市にもいるジプシーの職業に、椅子の座面を編む者が多いと紹介し、彼らはそれを馬車で行商する他、「ナオシ」(修繕)を頼まれると「夫婦さし向いで敷石の上へ腰を下ろして仕事をする」と具体的な道具にも言及して伝える。最後は、インドの英語も通じぬ田舎町で「重くるしい重ね目がゴチ〳〵した瓦でふかれた低い屋根の下に街道に沿うて置いてあった土人のベンチの構造が面白いと眼に残って居ります」との一文で記事を閉じた。博物館の収蔵品や知識一辺倒ではなく、椅子を使用する人々の日常生活、空間に目を向ける箇所は、筆致も精彩を帯びる。

一〇月、富本は上京し、楽焼に没頭するリーチ宅に滞在する。

この東京滞在中、富本は、リーチに誘われ、折しも上野公園で開催されていた明治記念拓殖博覧会(会期は一〇月一日から一一月二九日)へ、朝から見物に出かけた。帰郷後、富本はここでの見聞と興奮を、「拓殖博覧会の一日」という文章にまとめ、安堵久左の筆名で『美術新報』に寄稿、一二月に掲載されたのだった(219号)。

博覧会における植民地展示の歴史や問題についてはすでにI章でふれたが、一九一二(大正元)年の拓殖博覧会は、日清・日露の戦争を経て台湾、さらには韓国を併合して帝国の領域を広げた日本が、植民地からの物産を中心に据えた国内でははじめての植民地博覧会、物産展である。特産物はもちろんのこと、「異民族」を一堂に集めての展示がなされ、それぞれの会場付近に彼らの伝統的家屋を建てさせ、そこで寝泊まりさせながら、その暮らしを展示した。東京人類学会、東京帝国大学教授の坪井正五郎がかかわり、人類学にとどまらず、言語学、アイヌ研究にも多大な影響をおよぼしたことで知られている[山路、二〇〇四、二一四―二一六頁]。

この博覧会はなかなかの評判で、翌年には大阪商工会が主体となって大阪でも開催され、植民地、投機の対象や移民先として関心を集める帝国の「周縁」の地からの物産は人気を博す。その中には工芸品もあった。

「拓殖博覧会の一日」の冒頭、リーチの焼物研究の熱に引きずられ、古道具屋、蒐集家の家を引っぱりまわされていた富本は、半日の休養を望んだものの、強引に博覧会へ誘われ、気のりもせず出発した、という書きぶりである。「貧弱な白壁細工の建築物を眼にして元気なく拓殖博覧会の門を入る。随分な人だった」。

リーチの高揚に引きずられるように、展示品と展示されている人々を見て歩くうちに、富本も次第に興奮していく。少し長くなるが引用したい。

朝鮮の室に入って四五分たつと、自分より二三歩先きへ行ったリーチが立って、堅くなって居る、見るとそれは陶土や京城の工業伝習所出品にかゝる花瓶や皿の現代朝鮮陶器の代表物とも云う可き箱の前だった。「あの土を買って試作をやって見たい、見給え今の朝鮮焼だって未だ美つくしい部分を日本のものよりは良く保存して居る」「あれは売物じゃないよ」と云うと、「何うだ朝鮮に行って見ないか、君朝鮮に行って土や薬を探すのは今のうちだよ、いつも君の云う化学が発達すればする程土にも薬にも面白みの点から美くしさがこわれて行く……」と、自分のいつも使う変な英語をまねて喜こむで居る。

〔中略〕人の波は自分とリーチを北海道アイヌの前へ連れて来て居た。

自分は北海道アイヌの特に男の顔の立派さが、彼れ等がシャモ(?)と卑しむ我々と比べものにならぬ程立派である事、ヌサと云う語その他古事記にある語を今も此の僅少に打ちなやまされた人種が使って居る事、追々全滅に近い人種など、考え合せると一種の感に打たれる事を話した。売店で売らないと云う首飾りの玉を両人共同で一連買った。黒い古い木彫のペーパーナイフや鍋の様なものを売って呉れと熱心にリーチは下手な日本語で懇願すると今四五日待って呉れと主人が云うて居た。其処に列むであった下駄や箸は厭やだと思うた。金や物品を望むで製作した事を明らかにその木彫の上に書いてある様に思われたから。然し普通の人が幾人もそれを買うので、下等な顔をした売店の主人は汗をふいて居たのを見た。

気の早い自分は、生えぬきの英国気質を失わないリーチよりは、いつも早く物を見てズン〳〵進むで行ったが、ギリヤーグ(?)――カラフト、アイヌ――の拾四五の娘が静かに黒い毛を両方にわけて絵はがきを売って居る前では動かれなかった。小さい箱の中に座ってその娘と一処《いっしょ》に端書を売って居る女が、「此の娘は本名位は日本字で書き、内地語もナカ〳〵うまいそうだが、此処に来て多勢の人に顔を見られる様になってから下をむいて何むにも言わなくなりました」と云う。／派手な模様のキモノ黒繻子の襟と美つくしい首の線、意味はあるがパッションの窓と云う様な取り扱いを受けない大きい黒い眼、美つくしい黒髪、それが模様から模様にうつる時のクヅレ方の面白味と云う様なキモノの着かたをして無言で座って居る。近年自分はコンナ美つくしい形をした娘を見た事がない、「話もしないで、少しヒステリーでしょう」と笑った女に腹が立つなと考えて居ると、後ろから「長いぜ〳〵行こう〳〵、然し三十分でよいからドライポイントのモデルにしたい」と言う。少し亢奮した自分は「女房にするならコノ形と心をした女」と云うに、一度去りかけたリーチは又近かよって熱心に見て居た。そして左の眼だけ細くして肩を一寸あげて笑って居た。

ふたりは、約束の昼食に大幅に遅れてリーチ夫人の大目玉を食う。それでも食後にはまた、リーチは「何《ど》う云う訳で野蛮人はコウ美つくしいものを造る力をシッカリと持って居るのだろうか」とつぶやく。そして、自分たちより確実に良い工芸品を作ることのできる「土人」の作品に「蛮」の字を加えることの意味について、ふたりは話し合った。そして「サベージ」(savage)という言葉の意味を自分たちは他の普通の人とは違って素晴らしいものとして了解しているのだから「蛮」の字を用いても一向に構わないのだという結論に達する。

博覧会の会場で、富本は、台湾の糸紡ぎや籠編み、李王家から出品された黄色い素地に墨で唐草文様が描かれた徳利、北海道アイヌの伝統的なヌサや、木彫のペーパーナイフや鍋のようなもの、首飾りの玉に打たれた。他方、客が日常使えるようにアレンジされた木彫の下駄や箸は拒絶する。省略した箇所には台湾の「蛮女の正装に用うるキモノ」(記事には図版あり)を奪い合い「喧嘩」をしながら「コンナ美くしいものを安く買う事の出来るのは今のうち」(リーチ)と夢中になって買った様子が記される。ふたりにとって、「野蛮」のままの手仕事こそが美であった。

引用箇所にあるように富本の関心と欲望はひとりの北方民族の娘に向かう。「美つくしい首の線」「大きい黒い眼」「美つくしい黒髪」、その容貌と身体とを、着物の模様の連続に目をとめて観察眼を発揮した。本来の居場所から切り離されてものを言わなくなったという女性に、土地の文化への想像をかきたてられ美しいと感じ、「女房」にしたいと思う。

帝国の青年美術家、富本の欲望は、美しい土着の女の身体と着物とに向かうのみならず、彼女と一体化した土地とその暮らしを引き寄せること、すなわち結婚にまでいたる。それは彼女を通じ、自己の暮らしの伝統への回復や安定を手に入れたいとの願いであったのかもしれない。

工芸品も同様である。彼らの目は、手仕事の背後に、作り手の暮らしのコンテクスト（失われた素朴な生活）を見る。ノスタルジーの感情が掻き立てられ、失われた素朴な生活という「物語」があってはじめて生まれる価値である。

したがって、彼にとってはこれらの女性とモノとが、博覧会という場から切り離されて、美術館という場に置かれることを想像していない。また彼らの社会を未だ組織化されず、最小限の人間の単位（家庭）を場とする日々の暮らしが土地と結びついて営まれる素朴な社会として幻視、憧憬しているのだといえよう。

その欲望は、奈良県安堵村に帰還し、そこに「家《ホーム》」を築きたいというすでに彼の心を大きく占めていた欲望に重なり合うことで、一層高まった。また、この視覚経験を、リーチとの会話で反芻し、また記事に「書く」という行為を通じて、富本は、自らの欲望に拍車をかけたのだった。

博覧会とアイヌの手仕事

一九一二（大正元）年の拓殖博覧会（図**17**）という場の特徴を、ここではもう少し踏み込んで、アイヌの手仕事という観点から見ておきたい。明治末から大正期、アイヌ手工芸は、内国博覧会という場において、広く帝国臣民の眼前に供されるようになった。「未開」「半開」とみなす人々を帝国日本の版図、もしくはその外からも連れてきて、会場内に設けた居住空間に民族学的視点から「展示」する、

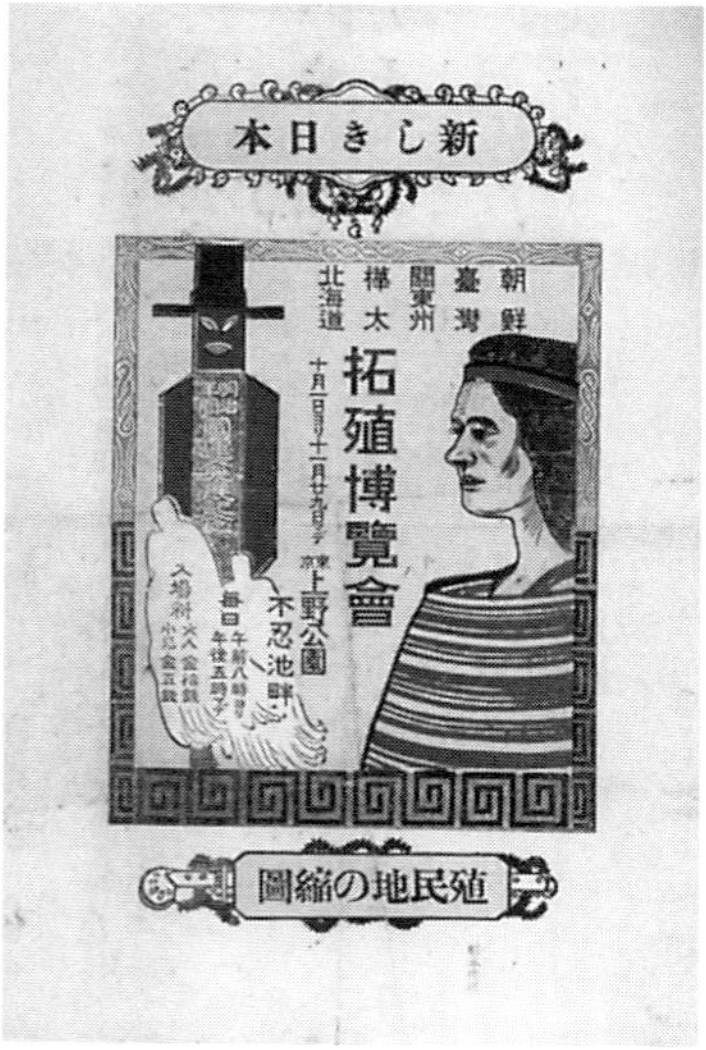

図 17　拓殖博覧会広告，1912 年（図録『博覧会：文明開化から植民地化へ』大阪人権博物館，2000 年）

いわゆる「人間の展示」とそれに因む行事や余興が盛行した。その背景としての万国博覧会の歴史については、すでに述べた通りである。

富本が訪ねた一九一二年の東京、続く一三年に大阪で開催された拓殖博覧会では、「朝鮮、台湾、関東州、樺太および北海道に於ける生産品を一堂に集めて親しく国民に実物教育を施し殖産興業を奨励し、同時に殖民思想を喚起し以って国運の隆興を促さんことを期して」開催された。獲得した植民地の産物や加工品を募集し、表彰・陳列するのみならず、日本における人類学の基礎を築いた坪井正五郎を顧問として「帝国版図内の各人種を招来して親しく内地に彼らの性格や生活環境を観覧し今後如何に彼等を訓導すべきかを研究する機会を内地人に寄与する」ことを主要目的とした。東京では日高アイヌの「コレヤタン・キシノ(孫)、ウエンサナス(彫刻師)」、樺太オタサムアイヌの「ロコ・チカマ(婦人)、イネヘン・エコンノ(長女)」他、「台湾台北土人、台湾屈尺蕃ウライ社蕃人、ギリヤーク、オロッコ」の六民族一八名の人々が、家族単位で「展示」された(『拓殖博覧会事務報告』一九一三年、六三―六五頁、国立国会図書館デジタルコレクション所収)[池田、二〇一七]。

興味深い点は、展示や催し物に際して、各「人種」・各家族の男女の行為が対峙的に浮かび上がるように語られていることである。また、彼らの手工芸や音楽が、素朴ながらもそれぞれの「人種」の特徴を物語るとともに、版図となった「日本」の多様性と豊かさを保証するものとして重視された。

このように、手工芸が家庭内の男女の手仕事として語られる背景には、作り手の土地に根ざした暮らしを仮想するノスタルジー、すなわち近代化を遂げた見学者らが、自らの暮らしに「失われた」素朴な生活を見出そうとする欲望が認められる。ただし展示・販売用には、過去において彼らが使用した日用品や生活衣そのものではなく、天皇に献上、もしくは和人に商品として販売する創作小物に換えられた。「他者」とその暮らしが等身大のスケールで立ち現れる伝来品よりも、素朴で小さな翻案品としての「アイヌ細工」(小物)は、観客にとって親しみやすく、安心して土産物とすることができる。持ち運びが容易で手に収まるサイズは、ノスタルジーを満たしつつ、「他者」との安全な出会いの記念として、それを愛玩したい観光客にとって都合がよい。また手間が比較的かからないという点では、作り手のアイヌにとっても好都合であったろう。

さかのぼれば、江戸末期にすでにアイヌ男性の手になる木彫は盆や煎茶器用茶托、煙草入れなど、男性の好みに適うものとして選択的に数多く作られ、商品化されていた[齋藤、一九九四]。その動きに大きく遅れ、一九一二(大正元)年、一三年の拓殖博覧会では、アイヌ女性によるアットゥシ織の小物が、男性の木彫と対になって出現する。

観光や植民といった帝国の人の移動の活性化を背景として、帝国の内なる「他者」としての北海道や樺太アイヌに対し、関心と親しみの深化を促す啓蒙的な博覧会では、夫婦や家族という単位での展示、ジェンダー化された手仕事の表象はきわめて有効であったと考えられる。復元的、疑似的に創出された伝統的家屋という展示空間の中に、家族の営みが手工芸や音楽といった観客にとっても理解しやすい文化的な枠組みに沿って配置、可視化された。観客によって見つめられる対象となったアイヌ、とりわけ女性の手から生み出される珍しい織布と刺繡を主体とする小物は、近代の帝国日本に生きる女性消費者向けに商品化されていったと考えられる。

この点において、植民地の手仕事をアレンジ、小型化して提供しようとするアイヌ工芸販売者（和人）やそれを自らの日常生活に安全に取り込んで消費しようとする観衆のアプローチは、先にみた富本憲吉やバーナード・リーチのそれには必ずしも一致しない。

後者、即ち美術家たちは、「本来」の文脈のままの土着の手仕事を求め、アレンジされていない純正品にみられる「他者」の圧倒的な表現力を評価、称賛したからである。究極のところ、それらの「美」を評価し、その美に触発される自らの芸術を創出することこそが目的だった。したがってあからさまにアレンジされた下駄や箸は受け入れがたかった。

しかし、土着の文化は、地域差、時差はあっても、姿を変えていく。帝国化する日本の一般観衆と新世代の美術家は、同時代を生き、近代社会、文化の枠組みを共有していた。違いよりも、連続する関心として巨視的に考えるべきであろう。変わらぬ生活の中で作られ用いられる真正な品という「幻想」が生まれ、これによって他者（土人、蛮人）と自己（文明人）とが区別された。

一九一二（大正元）年の拓殖博覧会の一日を語る富本の文章からも、植民地、異民族のモノ（手仕事）の背後に、家族、夫婦単位の日常生活という近代の「物語」を読み込み、宗主国との境界を確保しつつも、周縁を広げ、領土の拡張をめざす帝国主義文化の枠組みが端的に浮かび上がる。

民間の芸術、百姓の手仕事

さて、一九一〇年代前半の富本の関心を強く惹きつけた「他者」の手仕事には、もうひとつ、「民間の芸術」「百姓の手仕事」があった。

南に宛てた手紙を再びひもといてみると、たとえば次のような記述がある。

「吉野塗と云う桜の皮でツナギ目をとめた檜細工に薄いウルシを施したものに面白みを感じて研究の歩を進めて居る。光悦とか乾シツとか云うものの研究も必要な事だが、第一に民間の芸術を知らずに六ツカシイものをやったってダメだと思う。／吉野塗に残って居る形、クリ形ジョイントが古い藤原時代の絵巻にある様な立派なものに源をなして居る事は言う人があっても、実際手に取って研究して居る人が無い様に思える。」（『南宛書簡』43、一九一二年一一月二六日付）

また、安堵自宅の寝室の炉のある部屋を、茶事を想定して飾り、器を選ぶ中で、自作の版画や石膏の人形、木彫の香合、リーチが焼いた黒の楽茶碗などとともに、「前机　此れは村の百姓が仏様の前へ使うもので道具屋から二十銭で買ったもの」「かま　極《ごく》ソマツな昔僕の家の台処で百姓に振るまう茶を煮たるツタの模様のあるもの（此の地方では極平凡なもの）」「橲《（ママ）》　吉野塗、百五十年位のもの、百姓が平常用いたる粗末なもの　形式のみ古し」といった土地の百姓にかかわる品が挙げられている。これにインドから持ち帰った壺、中国の酒壺に枯れた野草を挿し、食べ物も土地のもの（池の小魚、奈良漬け、一連七銭の安い干し柿）とカレーライスを供して、リーチや南を招き一日遊びたいと書き送った（『南宛書簡』45、一二月二八日付）。

このように一九一二年の南薫造宛書簡からは、『美術新報』掲載の文章と連動しながら、第一に刺繍、織物といった女性の手仕事への期待、第二に「野蛮」の美への驚き、第三に百姓の道具にみる民間の芸術への共感が言語化されており、併行して彼の関心事であったことがはっきりと読み取れる。百姓の手仕事を「民間芸術」と名付けて紹介、高く評価する文章は、同時代の雑誌掲載記事にもみられる。雑誌『芸美』の創刊号(一九一四年五月)に寄稿した「百姓家の話」は、冒頭、次のように始まる［富本、一九八一、四七七―四八五頁］。

「私の見たところ百姓等は立派な美術家であります。特に彼等の社会に殆ど国から国に伝えられたような形で残っている歌謡、舞踏、織物、染物類から小道具、柵、箱類等を造る木工にいたるまで、捨てることの出来ぬ面白みを持ったものが多いことは誰も知っていられることでしょう。私はこれ等のもの全体に「民間芸術」という名をつけて、常に注意と尊敬を払って参りました。／それ等のうち彼等の住宅はもっとも力を籠められた主要な芸術品であると考えます。」

以下、地形、気候を説明した上で、具体的に大和・安堵村の民家をとり上げる。その際、自らを含む地主の家は大阪に近いという理由でさほど特徴はないとし、もっとも良く地方の色彩を持つ家は、小作人の百姓の、さらにそこから分家する弟などが建てる「三五の家」とよばれる「壁から壁までが三間に五間」すなわち一五坪の南向きの家だと述べた。少しだけ大きく、基本は変わらない「四間通り」という形式にも言及する。

「鳥の巣のような感じをあたえるこの百姓家は、住民ごとおだやかな大和平原を飾るものの一つで、青空に飛ぶ白雲や咲き乱れる野の花と殆ど同意味があるように思えるほど、人工の香が自然のものらしく成り切ったものです」と、絵画的な美しい文章で、民家のある風景をまず俯瞰する。

次に、あたかもその一軒に近づくように、入り口からはじめ、構造、各部屋の使い方、材料とその調達、障子や引手、格子、瓦製の流しに施された文様、あるいは火鉢や土瓶といった台所用具まで、細やかに見どころ、魅力をおさえていく。各所にわたる家づくり、土垣づくりにかかわる工程や労働を、土地で使われてきた言葉をそのまま用い、時に英語で補足し説明する。

「大和棟」と言われる急勾配の茅屋根に、台所部分だけ緩勾配の瓦屋根がつき、上に小さい煙出し屋根を載せるという独特の姿は、目に浮かぶようだ。

天井の材や壁下地に用いられてきた竹材は、山林を一度田畑にすると、税の都合上、二度と山林に戻すことは許されないといった行政の方針によって産出量が減り、板に代えられていくことを嘆く箇所もある。

村の特産である灯心（ランプの芯）を藺草《いぐさ》で作る女性たちの仕事の場（引きちがいの格子戸の内の「下店」とよばれる四畳半の板の間）に言及した後で、母屋から内庭を横切ったところにある納屋で、稲を取り入れたり藁細工をする「稲屋」を、女の「下店」に対する男の仕事場だと説明する文章は、性差に応じた労働と空間の関係をふまえ、いかにも知的である。

美しい手細工と合理性を兼ね備えた百姓家を建て、住みこなす百姓に敬意をこめ、「理屈からの推定でプロポーションを考える」ような「偽りの皮を着ていないところが大変好き」だとし、また百姓の仕事は、「自分の下等な芸を発奮させる材料」になっていると述べる。

もっとも、富本はうぶすなの地、安堵への愛情をにじませながらも、百姓らが一日の労働を終えて帰宅した際に、その家をいかに「安楽郷」と感じているかは、実際に自分で見ていない以上は分からないと述べ、地主と百姓の隔たりをのぞかせる。

小作米をとって生計を立てる自らの立場を、自覚、自戒しようというのか。むしろここでは、大和地方の農村が比較的豊かであったにせよ、地主と小作の厳然たる階層差は、富本にとって自明のこととして受け入れられているように思われる。

言うまでもないが、「百姓家の話」に描写された民間芸術としての民家、百姓の暮らしの手仕事に目を向ける読者は、都市に住む中間層、富裕層であり、富本の美意識や知識が見出した価値である。*

*民家を対象とする学術調査・研究は、一九一七年に発足した建築家の佐藤功一(一八七八―一九四一)、今和《こんわ》次郎《じろう》(一八八八―一九七三)と、民俗学者・柳田国男(一八七五―一九六二)、地理学者らによる共同研究会「白茅会《はくぼうかい》」が嚆矢とされる。「民家」という言葉は、江戸時代の農書にも用いられているが、無名の人々の住居をそこで営まれる生活とともに数多く調査し、保存しようという目的で発足した「白茅会」の活動は、「民家」という言葉を世に広めることになった(今和次郎『日本の民家』一九二二年、初版の「序」)。
　富本憲吉の文章「百姓家の話」では、「民間芸術」という言葉でそれを評価はしているが、未だ「民家」は用いられていない。また自らの身体、空間経験に基づく叙述であって、調査・研究という方法とは無縁である。しかし関心を向ける対象、視点には同時代性が認められよう。ちなみに今和次郎は、富本憲吉の東京美術学校図案科の後輩であり、同じ岡田信一郎に師事しているが、この時期の直接的な接点は確認できない。ただし『日本の民家』には、安堵ではないが奈良の同形式の民家が採集されており今によるスケッチも掲載されている。

この文章を寄稿した『芸美』は、一九一四年一月に東京・京橋に開店したばかりの三笠美術店の機関誌である。経営は実業家山本直良が経営する軽井沢の三笠ホテルであった。また、軽井沢には登り窯が築かれ、三笠焼と名付けて東京の画廊でも売っていた。リーチ、さらには藤井達吉も関与した画廊であった［浅野、二〇一二］。

ところで執筆の時期は前後するが、一九一三年四月の『美術新報』（223号）に、富本は「半農芸術家より（手紙）」と題する文章を掲載している。同誌は、四月と五月を美術工芸号、続美術工芸号として、富本に寄稿を求め、彼も応じる予定であったことがわかる。そこには多彩な書き手による世界諸地域の土着的工芸論、農民美術論が含まれ興味深いが、これについては藤井達吉、山本鼎を論じる際に改めて言及しよう。

「半農芸術家より」では、冒頭、富本は自らの現状を説明し、特集号のためにまとまった原稿を書けなかったことを詫びる。いわく、大阪三越での展覧会のために、「夜を日につぎ一生懸命、家族が狂者と思う程の有様で」楽焼をやっていた。予定していた原稿の内容は、「工芸図案家が、都会を離れて生活した経験やら感想やら」で、それを工芸号という場に出したかったという。箇条書きに示された富本の主張をみていこう。

①　模様を、絵や彫刻と同じように、自分のライフと結びつけたい（そのことを考えてやっていない模様は、意味がないと考えたい）。

②　日常の生活にある工芸品が、「ナイガシロにされて居る事に腹が立つ」。問題は、純正美術と違って、工芸品は数多くなるべく安価に売るものと考えている人間がいること。両者の区別、範囲は決まっていないと考える自分には同意できない。

③都会に居住する絵かき、田園の画家がある以上、田舎に住み田舎の空気に育つ工芸家がいてもよい。模様を研究するのに博物館へ通う連中はどこへ住んでも同じだろうが、「田舎の澄み切った空気、野花、百姓の生活から、絵彫刻と同じ程度の興奮を模様にも起し得る人々には田舎に住む事が大変良い事だと信ずる」。

④職業別からいうと農業従事者となった自分は、一年間に一二カ月のうち一カ月のみ農業で働いて、他の一一カ月を、「心の職業、即ち美術家として働き得る事を感謝して居る」。

⑤田舎は制作の材料を得る上でも、窯を築く上でも許可が不要で、工場はなくとも利用できるスペースがある。

⑥生活費が安いため、材料費の購入に余裕ができる。

不便は、食べ物や着物が都会風ではなく、話し相手が無いくらいで、我慢ができ、「半農半美術家(?)の生活が今の自分自身には唯一の道」と述べ、最近の工芸品には「軽薄なゴマカシが多い」との批判でしめている。

ここでわかることは、地主として農事にあたることを経済的な支えとしながら、美術制作を続けるという道を富本が選択したことである。もちろん農事といっても、時に連日となる地主会に出席したり、朝から一日続く小作米の受け取りを、母を助手に当主としておこなうことである(『南宛書簡』55、一九一三年一二月二三日付)。

葛藤はあった。住まいを東京と郷里のどちらにも定めかね、工芸の試作に明け暮れていた時期には、「田植の最中に僕独り笛をふいて居る。何むだかトルストイが地獄の底からオコリに来る様な気がしてならぬ」(同21、一九一一年六月二六日付)、「米が今日拾九円五十銭に売れた。僕が米を売った初め。小切手と云うものを机の引き出しに入れて木版を彫る梅雨哉。若い僕が田舎で香をたいて遊むで居る。年の老った入道(友人の白滝幾之助)が肩を円うして暑いのに働いて居るラシイ」と南に送っている(同23、一九一一年七月八日付)。

一九一四年にいたっても、「画室の設計をおわり材木の買い入れに着手したれど又々心にぶり東京にて土地を撰定したくなる程自分の心は安定を失って居る。大和の雨は実にステキ」(同57、一月二四日付)と書く。それでも、村の土を用いての作陶に邁進する富本は、一九一五年、結婚した尾竹一枝を説き伏せてともに帰郷し、簡易な楽焼の窯に代え本焼きの窯を築いて工房・新居を設け、一九二六年の東京移住までここにとどまった。

第Ⅲ章

大正期美術運動の展開

——手芸、農民美術、民芸

本章では、一九一〇年代の後半、第一次世界大戦（一九一四―一八年）を経て、短い大正時代の後半から昭和初期にかけて、工芸の分野で、「個」の表現の共有、拡張をめざして他者との協働を試みた美術家を取り上げ、その実践を時代の思想動向や社会情勢とかかわらせて考察する。

第一次世界大戦に日本は、戦闘という観点から見れば相対的にわずかにしかかかわらなかった。しかし世界を揺り動かした戦争の影響は日本にも確かに及び、「大戦景気」と対置される「貧困」、そして圧倒的多数を占める「民衆」の存在が文化においても大きく意識にのぼる。日用品としての工芸をめざし始めた作家たちは、機械との対峙、量産化を意識せざるを得なくなった。「個」の表現の探究と、その成果である工芸を「民衆」の生活に届けること、二つの道を矛盾なく両立することは、きわめて困難であった。そこには少なくとも四つの段階、過程が認められる。

第一に、安い工芸品をつくろうとする時、美術家は作品の工程（少なくともどこか一部）を「他者」（機械を含む）に委ねるという選択肢が出てきた。その場合、美術家の「個」はどこまで貫徹しうるのか。あるいは、どの程度までの妥協をよしとするのか。

第二に、美術家の「個」（趣味）を共有し、あるいは協働して「個」の表現を生みだす「他者」は、どこにいるのか。「協働」に応じるのは誰か。

第三に、生産された工芸を消費者に届ける過程にいる販売者は、作品の個性、趣味への理解／共感とコストを両立できるのか。

第四に、消費者はどのように、個性（趣味）と価格の両面で折り合いをつけ、工芸品を購入・享受するのか。

これらの困難は、突き詰めれば、作品の質を保証する表現とコスト、利益分配、利益循環の問題である。当然のことながら、この問題は、現代の工芸、手仕事を取り巻く状況においても、ほぼ変わらず存在する。現代では材、原料の調達がさらに厳しくなるなど変化もあるが、上記の問題にはじめて直面し、格闘したのが、一八八〇年代生まれの美術家たちではなかったか。

もちろん、彼らと「他者」との協働は、水平な関係の上に成り立ったとはいえない。これまで、富本による「女性」「蛮人」、あるいは「百姓」の手仕事への接近の様相を見てきたとおりである。これら「他者」の手仕事は、「素朴」で「自己完結的」、また「不変」なものとして、一方的に、目覚めた新進芸術家によって見つめられ、解釈され、取り込まれていった。

それは、いかにも歪んだ協働ではあったが、近代社会が抑圧し、とりわけ美術をめぐる諸制度において疎外された「他者」の手仕事が再浮上するきっかけになっていく。「他者」の表現への遭遇が、「個」の表現世界の拡張、ひいては文化主義的な社会改造への期待を広げる道筋を拓いたともいえよう。

しかも、これら「他者」との遭遇、協働を通じて生みだされる「モノ」は、都市と農村、さらには外地/植民地と内地とをつなぎ、「帝国」を日常生活に浸透させる方法のひとつともなった。

Ⅲ章では、富本憲吉の「陶器の民衆化論」および権田保之助《ごんだやすのすけ》(一八八七―一九五一)の「美術工芸論」を検討したのち、二節以降は具体的に、工芸にかかわる藤井達吉、山本鼎、そして再び富本とのかかわりから「民芸」の実践を見ていく。彼らによる「他者」の手仕事とそれが生み出される場への接近・介入の方法を、この時代に特有の要請、機運に乗じたものとみなしてその意義と限界、そして可能性とを考察する。

一　社会問題としての美術工芸

「陶器の民衆化」論――一九一八年の富本憲吉

すでに見たように、富本憲吉は、大正改元期の『美術新報』というメディアが、美術家、建築家、文学者を糾合し、地方行政や事業家に働きかけて、美術享受のすそ野を拡大しようと誌面改革を試みた時代にあって、求められる重要な書き手のひとりとなった。

また、「日常の生活の中にある工芸」の制作者として、また趣味あふれる「新しい家庭」の生活実践者として、自らを立ち上げ、郷里である奈良県安堵村に定住後も、富本の存在感は中央美術界で保たれる。彼は、農事による収入を支えに美術家としてスタートを切ったが、前者で得たお金を、ただ後者につぎ込むのではなく、工芸で家族を養う努力とともに、良い作品を安価に多くの人へ渡したいという考えを次第に明確にしていった。

一九一〇年代初頭の『美術新報』が理想とした「純正美術家」の余暇の制作としての「応用美術」＝工芸ではなく、「工芸」そのものを独創的な、「個」の表現として探究し、陶芸を職として自立する決意を固めた。それは、モリスに傾倒して英国へ留学し、トルストイを読んで自己の生活を省みる青年美術家にとって、当然の思考の流れであったようにも思われる。明治期において、彼の父を含む安堵の地主が鉄道敷設などの公的事業に尽力した歴史もまた、選択した工芸制作の道に「自己」の探究のみにとどまらぬ公的意義を見出すことを促したのかもしれない。加えて第一次世界大戦後の社会に富本は敏感に反応していった。

まず、一九一七（大正六）年四月、富本は「工房より」と題した文章の中で「私は今年から出来得る限り安価な何人の手にも日常の生活に使用出来る工芸品をこさえたいと思い出しました。このことは私に取って随分重大なことで、今後の私の進むべき道に非常な関係があることと思います」と書いた。自身のこれまでを含め「少数人のために造られたオモチャのようなもの」、また儲かればよいという姿勢を否定し、工芸は「安くて美しくて誰にも買えるものであって欲しい」と述べている（『美術』一巻六号）〔富本、一九八一、五一五―五一六頁〕。

この考えはさらに深化し、「陶器の民衆化」という理想を富本は語りはじめる。作品の購入者を「民衆」と想定し、工芸の価値と価格の関係を突き詰め、芸術性の向上と購買層の拡大が両立する方法を思案した。

一九一八年の『美術旬報』に掲載された「陶器の民衆化論」がそれである。そこでは「芸術的価値を失わざる工業的陶器の製作」を具体的に提示する。「少数の享楽よりも、多数一般が享楽して、それによって一人一人の凡《すべ》てが少しずつ偉くなって、芸術的趣味の一般的向上を来《きた》し、そこから将来の本当の芸術を産むということが、今日の思想」だとして、安くて善いものを供給するためには工業の利用が欠かせないと述べた（七月上旬、一六三号）。

富本の主張は明快であるが、彼自身がこの時点でそれを実践できたわけではない。文章中にも「以上は言わばまだ私の考えであるだけで、これを実行することは容易ではない」とし、誰かが資本を提供してくれるなら乗りだしたい、と書くにとどまる。

価格でも競争し、美しさでも圧倒して、鑑賞本位の高価な陶器と一般向きに安く売る俗悪なものとの中間に、「真に民衆芸術の使命を奉ずる我々の陶器を製作して行きたい」としながらも、これを果たすためには高い技術が必要で、その自信は薄いとトーンダウンする。

この時点では、もっぱら構想が理想として示されるにとどまっており、一九二〇年に発表した「美を念とする陶器」では、ウィリアム・モリスの「結合の力、指揮の力」に言及し、既存の試験場や工業学校とは全く異なるものとして、陶器の工場であり、学校であり、研究所であるような場を提案する。個性の異なる複数の教師と職工が別々の窯で作品を造り、学生はそれらの窯で学び、移動しながら学んでいくというシステムであり、これを「運動」として起こす事業家を望む、展覧会や市場で自由に売るので、上手な事務家がいれば収支もうまくいくだろう、と書いた〔『日本女性』一巻二号〕〔富本、一九八一、五二六—五二七頁〕。

工業的な機械の力を借りることで、安価な量産品でありながら芸術的な陶器を焼くことはできるし、それが必要とされるという信念は、その後も富本の中に生き続ける。付言すれば、一九三〇年になると、富本は、波佐見〔長崎県〕、瀬戸〔愛知県〕などで、量産陶器の製作にとりかかる〔唐澤、二〇〇二〕。

またここで、十分に留意しておかねばならないことは、上記のように安価な一般の人のための陶器をつくるという理想・構想を語る一方で、富本は、自身の眼と手を通じ、模様をつくることから焼成までのすべての工程を一貫して、納得のゆくまで自己の表現として究め、創造する道を歩いていたことである。

同時代の美術界が富本に対して寄せる期待も、「量産陶器」の実現よりは、「自己の芸術の完成」であった。先にも触れた一九一七年刊行の雑誌『美術』は、富本憲吉の特集ともいうべき内容で、坂井犀水、田中喜作、水落露石《みずおちろせき》（俳人）、西川一草亭、岡田三郎助、長原孝太郎、バーナード・リーチ、大沢三之助らが寄稿する。錚々たる文化人、批評家、美術界ではリーチを除けば東京美術学校時代の恩師たちが彼の近年の作陶について寄稿し、あるいは語っている。

その一つ一つを紹介する余裕はないが、才能豊かで個性的な彼の芸術は、まだ変化の過程、途上であるという前提を共有している。犀水は「まだ完成されていない」とし、田中喜作は期待を込めて「青二才」と呼ぶ。また、技巧を追求する職人、商業的工芸ではなく、その良心、独創、あるいは見識（西洋の新知識、東洋、西洋の趣味に通じる）といった「個」の美術家としての独自性に期待している。

これに応答するように、妻である富本一枝が「何故、正直な方法で勝つ事が困難か」という文章を寄せ、狂おしいまでの模様の探究、磁器の材を得るための夫・憲吉の日々の労働を読者に語り伝えた。末尾に置かれた富本自身による文章のみが、もちろん自己の模様を創出することの意味、その重要性を強調しつつ、普及品を認め、安価に多くの陶器を製作するという新たな道、ヴィジョンを語る。この点で、彼は時代の一歩先へ踏み出していたといえよう。

権田保之助『美術工芸論』

一九一七、八年頃から二〇年代にかけて、富本憲吉が書く文章には変化があらわれ、「民衆芸術」や「民主芸術」の言葉を用い、自らがめざす工芸の在り方を語りはじめる。また、陶器制作への機械の導入についても、次第に積極的、肯定的になっていく様子がうかがえる。

このような変化の背景として、一九一六(大正五)年頃から論壇にあらわれ、議論が活性化した「民衆芸術論」の動向を視野に入れてみたい。とりわけ、一九二一年に出版された社会学者の権田保之助の著作、『美術工芸論』は、検討に値しよう。序によれば、この書は、一九二〇年三月に東京帝国大学経済学部でおこなわれた四回の特別講義にもとづく。これをとり上げるのは、同時期において、工芸を正面から取り上げる「民衆芸術論」は管見のかぎりこれが唯一だからである。

ちなみに権田保之助は、東京帝国大学哲学科(美学)を一九一四年に卒業後、一九一八年、東京帝国大学教授の高野岩三郎を中心とする東京・月島の調査に参加、工場労働者の生活＝文化様式研究(月島調査)に従事する。一九年には東京帝国大学の助手となるが、翌年、高野が東大を辞職、大原社会問題研究所に迎えられ初代所長となると、二一年には権田も入所した。当時、隆盛する「民衆芸術論」の論客として、また独自の視点と方法を持つ権田の「民衆娯楽」論は知られ、その特徴や意義については吉見俊哉が論じている[吉見、一九八七]。

そして何よりも興味深いのは、権田の『美術工芸論』には、議論の力点や方法に相違はあるものの、すでに検討を加えてきた富本の工芸に対する考え方との共通性が認められることである。ただしこの書では、小展覧会(小芸術)への言及、新進工芸家に対する批判、そして期待が述べられるものの、富本その人と作品への直接の言及はない。また、富本の著作にも、権田の美術工芸論、社会学的アプローチに言及する箇所は、管見のかぎりみつからない。

さて『美術工芸論』は、その冒頭にウィリアム・モリスの写真を掲載し、三編構成をとる。少し長くなるがその概要を紹介していこう。

第一編は、産業革命後、主として一九世紀半ば以降の欧米各国の国情を紹介しつつ、美術工芸の発展を、主要な人物の功績を中心に、博覧会や殖産興業政策にかかわらせて説明する。モリスについては特に詳しく取り上げ、日本での受容にも言及した。

第一編のまとめとして(第二章)、美術工芸運動の次の三傾向を提示する。

①復古的美術工芸運動：資本主義、ならびにこれに付随する生産様式の絶対的否定であり、手工業への復帰を求める運動と定義する。モリス商会の仕事をそのもっとも良き例としてあげた。

②社会政策的美術工芸運動：①を批判して、機械工業、大量生産という生産方法は人間の文化的努力の結果であるとして肯定する。また資本主義的経済組織の問題点は、生産方式にあらず、分配方法にあると説明する。さらに根本的な問題点は、生産品とともに分配される「趣味」の内容であり、それが既成の趣味、すなわち貴族、ブルジョアの趣味であるとし、強く批判した。

③創造的美術工芸運動：既存の趣味をもって民衆を趣味化することを否定し、「民衆全体の実生活、人間生活の深奥より湧き出した新しい伝統なき趣味を創造」する運動と定義する。また「機械や分業という優秀な生産方法が、資本主義の走狗となって、其処《そこ》に変態なブルジョア趣味を捏《こ》ね上げていることは、人生に対する徒労[である]ばかりでなく、甚しい害悪」と述べる。

権田が②を批判し、③の運動を評価していることは明らかであろう。「美術工芸運動は此の段階に至って初めて其の徹底を見ることが出来る」と結んでいる。

続く第二編は、美術工芸の概念の検討を目的とし、その定義に工業をあわせ「日常生活の需要に応ずる実用の中に芸術的作用を抱合せしめんとする工業活動を称するものである」とした［同、六四頁］。権田の考える現代、将来の美術工芸とは、奢侈品や骨董品を除外するという意味において、また機械を導入し、分業による大量生産を肯定するという意味において「美術工業」を指していると判断できる。

最後に第三編では日本における美術工芸と将来を見据えた美術工業の意義と位置を、種別に従業者数、製造額、貿易額等の統計を示しながら論じる。歴史を踏まえ、教育、展覧会制度の現況を示し、問題点を指摘する。現在の小展覧会、農展をとり上げてそれぞれを批判、教育制度の充実、美術工芸博物館の設立を急務とし、新進の工芸家への期待を述べた。

このような、権田の美術工業論においては、従事者の「労働の享楽」を問題にする点が特徴である。権田は、自らの工芸研究の動機は、「「人生」という生命の源から離れて「利益」という概念をのみ追及している現代の資本主義的経済」の改造にあるとし、問題の探究によって工芸は「目的を自覚し、理想に覚醒し、「人生」という味に復帰して、悠々として新しき社会経済組織に解体して行くことが出来る」と主張した［同、「序」三頁］。大機械を用いた分業化の時代にあって、工芸運動とは、工業に「人生味を吹き込んで、人間世界のものとなし、人生と芸術とを相抱合せしめんとする努力である」と述べている［同、九頁］。

このような流れを踏まえると、権田保之助の『美術工芸論』は、本来、制作者＝労働者と消費者、いずれも民衆の生活、人生の中から生まれる趣味、芸術性の創造をともなう「美術工業運動」についての議論へと進むことを前提としているかのように読むことができる。

ところが、上記第三編の最終章、日本における美術工芸運動の現況をとらえ、将来を展望する章では、そうはならない。そもそも欧米に見るような意識的、自覚的美術工芸運動は未だおこっていないと述べる。権田の視野には、彼が最も詳しいドイツにかかわり、一九〇七年に設立された団体、ドイツ工作連盟(権田はDeutsche Werkbundと原語で記す)が入っていた。

ドイツ工作連盟とは、イギリスのアーツ・アンド・クラフツ運動の思想と成果を伝えたヘルマン・ムテジウスが創立会員の一員となり、急速な経済発展が進むドイツにおいて、近代的な産業生産を視野に収めて活動を展開した芸術史上重要な運動体である。機械時代におけるデザイン(美術家)と製作(職人・労働者)とが分離する事態を危機ととらえ、その克服を模索した。連盟には芸術家、産業界の企業家、店員、職人らが参加して、彼らの協力を通じ、産業製品の芸術性の向上が図られる。この運動の課題は、藪亨によれば「手作りの物品の美しさや品質の良さを、工業生産における新しい形態の創造や機械製品の量と如何に関係づけるかにあった」と指摘される[藪、一九七九、一〇頁]。

権田は、ムテジウスの名を挙げておらず、この運動の将来は未知数であると述べるにとどまる[権田、一九二一、四五頁]。しかしこのような新たな動きが視野に入る中で、日本の美術工芸運動を、未だ無自覚な段階にとどまると判断したのであろう。権田は、美術工芸展覧会の開催、美術工芸博物館の設立、美術工芸に関する適当なる図書の出版、美術工芸に関する通俗講演会、さらに美術工芸学校、および工場の設立などが、自覚的な運動には不可欠だと主張する。そして、欧米ではすでにこれに着手しつつあるとして、日本の工芸界に奮起を促した。

その際、権田が奮起を呼びかける対象、変革の担い手として具体的に期待する相手は、「新進の工芸家」である。たとえば、一九一三年に始まった農商務省図案及応用作品展（農展）を批評し、この中には、「旧習に昵《なじ》んだいわゆる技巧ばかりの人も多く」、会場の不便や不都合もあるが、それでも「新進の工芸家の二、三を数えることが出来た」と述べている。文展を先例とすれば、農展も入場者の増加が期待できるとし、これを利用し、美術工芸を発展させることで、「社会一般の美術工芸に対する注意と興味とを喚起し」、併せて「工芸家の発奮と発明とを促進する」ことが必要だと述べた。また、新進工芸家に対し、「さらにさらに大胆に、あらゆる伝統より自己解放をおこなって、新しき生活の上に、新しき様式を創造して行かねばならぬ」とはっぱをかける。

しかしながら、その肝心の新進工芸家が活躍する「小展覧会」については、批判的、否定的である。「吾楽（殿）」「流逸荘」「琅玕堂」等の名を挙げ、ここで「いわゆる新進の工芸家の手になる小展覧会が開催されている」と紹介しながらも、それらは「愛好者を誘い、この方面への趣味を刺激」するものの、「あまりにディレッタントの間の狭い興味の範囲に低徊して、一般社会の人々の実生活との間には、甚だしく深い溝渠が穿たれている」という。

このように権田のヨーロッパ的思考を導入した『美術工芸論』においては、観念的に芸術運動の担い手である労働者の「人生」の享楽や充実が叫ばれるものの、その姿はついぞ具体的に現れず、結局、運動の担い手として、新進芸術家の将来に期待するばかりである。

また、美術工芸博物館の設立に関しても、ひとつに古代の名匠の手になる天才的工芸品の蒐集、ふたつに現代工芸家の努力に成る創造的工芸品の蒐集をめざすべきとしている。ここでも、運動の担い手としての民衆、労働者個別の存在や創造にかかわる実践は、不可視化されたままであった。日本の美術工芸に、民衆という製作と消費の主体を立ち上げ、彼らの趣味の創造が肝要と説いた権田の主張は、欧米の動向を視野に入れた新しいものだが、民衆は、匿名の塊として言及されるに過ぎない存在であった。

その理由は、権田の民衆観にあるというよりも、工芸品が享受される場、その性格に規定され、「民衆」に議論の射程が届かなかったからではあるまいか。つまり権田が調査対象とする活動写真や盛り場の民衆娯楽とは異なり、「工芸」は、家庭、生活の場で用いられるものであった。たとえその生産の一部が工場に移っても、その趣味は「家庭」という場に拘束されるのである。そして、自覚的、審美的に「工芸」を選択、購入し、享受する層、その「家庭」は、大正期においてどこに存在したのかという問題が残される。

二　工芸、手芸とアマチュアリズム——藤井達吉と姉妹たち

独学の人——木綿、砂金、七宝を商って

藤井《ふじい》達吉《たつきち》（一八八一—一九六四）（図18）は、近年、再評価の機運が高まる美術家のひとりである。工芸はもとより、日本画、あるいは手芸など、いずれも独学で切り拓いた表現と活動に対し、多角的な検討が加えられ、展覧会で取り上げられる機会も増えている。ここでは、工芸の民衆化をいち早く主張した富本やリーチに、大戦後に合流してきた美術家のひとりとして藤井を取り上げる。

図18　藤井達吉の肖像(1917年. 碧南市藤井達吉美術館)

その経歴は、同時代の個性的な美術家たちの中に置いても、きわめて異色である。特に、一九一〇年代初頭における藤井の登場は、美術工芸の刷新をめざす当時の美術界に衝撃を与えるものであったことは間違いない。

藤井の年譜については、手稿「矢作堤《やはぎつつみ》」(一九六一年より翌年にかけて執筆された自叙伝)、『碧南市史料第十一輯　藤井達吉翁』[碧南市史編纂会編、一九五六]が基礎となる。近年、藤井自身が訂正補筆した年譜がまとめて公刊され[碧南芸術文化振興会事務局編、二〇〇三]、以後も美術館が刊行する紀要、展覧会図録等において、新たな書簡類、同時代史資料にも基づく訂正や増補がなされている。以下、その成果に多くを負いながら、まずは、三〇代はじめに頭角をあらわすまでの藤井の軌跡を、簡単に振り返ってみよう。

愛知県碧海郡棚尾村の小学校を卒業した藤井は、米穀・肥料・綿糸を商う父の意向で、木綿問屋の丁稚《でっち》となり、一四歳で朝鮮半島北東部の港町・元山《ウォンサン》に渡った。商いに不向きなことを自覚するが、砂金を風炉で金塊とする仕事に従事したのは有意義であったと回想している。

その後、一六歳で店を辞して帰国、木綿の行商につくが挫折する。台湾へ渡って兄の雑貨商を一年ほど手伝うが、これも続かず、帰国して美術学校への入学を父に訴えたという。しかし許されることはなく、一八九八年、郷里に近い名古屋の服部七宝《しっぽう》店に入った。七宝の技を学びながら、上野の商品陳列館に使いに出されたり、画家、図案家を訪ねたりした。一九〇三年に大阪で開催された第五回内国勧業博覧会に際しては展示を担う。出張の帰路には、奈良へ寄って寺社、古美術への関心を深め、またその頃より、絵を描き、歌をつくるようになったという。

さらなる転機は一九〇五年六月から半年におよぶ北米への出張であった。七宝作品の出陳とオークションのため、太平洋を渡り、北米のポートランドで開催されたルイス・クラーク一〇〇周年記念万国博覧会に赴き、東海岸のニューヨークやボストンへも足を延ばす[土生、二〇一五]。

この大旅行から帰国してまもなく、藤井は服部七宝店をやめた。しかし、七宝作家であった次兄の重次郎(碧村)を頼り上京、ともに七宝の製作と販売に乗り出すもうまくいかず、発明に手を染めるも失敗続きであった。郷里の父の家を売り払い、東京で大家族八、九人を養った一、二年が「一生で一番の困難の時代であった」と回想している。

後述するように、藤井は工芸作家として身を立てるとともに、兄たちの娘を引き取り、姉妹たちとともに全員独身のまま「家庭手芸」を協働して創出していく。その背景のひとつには、手仕事の盛んな地域の商家に生まれ、複雑な事情でその土地から離れて生きることになった事情が横たわっていると推測される。

美術界への登場――「青天の霹靂」

さて、藤井は、一九一〇(明治四三)年には日本美術協会主催の第一回懸賞図案に、欄間《らんま》や襖《ふすま》の引手、釘隠しの図案を応募して三等を受賞し、翌年には琅玕堂で七宝を展示、吾楽会の会員に招かれて、頭角をあらわしていった。

一九一三年、面識もない藤井の作品を『読売新聞』(二月九日、日曜付録とした文化欄の冒頭)に取り上げたのは、Ⅱ章でも触れた津田青楓の兄で、富本憲吉とも交際があった京都の華道家、西川一草亭であった。「新しい装飾美術――藤井達吉の場合」と題した記事で、西川は、「今の人はあまりに絵画や劇や小説に熱中し過ぎている。それでいて絵画にも劇にも小説にも面白いものが出ない」と冒頭で断じた後に、かえって人々が「ほとんど注意を向けていない装飾美術、工芸品の方に藤井達吉氏のような面白い作家が出たのは不思議に思う」と始め、読者の関心をひきつける。

藤井の作品のすべてが面白かったわけではない、「七宝はどうも安っぽい点があって嫌だと思った」と、批判を加えた上で、「在来の工芸品というものの系統、慣習を破って、ただちに作者その人の考えから直接に出た点があるのが快かった」と評価する。続いて「今までの工芸品というものが、美術的とか装飾的といわれるものに限っていやに気取った、綺麗な、みがきをかけた、しなをつくった、これが美術品だというような顔をしたのが気に入らなかったが、藤井氏のを見るとまるで違っている。材料もむろん粗末なものを使ってあるし、仕事もゾンザイである。そして今までの工芸品に見られない、人が作った、言い換えれば作者の真情、人間の温かみが物の一つ一つに流露している」とその良さを解説する。

西川は、作者が「楽しんで作った、面白くて作った、やりたくてやりたくて仕方がないので作ったというような点」が藤井作品の特色であり、それが従来の工芸品ばかりでなく、文展の絵などとも異なるとして、「金があったら真に買ってみたい、そして自分の傍に置いてみたいという欲が起こる」と最大の賛辞を贈った。

興味深いことに、続く箇所で西川は、個人によって一貫制作される工芸品を、「原始の工芸品」の面白さに結びつけ、それは作り手自身の「楽しみ」が横溢しているからだと論を展開する。そこでなぜか、最近本で見たというスウェーデンの田舎の工芸に言及し、掲載された椅子や台所用品のようなものを見ると、自分で製作してみたくなり、家までも作って住みたくなるという。こんな望みを満足させられるのは「原始時代の人間」で、文明の世にあってこれは高望みであり、藤井らの作品によってわずかに渇きをいやすしかない、というのである。

西川は京都での青楓主催の展覧会、東京での前衛美術家たちの団体ヒュウザン会（後にフュウザンに改名）に藤井が出した刺繍が特に気に入ったようである。残念ながら、この時の藤井の出品作は現存せず、伝来品にも制作年が確定できない作品も多い。だが、展覧会の出品目録や雑誌等に掲載された写真等の資料を併せて考察することで、この直後、大正初期から中期にかけての制作が、七宝や打出しの金工作品、刺繍やアップリケの入った壁掛などに始まり、次第に拡大していく状況が確認できる。象嵌《ぞうがん》や彩色を加えた木彫レリーフの屏風、書棚や箱、あるいは鉢や盆といった器類というように、ジャンルを超え、また多彩な素材と技法をひとつの作品に重層的に試みる。指摘されるように、藤井の金属象嵌や木彫の技術は、精巧とはいえず、経年に耐えず傷みの激しいものも多いというが（図録42『藤井達吉の全貌』三〇頁）、それでも彼の作品は、確かに驚きをもって迎えられた。

模様、図案の探究とともに、絵画表現も鍛えられていった。たとえば初期の代表作の一つである《大島風物図屏風》（図19）は、素材の異なる色布、また荷や桶を運ぶ島の女性の頭巾や前掛けには絣《かすり》を用いてアップリケ、樹木や花の輪郭には刺繍を施すというように、奥行きのある島の風景が、対比的な色調と、モチーフの配置によって見事にあらわされている。また裏面にも墨絵で、島の人家の裏庭

図19　藤井達吉《大島風物図屏風》1916年(碧南商工会議所蔵．図録42『藤井達吉の全貌』)

の一隅であろうか、植物と鶏などが描かれている。工芸と絵画が区別なく制作されるべきであるとの自身の主張に沿う、また使う人の暮らしの中での使用を意識した両面制作の屏風は、一九一五年頃からの数年間に集中してつくられた。入会したヒュウザン会や吾楽会では、多くの同世代の画家と交流し、多くは焼失してしまったというが洋画も描いたという。《大島風物図屏風》に関していえば、ともに吾楽会員の小《お》川千甕《がわせんよう》、川端龍子《りゅうし》、鶴田吾郎らとともに訪れた伊豆旅行での取材、写生がもとになって制作された。この旅は『美術新報』にも報道されている。東京に戻って二カ月後には、「大島の会」と銘打った展覧会が吾楽殿で開催され、旅の成果として展示されたのである。ちなみにこの作品は、のちに美術パトロンとして著名な原三渓の娘婿・西郷健雄家の所有となった(図録42『藤井達吉の全貌』一〇二頁)。

藤井によるジャンルを超えた重層的な一貫制作の背景には、伝統を墨守して既存の図案を用い、分業システムをあたりまえとしてきた明治の工芸からの脱皮、革新を望む声が、美術界の側で高まっていたことがあげられる。本書Ⅱ章一・二節に見てきたように、『美術新報』誌を中心に、美術工芸の革新、新しい「小芸術」への期待に応える人材として、富本憲吉が注目されたのと同じ環境・事情のもとに藤井は自らを置いたと言える。

大正年間の活躍を経た後、一九二七年八月『工芸時代』二巻八号に、「藤井達吉論」(人物月旦)という小特集が組まれ、四編の記事が掲載される。そのひとつが、鋳金家の高村豊周《とよちか》(一八九〇―一九七二)による「或る断面」である。先走るようではあるが、豊周の回想を手がかりに、大正年間の藤井達吉の位置づけをおさえておこう。

高村豊周は、明治を代表する彫刻家・高村光雲の三男で、光太郎の七歳年下の弟として生まれ、東京美術学校鋳造科を卒業した美術界のサラブレッドにして、「自己の主義」を掲げる兄に続く新世代の美術家のひとりであった。特に、鋳金という前近代からの職人技の伝統が続く領域を選び、その刷新を模索する工芸家として立とうとしていた豊周にとって、藤井の作品との出会いは、「青天の霹靂」とも言うべきものであったと当時を回想している。

「藤井達吉君と始めて会ったのは、僕がまだ学生時分――大正三年頃であったろうか。尤《もっと》もその前から作品は見て、名前はとうから知っていた。

(中略)洗いざらしのメリケン袋みたいな布へ竹の皮なんぞを切り抜いて貼りつけて、それへ凧糸《たこいと》で縁取りをして、刺繍壁掛なんて言うのが、今から思えば人を喰ったものだが、その時分はたゞもううれしかった。静かな古池のような当時の工芸界にあっては、藤井君のこうした試みは実に晴天《(ママ)》の霹靂とも言うべきであった。自分が学校で習った図案法なんて言うものが、藤井君の作品に出会って木ッ葉みじんにされて、何だか晴れ晴れしたような気がした。」

大正改元期には、前例や伝統に縛られない革新的な工芸家という、新たな範疇(言説上の型)が、新聞・雑誌を中心とするメディアの中に生まれる。しかも、期待される工芸家として藤井がとり上げられる際に、「原始の工芸」との親近性、あるいは「田舎」の生活への言及が見られる点にも、大いに注目しなければならない。言い換えるならば、素人（アマチュア）であるがゆえの自由さが、高い評価に結びつく。しかしこの問題に踏み込む前に、藤井の初期作品の表現の特徴を具体的に観察し、その生成過程を考えてみたい。

同世代の美術家たち

大正初期にさかのぼる藤井達吉の初期の作品としては、動物や抽象的な模様を七宝であらわした銅製の小箱、木彫りの盆などが紹介されている。それらは確かに素朴で、図案としてもぎこちなさを感じる。藤井が、このような模様と表現を試みる背景として、同時代、同世代の美術家たちとの接触を考慮せねばなるまい。

藤井が最初期に接近した同世代の美術家は、バーナード・リーチであった。リーチとの出会いは、実は一方的に藤井によってしか言及されておらず、リーチ自身の著作の中に藤井についての記述は見られない。リーチにとっては、『白樺』を興す若者たち、富本憲吉、高村光太郎をはじめとする東京美術学校の出身者、あるいはヒュウザン会でもかかわる岸田劉生などが、知性と技術とを共有・交換する主要な同時代の友人である。

ただし藤井の側では、一九一〇年に転居した上野桜木町で、近くに住むリーチを度々訪問したと回想している。「「リーチ」氏が初めて楽焼を初めた時であったので、時々行って見た。思えば古い思い出。柳宗悦氏が日本に芸術なしと断言したんが下手物サンビ者に成って、世界的とかの大家となられ先日雑誌に「リーチ」が柳氏の写真に皆でて居る写真を見て「カン無量」であった。多くの大家が生れた時代であった」と記している（「矢作堤」）。

知的、経済的環境において格段に恵まれたエリート集団に帰属する青年たちと、小商いの商家に育ち、一一歳で丁稚に出た達吉とが、大正改元期の美術界においてどのように交わり、関係が深まったのか。その経緯は、詳らかではない。

しかし、リーチを知った頃、一九一一年には、東京美術学校関係者による小芸術の研究組織「吾楽会」の会員に招かれ、翌一二年にはヒュウザン会に、また一三年には国民美術協会の設立に参加する。展覧会への出品の機会も増え、特に一四年一月に京橋にオープンした画廊・三笠美術店では中心的な取り扱い作家として活躍し、同店が刊行した雑誌『芸美』に木版表紙を提供するにいたった。ちなみに藤井もまた「版」の表現に強い関心をいだき続ける。明治末の自画自刻を旨とする創作版画運動の時代に始まり、後には摺師《すりし》との協働で図案集を刊行し（一九三五年）、小原村（現、豊田市）の和紙に関与する昭和の時代までジャンル横断的に版の表現を試みた。

さて、大正初期の藤井は、他にも琅玕堂、田中屋美術、流逸荘といった画廊への出品を重ねている。それが彼にとって、（西川一草亭がいうような）ただ「楽しみ」のための工芸制作であったとは考えにくい。

以上のように、藤井が、リーチをはじめ同世代の美術家たちの作品を研究し、美術界の動向やニーズを踏まえて、分析的に自らの培ってきた技術を駆使しながら旺盛な制作を展開した軌跡をたどることができる。また、批評家の言葉や期待を、周到に自己の制作に取り込んでいったと判断される。

パトロンと批評の位置

同時に注目すべきは、藤井の作品を購入し、生活を支えたパトロンの存在である。近年、財閥や大企業家による古美術蒐集、大作の近代日本画や洋画の購入にとどまらず、明治末から大正期にかけて、規模は小さいながら資本家、企業経営者個人による美術家への援助がはじまることに注目が高まり、研究も進んでいる。たとえば新宿中村屋の創業者、相馬愛蔵《そうまあいぞう》・黒光《こっこう》夫妻とそのサロンは有名である。

藤井達吉に関していえば、芝川照吉《しばかわてるきち》（一八七一―一九二三）の支援は非常に大きな意味を持っていた（図録11『幻想のコレクション　芝川照吉』）。芝川は、毛織物貿易、特に日清・日露戦争を契機に羅紗《ラシャ》を軍用におさめることで富を築いた大阪の芝川家に養子に入り、共同経営者となる。一九〇六（明治三九）年、大阪に転居していた洋画家の石井柏亭と知り合い、絵の出稽古を依頼して以来、新進の画家への支援をはじめる。一九一〇年に、芝川商店の東京支店に異動して以降、青木繁の遺作展開催、画集刊行、複数の若い洋画家たちへの留学資金提供、工芸家の作品購入や画廊の支援など、活動の幅を広げた。

だが、一九二〇年の株価暴落以後、第一次世界大戦後不況のあおりで、芝川商店も打撃を受け、また持病の悪化と肺結核罹患により、芝川は一九二三年七月に五二歳で没する。また、その年九月の関東大震災で、芝川商店の三階に保管されていた蒐集品の多くは焼失してしまう。さらに、残った作品も、一九二五、一九三六年に実施された大規模なオークション（売立）で散逸した。

藤井への援助は、芝川のノートによると一九一三年末に一〇〇円を渡したのが最初である。一九一〇年代には、山本鼎の滞仏を支援し、岸田劉生と草土社の活動を支え、富本憲吉とも交わりがあった（友人や支援者に贈られる「照吉常用」と記した湯呑が残る）ことが知られている。

ただし藤井の「矢作堤」には、この時期の支援者として中田氏という人物の心遣いをエピソードとして記しているが、この人物が芝川だとすると、なぜ仮名にするのかといった疑問も生じ、また資料からうかがえる現実の芝川像との齟齬も指摘されている（図録11、二一頁）。

ともあれここで、芝川照吉と藤井達吉との関係に注目するのは、芝川が主として洋画家を支援しながらも、狭義の洋画、すなわち油彩画にとどまらず、「工芸」、それも木製の郵便箱（**図20**）や、机上で

図 20　《郵便箱》1913-23 年か（東京国立近代美術館．図録 42『藤井達吉の全貌』）

図 21　《電気スタンド》1913-23 年（東京国立近代美術館．図録 42『藤井達吉の全貌』）

用いる小ぶりなランプ（図21）のように、日々の生活において持ち主の傍らに置いて使用する道具を、まとめて購入していることの意味を考えたいからである。

木製の郵便箱は、白土を塗った上に紅色の顔料で花をつけた樹木・草花を描いている。瀬尾典昭は、特に前面に描かれた大木が「生命の樹」を下敷きにしている可能性を指摘する〔瀬尾、二〇一三、三五頁〕。幹や枝の伸び具合、花は、梅ではないかと思わせるが、同時代の藤井が接点を持った美術家たちの間では、生命を象徴する樹木をモチーフとすることはしばしばおこなわれている（本書Ⅱ章、八〇―八一頁参照）。

大正期には、こうした一群の共通した傾向を持つ美術家たちの作品が、個人が経営する複数の画廊によって意識的に売り出され、それらを評価し、制作を支援するパトロンが出現する。彼らは、近代日本の資本主義経済伸展の過程で成功した新興の資本家層であり、従来はいなかったタイプのパトロンであった。

ここで改めて、国家や大財閥をパトロンとする絵画や彫刻ではなく、小芸術をより広く市民社会に浸透させたいとキャンペーンをはった大正改元期の『美術新報』の主張を想起したい（Ⅱ章）。大正期に出現したパトロン／享受者、さらに美術家や作品を売り出す画廊主らは、ある美術・工芸観を共有していた。すなわち、日常生活を豊かにする作品、美術家の個性が横溢する表現を尊いとする価値観である。芝川照吉のようなパトロンの出現によって、ようやく大正改元期に掲げられた「理想」は、少しだけ「現実」に近づいたようにみえる。

確かに続く時代において、たとえば次節でとりあげる山本鼎の農民運動、また民芸運動の展開には、パトロンの存在が不可欠であった。しかし、このような価値観を共有するパトロンの輪は小さく、購買層の広がりも十分ではなく、画廊のほとんどは短期間で閉店を余儀なくされる。しかし、作家と販売者と購入者とが、緊密な関係性のもとに美意識を共有し、日常生活で用いるもの＝造形の質を高めようとの理想が共同で追究された意義は大きい。

今は焼失・散逸してしまった芝川コレクションを、復元的に考察する近年の画期的な展覧会のカタログには、次のような指摘がある（図録11『幻想のコレクション　芝川照吉』九六―九七頁）。すなわち、藤井、リーチ、富本、津田青楓、河合《かわい》卯《う》之《の》助《すけ》らの工芸が「この時代のなかでも非常に似通った傾向を示し、芝川は彼らのことをひとつの「まとまり」と見ていたのではないかとも思える」との見解である。さらにそれらの中でも、藤井をとりわけ高く評価する芝川が、六〇点を超える工芸品、軸物二〇点、屏風一五点を所有していたことに注目する。

藤井作品がとりわけ重要な位置を占めるような、芝川照吉の美術観・価値観とは、どのようなものであったのか。それは、先にも述べたように、作家、販売者、購入者の緊密な協働によって、それぞれの個性が出会い、相互に影響をおよぼすような関係を創ることではなかったか。また、社会的なネットワークが、仕事など公的関係性の下ではなく、まったく私的に、しかも私的日常生活空間で用いる「モノ」、すなわち美術、工芸品によって、人間本位に切り結ばれることも、重要かつ革新的な事件であったと考えられる。

先の展覧会では、芝川のアルバムに残された写真によって、収集された工芸品が配された生活空間が紹介された（図録11、九七頁。藤井のランプと屏風、リーチの壺と茶器）。それらの写真には、モノのみが配置・演出されており、モノが使用される日常生活が写っているわけではないが、生活空間をトータルに自らの趣味によってつくることの意義が、制作者とモノの所有者＝使用者によって共有されていく、この時代のひとつの「理想」のかたちが演出されている。美術家たちは決して、芝川に雇われた、抱え込まれた存在ではなく、生活空間を創る協働者なのである。

富本と藤井

ところで藤井達吉は、バーナード・リーチに続き、富本憲吉とその作品を、強く意識していたようである。少し時代は下るが、一九二〇(大正九)年二月、奈良へ赴いた藤井は、富本を訪問した。そして『美術月報』に、坂井犀水宛書簡という形式で「奈良にて」と題する文章を書き、寄稿した(三月、200号)。

ただし、富本に言及する箇所は短く、「富本君を訪ねました。楽《たのし》んで製作されて居られます。実に理想的な人です、幸福な人です。私は友人にいいました、自然は「かんぜん」なる作家を一人作《つくっ》たと。此上幸あれかしと心に祈って別れました。楽しい一夜でありました」とあるのみだ。

しかし、いささか穿った見方かもしれないが、この奈良旅行と富本訪問を伝える記事の執筆には、背景、動機があるように思われる。藤井は記事の中で、自身が奈良を愛し、すでに何度も赴いているとした上で、推古・天平の寺と仏を参拝し、法隆寺金堂の壁画を見たことを記し、その後で安堵村の富本訪問に言及する。実は、このルート自体が、かつて坂井犀水が『美術新報』に寄稿した紀行文、一九一二年夏の旅をなぞるものである(『美術新報』一〇月、217号)。

この記事については，Ⅱ章一節で紹介したので繰り返さないが，坂井による記事とは異なり，藤井は，富本の暮らしぶりを細かく記すでもなく，対話やもてなしの内容に詳しく触れるでもない。重要なポイントは，『美術新報』という言説空間にかつて創出された，美術記者・坂井犀水と富本憲吉の関係，系譜に，自らを位置づけることではなかったろうか。もちろん，「奈良」「法隆寺」といった特別な土地，明治の古社寺調査（一八八四年）で，岡倉覚三とフェノロサが法隆寺の夢殿で観音像を「発見」したという有名な話を持ち出すまでもなく，日本美術の源とみなされる場へのオマージュをささげることとも，記事執筆の目的であったろう。ちなみに和辻哲郎が「古寺巡礼」を月刊同人雑誌『思潮』に連載（一九一八年八月―一九年一月）し加筆の上単著を上梓したのは，一九一九年五月である。

一九一八年の『現代之図案工芸』には匿名の記者（覆面子）が，「憲吉と達吉」という文章を寄稿し，二人を並べ，比べて論じている（八月，五一号）。その冒頭，「富本憲吉でも，藤井達吉でも，共に一個の性格を顕現した点に於いて自我に強い生き方をしたものと言える」と述べて，まず共通点を強調する。いずれも京都の作家にはない個性と指摘し，「我《が》を持った図案家として，図案界の誇りと言いたい。斯《こ》う言ったのがお厭なら，人類感情に相応しい生き方だと言っても好い」と評価する。

他方で，憲吉が楽焼を始めたのは，リーチと一緒になったからだとして，その図案はリーチに似ていると述べ，「だが，リーチのポカンとしたような処の大きさは持たない。憲吉には，そういう処はない，寧《むし》ろ達吉に，大きさは在る」と二人を比較する。また，その「大きさは」，「達吉の性格に反しているかのように思われるかも知れないが，彼れの生活が，当然に産んで来たもの」とし，達吉作品の「静寂な香り」「宗教味」を指摘する。また，教育を受けずに「実験」によって技術を身につけた達吉に、自由性と確実性があるとし、「天才」という言葉を用いて評価する。これに対して憲吉には「教育の節々を認める」も、敏感で動的、「科学に自由なる明徹」を持つといった具合である。また、憲吉の仕事は、彼のいう「民衆にまでは来っていない」と述べており、この匿名の筆者は、富本の書く文章を読んでいることがわかる。

全体としてこの記事は、経歴や環境を前提に、二人の性格の違いを抽出し、強引に作品の特徴に結びつけるような論調に終始していて、説得性に欠ける。にもかかわらず、ここで取り上げた理由は、二人がこの時代、世代を代表する個性を持ち、徹底してその個を作品に表そうとしているとの認識が、この批評に示されているためである。

藤井は自己に向けられる批評の言説をより深く受け止めることで、「書く」ことに着手し、一九一六年頃からは、批判相手からの反論、応酬をもいとわず、展覧会批評を書き始める。一九一八年には、国民美術協会による「文展への建築及び装飾美術第二部開設の建議」実行委員として参加、自説を展開して論陣を張るまでになった(『美術旬報』一六〇号、『読売新聞』一九一九年八月二二日)。そこでの主張は、現在の工芸家には芸術的視野を持つものがいないとして、審査委員には岡田三郎助や藤島武二のような工芸や彫刻にも精通した洋画家を登用すべきとし、また展示も「工芸」と一括りにせず、平面的なものは絵画とともに、立体的なものは彫刻といっしょにすべきというものであった。先に紹介した《大島風物図屏風》をはじめとする一連の工芸的屏風など、自らの制作実践に基づく主張である。

これに対しては、当然のことながら、工芸界の重鎮を中心に、反発、非難の声が上がる。しかしこのような記事の執筆は、藤井にとって、自らや近い仲間たちの創作が目指す理想、作品の狙いを世間に明示する機会となっただろう。

書くことについての藤井の自意識の萌芽は、「時感、二つ三つ」と題した一九一七年の記事にみられる（『美術旬報』一四五号）。「作家が批評を書くのは、いろんな不満のやり場がない為」であり、「其様な暇があったら製作をしろ」などと言われることに対し、「大きなお世話だ」と強く反発する。作る時間と書く時間はまったく別で、「作家の気持ちは作家でなければ分からないことが多い」と主張した。

かくして藤井達吉は、批評される存在から、自らの作家としての個性と位置とを、自身の行動と言説とによって社会的にアピールするにいたる。さらには、社会における美術の存在意義を考え、自説を社会に問うようになった。癖のある言い回し、ややたどりにくい論旨展開もまた、作品と併せて、美術家仲間や批評家の眼にとまるところとなっただろう。

以上をまとめるならば、藤井達吉は、美術家としての専門的教育を欠き、相対的には恵まれない環境のうちに成年に達したが、遅れて参入した同時代の美術界の動向をつぶさに観察し、自らの能力や魅力に惹きつけられる人と場を探し当てながら、大正期の美術界においてネットワークを構築し、素材や技法の幅を広げ、独自の表現力を鍛え、批評の言葉を得て、同時代における自己の位置づけを明らかにして、アピールすることもできた。

藤井達吉の姉妹と姪

さて、藤井達吉には、三歳年上の姉のすず（篠子／錫、一九六五年没）と、二人の妹、くわ（桑子／久和子／鍬、一九三九年没）、ふさ（房子、一九四四年没）がいた。服部七宝店を辞した後、独立して工芸で立つことを決めた一九一〇年頃には郷里から両親を呼び寄せ、姉妹に姪の悦子（長兄娘、一九五三年没）らを加えて、藤井は東京で大家族を養うことになる。一九一三年に父、二三年に母が亡くなって以後も、くわのみは結婚によって一時離れるものの、長く三人の姉妹、そして姪が、達吉を含めいずれも独身で、生活をともにしながら創作にいそしんだ。

血縁の女性たちとの協働の実態は、未だ不明な点が多い。また残念ながら、女性たちの手になることが明確な現存遺品は、達吉のものに比べて圧倒的に少ない。だが、彼女たちの存在と創作の軌跡、それに対する批評、評価は、ただ達吉との関係においてのみならず、大正後期から昭和初期の社会における女性の位置、とりわけ「工芸」が含む異なる側面や機能が議論の的となる中での女性の位置を考察する上で、きわめて重要な視座を与えてくれる。

工芸史研究者の冨田康子は、藤井の血縁の女性たちそれぞれの官展への出品状況を、目録とモノクロ図版を手がかりに調べ、一覧表を作成し、彼女たちの工芸作家としての側面に光をあてた。その上で、達吉との協働的な「手芸」製作を取り上げて、「芸術」と「工芸」、そして「手芸」の関係に踏み込む［冨田、二〇〇五、四二―四七頁］［千葉、二〇一三］。さらに、達吉による生前の寄贈品の整理・研究に携わってきた愛知県美術館（旧愛知県文化会館美術館から継承）の関係者による作品や資料の発掘も進んでいる［高木、二〇一六］。

これらの成果によれば、三人の姉妹と姪の悦子は、一九一五年の第三回以降、農商務省図案及応用作品展（第六回からは農商務省工芸展覧会、第一二回からは商工省工芸展覧会と名称を変更、それに伴い通称も

「農展」から「商工展」または「商工省展」となる）に入賞を重ね、併行して、一九二二年平和記念東京博覧会、一九二五年聖徳太子奉賛展覧会の工芸部門、また一九二五年にパリで開催された現代産業装飾芸術国際博覧会（Exposition Internationale des Arts Decoratifs et Industriels modernes 仏での通称アール・デコ展、日本では巴里万国装飾美術工芸博覧会）にも出品したことが確認できる。

パリの博覧会への出品作（すずの《柳蘭花刺繡二枚折屏風》）は、あらかじめ政府の指定によって補助を受け、農商務省の買上品となって展示され、終了後はフランス商工省に寄贈されており、彼女が工芸作家として認知されていたことがわかる［高木、二〇一六、二八頁］。

さらに一九二八年、すずと悦子の作品は、達吉は出品することのなかった帝国美術院展覧会（第九回帝展）に入選する。その後も三四年まで、くわを含め彼女たちの出品、入選は続いた。

すずとくわは刺繡と染色を得意とし、ほぼ連続して農展に二枚折屏風を出品した（図**22**）。姪の悦子は屏風の他、壁掛やクッションなど、布と針と糸を用いた作品の出品が多い。これに対し、房子は銅打出し、七宝などの金工を得意とした。

ちなみに、一九一三年に開設された農展／商工展は、長らく工芸分野において最大規模にして、権威ある官設公募展覧会であった。開設の当初から、その位置づけは、産業と芸術との間で揺れ動く。明治期以来の産業としての工芸振興を掲げたものの、大正期には、すでに見てきたように芸術の一翼を占める工芸独自の美を主張し、その認知を求める動きが高まっていく。「製作工業品」すなわち軽工業による量産品と、「美術工芸品」すなわち個人作家による一品物の両方が出品される農展／商工展に対しては、大正期を通じて矛盾が指摘され続けた。

図 22　藤井久和子《草花図(表)》(図録 42『藤井達吉の全貌』)

文展の後続展覧会である第八回帝展に、美術工芸部門(第四部)が、日本画、西洋画、彫刻と並んで新設されたのは、一九二七年のことだった。藤井達吉、津田青楓らによる働きかけから一〇年近くが経過して、工芸の一部が、「美術工芸」として純粋美術の地位を獲得したのである。

また農展出品作の表現内容は、アール・ヌーボー、セセッション(ウィーン分離派)、一九二〇年代に入るとアール・デコというように、欧州のデザインの動静と流行に影響を受けて変化し、かつ「国産品奨励」という文脈の下、伝統の参照、工芸における「日本らしさ」の探究も課題とされていく[比嘉・宮崎、一九九五a]。続く昭和の時代には、機械化、機能美の追求が本格的に始まると同時に、「日本らしさ」「郷土美術」への関心が高まる。また量産品を志向しながら新たな美意識を求める動きが出て、一点ものの「美術工芸」への関心は相対的に低下する。輸出産業としての工芸に対する国家の関与も新たに始まる中で、商工展は一九三九年まで開催された。

以上のような推移をたどる農展・商工展であったが、少なくとも大正期においては、唯一の官設工芸展であり、業者や百貨店などの出品が主流であったその場に、継続入賞を果たした藤井家の女性たちの存在は二重に例外的であるとともに、「工芸」という概念の多様性を顕在化する存在であった。

そして彼女たちは、帝展開設後、揃って出品の場をそこへ移動する。加えて次々項で詳しく見るように、藤井達吉による主婦之友社を中心にした「家庭手芸」の指導者としての啓蒙活動、展覧会開催に際しても、彼女たちは欠くことのできない協働者であった。

言い換えるならば、彼女たちの作品が、上記のごとく「産業工芸」（農展・商工展）、「美術工芸」（帝展）、「家庭手芸」（家庭手芸品展覧会）という三つの異なる展示空間の一画を占めていたという事実は、それこそ、「工芸」という領域の多様性を示すもので、その下にさらなるカテゴリーと序列を持ち込むことの不可思議、価値観の可変性や曖昧さを顕在化するといえよう。

この三つのカテゴリーの関係は、同時代の美術、工芸、手芸をめぐる広範な議論と切り結び、複雑な様相を呈していく。美術界における達吉の独自な出自と活動実践、言い換えるならば「周縁性」「他者性」が絡み、そこに「女性」との協働という要素が加わるからである。

個人作家としての女性たちへのまなざし

それでは次に、作家の「個性」と、アマチュアリズムの価値が重ねられていく時代の批評を通して、まず、工芸の個人作家としての藤井家の女性に注がれたまなざしを検証し、そこに女性と工芸との関係の問題点をさぐってみよう。

農展（第三回、一九一五年）にはじめて入選した藤井すずの《海底模様麻切縫二枚折屛風》に言及したのは、洋画家の岡田三郎助であった。岡田は、すずの作品の構図について、小魚の向かう左にもっと続きがほしいとしながらも、「種々の色布の切り込みに着色」する技法に注目する（『美術新報』一一月、

254号、四二頁）。

少し時代は下るが一九二二年の「平和博工芸部瞥見」の中で、高村豊周は、すずの《春と秋》二枚折屏風を取り上げ、「今まで度々見ている作品と同じ形式に成るものであるが、従来の作品が署名がないと錫《すず》氏だか達吉氏だか一寸判断に苦しむことがあったのに対して、今度の作品にはすぐにそれとわかる女性のしなやかさ、やさしさが現われているところに興味がある」と述べ、すずの達吉作品からの脱皮を示唆した（『現代之図案工芸』五月号、七頁）。「女性らしさ」に依拠する批評は、主観的、観念的だが、その独自性に期待を寄せ、評価しようとしている。

染色家の木村和一（一八八八—一九六三）は、一九二五年九月に銀座松屋ギャラリーで開催された第一三回商工展を取り上げ、きわめて辛口の展評の中で、「藤井氏姉妹」の作品に言及する。図案家として農展を舞台に活躍した宮本忠平によるろうけつ染め屏風（夏草の図二枚折屏風、柘榴唐草三枚折屏風）を取り上げ、そのモチーフの扱い方が「大体藤井氏姉妹のすでに〱やり古した構図であり、然《しか》も其《その》味いに於ては遥《はるか》に劣る。／染色と云う持ち味が少しも生かされて居ない。モット其内容に精進努力を望む」と記した。さらに宮本の模倣者が出ていることにも言及、実名を挙げ反省を求めている（「商工展を見て——美術工芸の将来」『工芸時代』創刊号、一一七—一一九頁）。

次に、広川松五郎（一八八九—一九五二）による批評をとり上げよう。一九二六年五月に開館した東京府美術館の記念すべき初企画展、聖徳太子奉賛展覧会の工芸部門についての批評の中で、藤井くわによる《麻地刺繍から花草壁掛》について言及した（「太子展工芸部評」『中央美術』一二七号）。広川は、東京美術学校図案科の出身で後に母校の教授に就任し（一九三五年）、染色の分野で活躍した作家である。

広川の批評は、陶磁器、漆工芸、染色織物を幅広く取り上げるが、やはり総じて辛口である。特に染色織物では、京都を代表する作家の大作を「製作の動機や構想のスタート、ポイントが奈辺にあるか解らない。主情の無い退屈至極なものである」と厳しく批判した。このような中にあって、「麻地刺繡壁掛〔藤井くわ〕になると〔中略〕あらわれは素純にして簡単、其所に芸術の一筋道がある」と称賛を惜しまない。構図に対しての不満、要望は添えているが、染色織物のジャンルで唯一、個性と芸術性において広川が高く評価するのは、くわの作品であった。

しかし、これら高村、木村、広川らによる評価は、彼らと藤井達吉がいわば同志であったという文脈において吟味する必要がある。近代日本における「工芸」の生成を論じ、広く同時代美術や社会情勢の中に工芸を捉えようとする展覧会を企画してきた土田眞紀は、一九二〇年代の染色をめぐる動きを次のように紹介する〔土田、二〇〇七、一七二―一七六頁〕。

すなわち、藤井達吉と、広川松五郎、木村和一の三人が、一九二六年に三ツ葉会という染色作家の会を結成して活動を始めたこと、遡って一九一九年、高村豊周や岡田三郎助らが結成した「装飾美術家協会」にも、藤井と広川が参加していたことに注目する。土田によれば、装飾美術家協会は「工芸における個人主義の申し子」であり、工芸作品を作家個人の「いのち」のあらわれとする見方に支えられ、芸術として制作、発表したグループであった〔同、一四四頁〕。ゆえに、京都の龍村《たつむら》や山鹿《やまが》といった「伝統的基盤とそれに支えられた高度な技術を背景に」活躍した個人作家とは全く異なるタイプの染色家であったと指摘する。

そして高村豊周による三ツ葉会の展覧会に対する同時代批評を引きながら、染色というジャンルでは、専門業者か、あるいは絵更紗などの家庭手芸に近い展覧会しかない現状の中で、個性を備えた「工芸美術家」として彼らが登場したことの意義を強調した。富本憲吉やバーナード・リーチらが現れ活躍する陶磁器の分野に遅れるものの、染めの領域において「近代の輪郭」が見えてきたのが一九二〇年代半ばであったとしている。

翻って、先に挙げた高村豊周の同時代批評を見ると、それを引用する土田が見逃さなかったように、「個性」を備えた工芸と、高度な技術を獲得継承する工芸とが対置的に議論されている。染色というジャンルの近代化の過程で、「個」の表現の強調、重視の姿勢が鮮明となり、そこに新鮮な「個性」を(男性批評家たちが)見出す「女」の工芸家として、藤井一家の女性たちが取り上げられたといえよう。しかし、「女」という「個性」を措定し、その個性を「女性のしなやかさ、やさしさ」に還元する点に、高村の批評には同時代における男性の平板なジェンダー観が浮かび上がる。

確かに、農展、商工展の時期を通じて、彼女たちの入賞作品の中心を占めたのは、布にかかわる手仕事、染と刺繡を中心とする技法を駆使した作品である。銅打出しや七宝などの金工を得意とした房子の作品は、大正期、一九二六年までの農展、商工展には出品されているものの、姉たちのように二等、三等の褒状を受けることがなく、帝展の履歴は、房子に関しては確認できない。

他方で、先に取り上げた高村豊周、木村和一の批評においては、藤井達吉と姉妹たち、また女性たちの間での表現の共通性、類似性が示唆されている。高村の平和博工芸展批評では、すずの出品作が、達吉のものとは異なる表現を達成しつつあるとし、木村の商工展批評は、藤井姉妹の表現の共通性を前提とした上で、類似作品を反復制作する工芸家によるその焼直しを厳しい批判の対象とする。これに対して、広川松五郎の主張は、「美術工芸」の個性とは、「主観」がそのままあらわれるものだという。

きわめて近い位置で活動していた同世代の工芸家たちの主張には、表現における「個性」の理解という点で、矛盾があるのではないか。藤井達吉と一家の女性たちの作品にみられる共通性、協働が生みだす調和的で集団的な「個性」を、どのように捉え、評価することができるのだろうか。

図 23　藤井房子《草花図》大正末期（岡崎市美術館蔵．図録 42『藤井達吉の全貌』）
左：表面，右：裏面，達吉の紅白梅図

先にも述べたように、近年活性化する藤井研究においては、達吉と一家の女性たちによる共同制作のあり方について、具体的な作品に即した検討が始まっている。千葉真智子は、署名によってはっきりと藤井と姉妹たちの合作と分かる、表裏両面の二曲一双屏風や衝立《ついたて》を上げ、それらを「藤井と姉妹らの間に横たわる図案制作と実制作における分担や協力の有無についての問題を投げかけてもくるもの」と述べる［千葉、二〇一三、一二二頁］。

たとえば《草花図》は、つゆ草やよもぎなどの草花を刺繍とアップリケでくわが表現し、墨絵の群ススキを描くのは達吉である（**図22**）。また《紅白梅図／草花図》（**図23**）は、椰子と思われるエキゾチックな草の株とその周囲を飛ぶとんぼを七宝でふさ（房子）が表現し、紅白梅図を達吉が描いた。これらの作品は、素材や技法、そして図案面における意図的な表裏の違いによってコントラストが演出されながらも、見事に調和している。

多くの現存作品は、達吉作として伝来しており、彼の手がけたさまざまな媒体の作品には、多種多様な草花のモチーフが表現されている。そこには、彼が著作で主張する、自然に対峙しての細やかな観察に基づく図案化への過程をうかがうことができよう。だが、上記のような両面(表裏)屏風や衝立の制作にあたって、図案は達吉、刺繡などの針仕事や七宝制作は姉妹たちというような分担が明確であったか否かは不明である。帝展入選時に受けたインタビュー記事の中で、すずや悦子自身は、はっきりと自らの主体的な取り組みを振り返っていた。

個人作家による一貫制作、自己の内面、主観を重視する大正期の工芸家に交じり、その実践によって周囲に影響をおよぼした達吉の理念、理想に照らしても、一方的な図案の提供、あるいは表現上の指示を女性たちにおこなっていたとは考えにくい。その点では、同じように針と糸にかかわる創作において、女性との協働を志向した富本憲吉が、一方的に自己の狙いに応じた他者性(「マズク ヤルコト」)を要求していた姿勢とは違いがあったと考えられる(本書Ⅱ章、一一一―一一六頁)。とするならば、美術史研究の視座と方法を適用して、達吉と姉妹それぞれのモチーフの選択、配置、図案の構成論理の相互関係や変化を調べて解明する意義があろう。

だが、本書では、あえて、協働的な創作活動が生みだす「個性」、言い換えるならば共同体／社会の「個性」という、語義的には自家撞着とも思われる「個性」の表出を強く志向した達吉の実践を、今少し注視したい。なぜならば、「個」と「協働性」、そして「共同体」の美と利益とを強く意識する

図 25　藤井達吉《草花文クッションカバー》1916–23 年(京都国立近代美術館．図録 40『藤井達吉のいた大正』)

図 24　藤井達吉と姉妹・姪による小物類，1913–23 年(個人蔵．図録 42『藤井達吉の全貌』)

表現活動、実践は、藤井にとどまらず、大正期に活躍した工芸家たち、とりわけ本書が取り上げる一八八〇年代生まれの表現者によって、それぞれの場で試みられたと考えるからである。

「家庭手芸」と主婦之友社

藤井達吉は、人気雑誌『主婦之友』一九二一年新年号の「趣味と実用を兼ねた素人彫刻」以降、一九二三年六月号まで、二五本におよぶ記事を同誌に連載した。家庭にある素材(既製の盆や茶托を使用してよい)で、特殊な道具を用いずに、日用の器や、室内を彩るカーテンやテーブル、鏡掛け、あるいは染の帯、手さげなどの服飾小物、羽子板など玩具等の制作を指導する。図や写真を添えてわかりやすく手順、技術まで教える、いわゆるハウツーものである。

一九二三年には、連載をまとめるかたちで『家庭手芸品の製作法』が単著として同社から出版された。

近年の展覧会で、藤井達吉を作者として展示されて

コラム……3

『主婦之友』の文化事業

大分県出身の石川武美《いしかわたけよし》(一八八七―一九六一)が、一九一六(大正五)年に創業した主婦之友社は、翌年の二月に雑誌『主婦之友』を創刊する(一九五四年一月号から『主婦の友』に改名)。明治後半、近代国家の基礎単位としての「家庭」の重要性が共有されると、そこでの暮らし全般を担う「家庭婦人」「主婦」に対する啓蒙的雑誌の刊行が隆盛となる。『主婦之友』に先立って、『婦人画報』、『婦人之友』、『婦女界』、『婦人公論』といった有力な婦人雑誌がすでに刊行されていた。後発の主婦之友社は、生活に密着した実用記事を重視し、他誌同様に「読者投稿欄」を設けて雑誌を媒介とする読者間の疑似的コミュニケーション回路をひらくにとどまらず、実際に読者同士が出会って交流する場を企画、実現して成功をおさめた。

一九二二年に創設された文化事業部は、国内各地に講師を派遣して講演会や音楽会を開催し、手ごたえを得ていた。その講師は、日本キリスト教婦人矯風会の守屋東、文筆家の三宅やす子、牧師・社会事業家として活動する賀川豊彦、主婦之友記者でアメリカ滞在経験のある小橋三四子であった(『主婦の友社の五十年』九一―九五頁)。創業者の石川がプロテスタント会衆派教会で洗礼を受けたキリスト者であったことは、こうした事業の講師の選定や内容にかかわっていよう。

文化事業の内容は、一般家庭の女性大衆を読者層と定める雑誌のイベントにふさわしく、記事と同様に、主婦の日々の生活態度、また消費実践(節約、工夫といった経済行為)にかかわり、内省を促す修養的、啓蒙的性格が強かった。当時の読者には、こうした内容が受け入れられたのである。バーバラ・佐藤は、一九二〇年代の多くの女性が、婦人雑誌が提供する修養言説の中から、「自己発展のために必要なものを、どの程度与えてくれるのかを自分でみきわめ」ながら決定しようとする状況を浮き彫りにし、修養言説の魅力について多角的に論じている[佐藤編、二〇〇七、九八頁]。

『主婦之友』が実施した文化事業の中でも最も成功をおさめたのが、手芸展覧会であった。それは、まさに自己啓発と消費、そして生産活動をつなぐ回路として、多くの女性たちに選ばれて発展したのである。主婦之友の側に立てば、この展覧会は、バーバラ・佐藤が指摘する通り、理念を損なわずに「雑誌を売る」という商業的目的を達成するきわめて有効な事業のひとつであった。

主婦之友社による「手芸」への取り組みは、すでに創刊直後に始まっていたが、「幼稚素朴の感をまぬがれがたい」もので、絞り染めなどが中心であったという（『主婦の友社の五十年』一八三頁）。それが、一九二一年に藤井達吉の登用によって一新されたのである。

きた現存の「家庭手芸品」には、繊細で愛らしい刺繡が施された札入れや小銭入れ（図24）、異なる種類の野の花がざっくりした生地に毛糸で刺繡されたクッションカバー（図25）がある。

家庭手芸発展の画期となったのは、同年三月二二日から二六日までを会期として藤井と姉妹たちの全面協力により、主婦之友社の主催で、東京日本橋の白木屋《しろきや》を会場に開催された「家庭手芸品展覧会」であった。そこには、丸帯、小袖、ショールなど衣類、クッション、手文庫、革細工、油絵、銅製のペン皿や灰皿、手鞠《てまり》など、三三七点にものぼる手芸作品が、すべて達吉と姉妹、姪によって作られ、展示された。会期中に講習会も開かれる。それらは、雑誌に掲載の家庭工芸指南の記事と同様に、「すべてが家庭において誰でも作ることのできる手芸品ばかり」で、「吾等の日常生活を趣味深くすることを教える」ものであった（『週刊朝日』一〇月二八日、一六頁）。

『主婦之友』は、二月号にこれを告知し、五月号には「藤井達吉氏一家の家庭手芸品展覧会の記」

と題して、準備段階から会場の様子、反響までを、写真入りで詳しく伝えた。「予期以上の成功」として、初日が祭日、続いて土日とタイミングも良く、毎日五〇〇〇人以上の人が来場したとの白木屋からの情報を提示する。会場の様子を伝える記事の調子も弾んでおり「中には『主婦之友』を持ってきたり、「あゝ、これは『主婦之友』の何月号にあったのと同じやり方だわ」などと囁きあったりしている方などを見ると、心から嬉しくて〳〵なりませんでした」と記す（『主婦之友』五月号、二二二頁）。

文部省美術展覧会の来場者数（開設の一九〇七年から一八年まで）を算出した日比嘉高の論考によると、文展は第一回の一日平均一一八二人から七一七六人への増加が確認できる［日比、二〇〇二］。これに比較すると、白木屋の呉服売場の一角を会場とする「家庭手芸品展覧会」に、休日とはいえ一日五〇〇〇人の来場者があったという数字は、大盛況、大成功を意味するといってよいだろう。主婦之友社の企画がターゲットとしたのは、読者である女性たちにとどまらず、呉服店の顧客、そして百貨店を美術という高尚な商品の展示・販売所として認知して、工芸家・藤井達吉とその姉妹の作品を見たいと考える美術ファン、美術工芸の販売に携わる商工業者までを含み、幅広い層を「観衆」として惹きつけた。

主婦之友社では、白木屋の展覧会開催に先立ち、一九二二年六月には、東京高等師範学校を会場に、刺繡、木彫、描更紗の講習会を主催している（会期三日）。藤井のこうした動静は、『主婦之友』以外の工芸専門雑誌にも紹介されており（『現代之図案工芸』九六号、三八頁）、著名な工芸家である藤井とのタイアップは、もともとの読者層に限定されない注目を『主婦之友』に集める効果もあったろう。また人数を限っての講習会は、「手芸品展覧会」の際にも実施されており、熱心な手芸実践者に対し、達吉やその姉妹から直接指導を受けるという、誌面を通じてだけでは味わえない特別な体験を提供した。

ところで『週刊朝日』(一〇月二八日)は、各種展示品の写真図版とともに、「専門家の云うことにこだわるのは愚です　手易い家庭手芸」との見出しを付けた、達吉へのインタビュー記事を掲載している。この中で彼は、「家庭手芸」を「農民美術」と併置して、それらは、「愛する者の為に心情をこめて作る」ものという点で、日本では古来あったことだとする。それが近年復活してきたのは喜ばしいとして、人がそれぞれ天性の趣味、自由な自己を表現して作ることが重要で、作者における専門と素人という区別を否定した。

この主張は、いわば達吉の持論で、工芸の専門雑誌に寄稿した「婦人工芸技術の会得」と題する記事にもすでに見える。ここでは、「家庭手芸」「婦人工芸」講習の意義を、彼自身が「全くの素人」としてスタートした背景から説き起こす。「長い年季も入れず」、「正則に教育を授けられたものでもない達吉は、何かを教える立場ではないが、「人間が与えられた天分こそが重要」なのだから、自らの役目は、「〔受講者の〕天分が自らの人生、趣味の道を切り拓いていく、なんらかの補助、手助け」になればそれでよい、と述べた(『現代之図案工芸』九七号、一九二二年七月、一四―一五頁)。

さらにこの記事の後半でも、達吉は次節で取り上げる農民美術を引き合いに出し、本来は「家庭の手芸」と同じ意義を持つはずのそれが、進歩なく、「馬鹿高い」といった状況を呈する現状をやんわりと批判している。農民美術の購買層は、中流階級の家庭婦人であるが、彼女たちが本当に趣味と実技に目覚めたら、女性の手で、生活に裏付けられた「真の家庭の文化」がつくられるとも主張している(同誌、一八―一九頁)。ちなみに、達吉と農民美術運動の立役者・山本鼎は、この時期以降、雑誌等の座談会、また他でもない後述する主婦之友社主催の家庭手芸品展覧会などで同席する機会を持つようになる。

以上見てきたように、藤井達吉は、自らの持論を受け入れ、大々的に展開する媒体・機会として『主婦之友』を利用していたことがわかる。主婦之友側も、達吉と一家の女性たちによる手芸の提供は、観賞と実用の両面で芸術への接近を促して読者を啓発し、かつ雑誌の販売増加という主たる経済目的を果たす有効な手段であった。また会場を提供した白木屋等の呉服店にとっては、競争の激しい業界において、店のステイタス上昇と集客効果の両面でメリットがあったろう。

さて、達吉一家の「家庭手芸品展覧会」は、東京白木屋に引き続き、五月には名古屋のいとう呉服店、九月の関東大震災後の一〇月にも大阪白木屋、大阪女子青年会館へと巡回した。関東大震災によって主婦之友社も罹災し社屋も焼失したが、人気の事業であった展覧会は開催された。

応答する読者――「家庭手芸品展覧会」への発展

だが藤井達吉と姉妹・姪らの作品による展覧会は、主婦之友側のさらなる期待によって、一歩推し進められ、変化・拡大していく。読者の手になる作品を一般から広く募集し展示する「家庭手芸品展覧会」が開催されることになった。

震災の翌年、一九二四年には、「皆様が製作された手芸品を出品する絶好機会」として一般公募を告知した後、審査を経て四月二〇日から二六日の会期で、上野松坂屋の池之端別館を会場に開催された。審査員の顔触れは、藤井の他には、岡田三郎助、山本鼎、和田三造（一八八三―一九六七）らが加わった。小芸術としての工芸に関心と造詣が深いことで知られる著名な洋画家を揃えている。全国の熱心な読者から続々と寄せられた作品は、「毛糸編物、レース編、染色、各種人形などで、中には専門家が意外とするようなすぐれた作品も多かった」と社史は伝える（『主婦の友社の五十年』一一一頁）。また、出品作は、ジャンル別に分けられ、創作的に優れたもの、および芸術的に優れたものの中から手芸賞、佳作が決定され、それぞれに一〇〇円と二〇円が贈られた。

さらにこの展覧会は、静岡、北海道各地（函館、小樽、札幌など）、京都、大阪と全国に開催地を広げていった。北海道と関西各地の展覧会の際には、講演会や音楽会、毛糸編物の講習会も併せて開催されたという。東京会場の様子を伝える『主婦之友』六月号の巻頭「グラフ・セクション」に掲載された出品作や会場写真を見る限り、刺繍の壁掛やお盆など、達吉の手芸記事に掲載された図案や方法を学んだ形跡がみられるものもある。他方、毛糸編物、レース編、各種人形などは、達吉と姉妹たちの制作領域からは外れる。明治期には手芸を教科とする女学校、専門教育機関が誕生しており、大正期には手芸記事を掲載する女性雑誌の内容も充実して、実践者・愛好者は拡大、多層化していた〔山崎、二〇〇五、三章〕。

手芸によって社会へ

藤井達吉は、著名な美術家として、芸術的な観点から「家庭手芸」に深くかかわったという点で、先駆的な存在である。だが、決して孤立していたわけではない。ともに「家庭手芸品展覧会」の審査にあたった山本鼎の農民美術もほぼ同時期に始まり、農民美術練習所に女子部を創設して芸術の導入による豊かな生活を理想に掲げて、農村女性への指導を開始していた。また、山本が一九二一年から美術の教師をつとめた自由学園においても、彼の指導の下、工芸が盛んになっていく。

第一回の手芸賞受賞者には、後に民芸運動に参加し、染色家として内外に知られる芹沢銈介《せりざわけいすけ》（一八九五―一九八四）もいた。芹沢は、東京高等工業学校工業図案科を出た後、静岡県工業試験場、大阪府商品列品所の技師を経て、郷里の静岡に戻り県立静岡工業学校で教授嘱託として働きながら図案と染色に専心していた。そして、妻と近所の若い女性たちとともに、染色、刺繍、編物といった手芸の団体「この花会」を発足させた。この会が応募した十数点の作品が、受賞したのである〔芹沢美術館監修、二〇一六、一〇四―一一六頁〕。

「この花会」の活動は、一九二六年の『工芸時代』創刊号に、写真図版とともに紹介されている。記者は、この花会の作品は「主に芹沢氏が図案を与え、製作を監督して作り出されてゆくものであって、会員各自の個性を見ることが出来ない、が、やがてはそうした時代も来ることであろうと信ずる」と記した。また「この花会」の作品には、木綿の布くずを組んで作ったバスマットや絞り染めを応用した子供服のように「やや産業的なもの」があり、「最近では家具のようなものにまで手をのばそうとしている」と述べ、「静岡市の商品陳列所で作品展覧会を開いている」と紹介している。

この時期の山本、また記事が伝える芹沢の動静をみると、趣味豊かな生活の実現のための個性本位の手芸という達吉の理想は共有されているものの、作品を魅力的な商品として販売しようと考える点で、さらに一歩先へ踏み出している。

また『主婦之友』読者、主婦之友社主催の展覧会に出品する女性たちに目を移すと、彼女たちの取り組みは、藤井の守備範囲を超えて広がり、またその目的も変わっていった。多くの女性が、家庭手芸を通じて「家庭」の外にネットワークを作り、活動を展開していったのである。

主婦之友社もまた、手芸によって読者女性が社会とつながる動きを後押しした。手芸賞、佳作に賞金を授与するのみならず、展覧会は即売会を兼ねたのである。受賞者の中から、後に愛読者のための講習会に派遣されたり、手芸の講師となる人も現れる。即売会で完売するようなすぐれた作品は、制作者＝読者によって誌面で紹介、あるいは製作方法の解説記事が掲載されることもあった。展覧会や講習会を通じて知り合う読者女性同士が読者グループを結成して、地方で活動を展開する例も少なくなかった〔石田、二〇〇四、一七五―一七七頁〕。

そもそも『主婦之友』は創刊当時より、家庭の経済に力を入れ、女性の内職や副業にも関心を持っていたという。社史によれば、東京の民間事業として発展した家庭授産奨励会の活動と『主婦之友』の関係は深く、授産所の指導者が展覧会に出品し、また手芸や編物の講習会の講師、審査員として活躍したと記している（『主婦の友社の五十年』一八四頁）。

社史に掲載された第一回手芸展入選者で、家庭授産奨励会の柴田たけ子の回想記は、とりわけ興味深い。会の出品として「絹糸のタッチングレースをアップリケした日傘など」で、手芸賞の一〇〇円を得て感激したこと、大震災の後は「生活改善が叫ばれ、改良服や毛糸編のセーター」が盛んになっていたところに、『主婦之友』から毛糸編の掲載依頼があり「中細毛糸で窓掛け〔カーテン〕を編み」、「たたみ編の花のアップリケして袖なしセーター」を作ったことなどを、四〇年以上も前のことながら生き生きと回想している。手仕事の技にすぐれた女性が、社会の変化と深く切り結びながら、創意・工夫を凝らして手芸に取り組んでいた様子がわかる。

柴田によれば、そもそも手芸展への出品は、「山本鼎先生からおすすめいただいて」のことだった(『主婦の友社の五十年』一八五頁)。社会事業に携わりながら手芸講師として活動した女性を刺激したのは、手芸の芸術性、藤井達吉やその姉妹、図案家の杉浦非水や芹沢銈介が指導する手芸であったことは間違いない。第一回手芸品展覧会には、藤井姉妹の刺繍や、「岡田八千代女史」(作家、岡田三郎助夫人)の紙入れ、そして、それぞれに特徴のあるロシア、スペイン、ペルシャ、印度、支那、アイヌの刺繡が展示されていたこともわかる。これらは参考品という扱いであった(『図案と工芸』一九二四年三月号、四三頁)。

「素人の手芸」の居場所をめぐって

振り返ると、藤井達吉の実践は、素人(アマチュア)による工芸を、専門家のそれと何ら変わりなく、同じ地平におこうとするもので、その主張を論理的に突き詰めるならば、芸術ジャンルのヒエラルキーの解体、否定を含意する。しかし時代は、教育やメディアを通じて、腕に(手に)おぼえのある女性が手芸によって社会へ出ることを後押ししていた。ただし、手芸は「芸術的」であることを求められても、決して芸術の領域に入ることはできないシステムが存在した。繰り返しになるが「美術工芸」すら、一九二七年にようやく官設展(帝展)に部門が設けられた状況を想起しよう。

また消費、経済活動という観点から見ると、手芸品は家庭内での利用が大前提の「モノ」である。

それゆえ、授産や倹約といった文脈に置かれ、値段・利益は低く抑えられる構造があった。製作や販売にかかわる人は儲けてはいけないという抑圧が働いたのである。先に見たように、達吉自身、その文章で農民美術の「馬鹿高さ」を批判した。

手芸の本質(芸術性)は個による一貫制作にあると定めても、魅力的な作品を志向する限り、指導者は必要とされる。指導者＝図案家と製作者という関係は、水平にはなりえない。特に、資本主義社会における商品として「手芸」を成立させようとするならば、少しでも高く売れる、商品価値の高い手芸が求められるから、すぐれた図案家がそれを提供し、製作を管理、統轄して、高度で均質な作品を安定的に量産する体制が必要となる。この体制を作り維持して、効率的に利益を追求することは、「手芸」が「家庭手芸」であり、婦人の趣味の領域に存在するという前提がある限り、構造的に困難であった。

「素人の手芸」の価値を訴えた藤井達吉と一家の女性たちによる家庭手芸は、上記の体制で進められた。個人作家が五人揃い、その誰もが図案家にして実作者として手芸に取り組んだ。ひとつの家庭に育ち、生活をともにする五人の共同的な個性(ブランド・イメージ)があり、また高水準の手仕事の質がキープされたのである。しかし、「家庭手芸」の伝道者とよばれることもある達吉自身は、雑誌記事、講習会、『家庭手芸品の製作法』(一九二三年)、『素人のための手芸図案の描き方』(一九二六年)をはじめ、多くの指導書を刊行して活躍しながらも、潜在的に有していたブランド力を生かしての商売に乗りだすことはなかった。

達吉の理解者で、「美術工芸」の芸術としての認知と地位向上をめざす同志でもあった高村豊周は、藤井による「家庭手芸」への取り組みについて、次のように書いている。

「わたくしが常に敬意を払っているのは藤井達吉君の仕事である。わたくしは敢えて芸術と言わずに仕事という。藤井君が作年来、女性の雑誌によって家庭の手芸に就いて興味ある努力を続けてきたことがどの位世間に影響したかは、恐らく想像の外であろう。わたくしは藤井君が女性のために発表した作品の是非をここに言うのではない。藤井君の仕事が工芸家として当然触れなければならない問題の類に入ってきたことを深く考えたいのである。

〔中略〕藤井君の仕事によって目を覚まされた女性は、やがてあるいは藤井君が示した作品に満足できなくなるかもしれない。しかし、それがかえって藤井君の本願とするところではなかろうか。」（「編集雑記」『工芸通信』二巻一号、一九二三年）

高村の中で、「家庭の手芸」が、芸術家の接近すべき領域として意識されている。どんどん踏み込んでいく藤井に対し、畏敬の念をいだきつつも、彼の手芸領域での製作、作品は「芸術」ではなく「仕事」だとして境界線を引いてもいる。他方で、女性たちの能力が藤井の指導に満足できなくなる可能性に触れる高村は、芸術の普遍性の信奉者でもあった。

高村豊周は、別の雑誌記事の中でも、藤井の「手芸」に対しいっそう積極的な理解を示す。一九二三年四月、白木屋での展覧会終了後ただちに「家庭手芸品展覧会を観る」と題した記事で、藤井による手芸の「仕事」を再び取り上げた。「専門の学究者や無暗《むやみ》と高尚がる工芸美術家には、興味が持てないことかも知れない」としながらも、「工芸を或る程度にまで簡単に解体して、自ら作ることからその趣味を導き出すという藤井氏のやり方は、非常に切実な問題を含んでいる」と述べて、この展覧会を「工芸界に新しいエポックを作る第一歩」と高く評価した。

また高村は、たとえば専門家だけが知る天平時代の染色技法（臈纈《ろうけつ》）も、藤井は「簡単な方法で、それを紙入や手提《てさげ》に応用して民衆に示した」と例をあげ、「とりすまして専門扱いにしている手法を簡易な方法によってどんどん実物で民衆に投げ込んでゆく方が、今日の場合は遥かに切実」と述べる。それはあたかも、溺れる人に橋の上から水泳を講義するのではなく、「飛び込んで抱き上げてやる」ようなやり方だと譬えた。記事は「工芸品をわが手もて作らしめよ。自ら持ち、自ら扱わしめよ。そこに愛を感じ、そこに趣味を呼び起す。第一歩は、そこから始まる」。「藤井氏は今度の展覧会で自分の手芸品を民衆へ提供したのではない。工芸そのものを民衆へ提供したのである」と結ばれた（『工芸通信』二巻四号、一九二三年四月一日、七頁）。

大正末の工芸界において、「自作の奨め」は、新しい潮流のひとつであった。芸術的な工芸を社会に接近させ、「投げ込もう」と願う男性芸術家たちの中には、「女性」や「手芸」といった「他者」の領域に踏み込む者が現れる。藤井達吉は、姉妹と姪とを擁してそのトップを走ったが、山本鼎や芹沢銈介も同様のトラックに出場していた。

とはいえ、そのトラックを近い距離から見つめる「理解者」高村にとって、「工芸家」藤井による「手芸」は、「川で溺れる状態」にある女性たち非専門家を、「温情」によって「抱き上げる」ような「仕事」とみなされている。その視界に、『主婦之友』が続いて立ち上げた手芸展に続々と自作を寄せ、手芸を通じて社会に出よう、つながろうとする女性たちの姿は入らなかったと言ってよい。また、記事の中には藤井の姉妹たちへの言及もなく、女性自身にとっての「手芸」「工芸」の意味、芸術のカテゴリーの曖昧さ、人為性が根本から問われることはなかった。

「十字街頭」から「郷土」へ――大震災後の模索

先に述べたように、主婦之友社による一大イベント「家庭手芸品展覧会」の開幕は、関東大震災の年の春のことであった。展覧会は震災後も関西へと巡回したが、藤井は震災を機にまた新たな決意をして、社会に飛び込もうとしていた。家庭手芸の普及活動に続き、当時の美術界の仲間たちを驚かせ、訝《いぶか》しませたのが、達吉の白木屋呉服店図案部への入社（嘱託の顧問として）であった。

達吉は入社にあたって、「門出に」（上・中・下）と題した文章を『読売新聞』に寄稿し（一九二三年一二月一一日―一三日朝刊）、震災後の「街頭に立つ」ことを宣言した。

藤井は、病弱な身に不安をいだきながらも、白木屋の経営刷新のため経営陣に加わった当時の社長西野恵之助の懇請を受け、「社長直属として自由にいずれの商品に手をつけてもよい」という条件を提示され、決意を固めたという。「我々の図案と工芸が初めて十字街頭に立って広く社会と握手が出来る時が来た」とその抱負を語った（「門出に」上）。

百貨店の図案部については、補足が必要であろう。明治期にさかのぼって、高島屋や三越といった百貨店がすぐれた「図案」に基づく商品化を企図して、画家を雇用し、あるいは委嘱してきたことはよく知られている。図案は、博覧会とのかかわりでも、美術家たちの関与によって改革されてきた。高島屋は、一八九一年には図案懸賞募集を始め、特定の画家に限らず広く呼びかけ図案家の育成にも関与する［土田、二〇〇七、五四頁］。日清戦争後における都市の消費経済活性化の過程では、三越がいちはやく美術部を創設し、ここでさまざまな商品開発をおこなって、商品、広告両面での図案は洗練されていった（本書Ⅱ章二節参照）。

藤井達吉が、自らの白木屋への入社を「図案と工芸の社会的握手」と捉えて、初めての試みと強調するのは、ごくごく一般的な「廿銭の湯呑」「五十銭のお盆」「一円の莨箱《たばこばこ》」「絆襟《はんえり》から、安い片側帯」「お菓子入れ」といったごく日用的な商品から、「婚礼の式服」や「室内の装飾から、壁紙から調度の一切建築の方まで」にわたり、自らの目を行き届かせようという意気込みにかかわる（「門出に」中）。店頭で商品の入荷や配置を観察し、采配をふるおうと考えていた。藤井の出勤は週二回であったようである（「門出に」下）。

また入社後、親しい友人で工芸研究者・批評家の渡辺素舟に宛てた手紙にも、直面する困難と疲労を訴えながらも、抱負を語っている。藤井は店頭に立って、「図案部と店と仕入とのかんけいを知ろうとし、また買う人達の心持ちも、そして売る人達の心持ちをも知ろうとした」と述べる。なぜならば「図案家も仕入も売る人も製造家も、一切が心からの握手」をして、「オーケストラとなる」ためである。藤井はそこに必要な「真によきコンダクター」になるという意気込みであった。また社内に「研究部」を置いて、そこで時代にふさわしい図案を作り、製作もおこなう場所を設けたいと考えていることもわかる（「白木から」『図案と工芸』一一四号、一九二四年二月、二八―二九頁）。

『図案と工芸』には続いて渡辺素舟による「藤井達吉君を通して、白木屋に図案の立場を論ずるの書」と題した記事も掲載された。二人の記事は、互いへの往復書簡の形式をとっている。ここで素舟は、藤井の意を汲みながら、図案と図案家の重要性を社会に対し訴え、藤井一人に限らず多くの図案家の活躍の場を広げるべきだと主張している。また、震災後、自分の趣味と嗜好をはっきりとさせるようになった客との関係においても、世界の流行に敏感で、時代と趣味を解する(図案の理解者)若き店員が必要だと述べている。老舗百貨店の覚醒をうながし、藤井に対しても是非「白木図案研究所」を設立して、店舗の統一的組織化を実現せよと鼓舞する。さもなくば「商店に於ける民衆美術の革新は望むべくもない」と檄を飛ばした(同、三〇—三三頁)。

しかし、達吉の前には現実の厳しい壁が立ちふさがったようである。また、渡辺素舟が上の記事で言及するように、藤井が白木屋に入ったことについての工芸界の噂は「いまに遁《に》げ出すゼッ」というものであったという。

実際に、『図案と工芸』誌の次号に掲載された匿名記事「工芸春秋」では、藤井が入ってのちの白木屋の陳列に対して、揶揄する口調での批判が掲載されている。すなわち「白木屋へ入って商品の芸術化を企すべく街頭に出られた筈《はず》の藤井達吉さん、日夜せっせと勤勉振りを発揮しておられるのは良いけれど、店内に自分の製品を陳《なら》べ、これをケースに入れて藤井達吉先生作とししかも註して、お買求めの方は雑貨部まで申出られたいとあるが、あれは一体どうしたというのでしょう」と疑問を呈し、「藤井達吉先生なんて特別扱いをしないで、店の商品がそのまま藤井的に、というと語弊があるが、つまり芸術的になって往くべき」と、藤井の意図をなぞるように、それが実現しない現実を突いた。「展覧会のケースを店頭に置代えた程度では厭やになるね」との巷の声を、記者が代弁した、と結ぶ。

藤井には、ひどくこたえる批評であったに違いない。前村文博はこの記事を引用しながら、「作家としての能力と商品をプロデュースする才能は、似て非なるものであったのだろう」とし、「店内でも古参の店員を中心として藤井の急進的な改革に批判の声があがっていた」事情をあげている（「街頭」に立つ工芸」→図録42『藤井達吉の全貌』七四頁参照）。結局、藤井はわずか四カ月ほどで、白木屋を辞した（『読売新聞』一九二四年三月一六日）。

藤井は、この三月末にも白木屋で、高村豊周や渡辺素舟とともに、生活の芸術化を目標として創立した可士和会の第一回展を開催している。それは、白木屋と工芸家のタイアップによる、芸術的な実用品の販売をめざすものであった［土田、二〇〇七、一六二―一六三頁］。しかし、それは展覧会方式をとっており、百貨店という場で民衆の生活に美を送り込もうという藤井の当初の狙いからは距離があっただろう。

それでも、藤井と白木屋、あるいは松坂屋や三越などの百貨店との関係は長く続き、着物の懸賞図案の審査、可志和会や三ツ葉会など参加する工芸団体の展示でかかわっていく。

三年後の一九二七年、藤井は「左様なら白木屋」と題した記事を雑誌に寄稿した（『工芸時代』二巻五号、一九二七年五月、八二―八三頁）。これによると、何度か辞任を申し出ながら（藤井によると五回）、「枝葉なことをして時期を見て居」たが、結局、百貨店の側の理解や支援が得られなかったと述べる。切望していた図案研究部のような組織を立ち上げることはできなかった。

商品の芸術化という仕事に第一に手をつけなければならない「百貨店としても、一文もそれが為にお金の必用はない」と書く。それは日本の産業工芸、図案界のための使命であるのに、百貨店の内部に強い反対があったことをほのめかした。藤井も言及するように、産業立国論が脚光を浴び、実業界と商工省が提携して、帝国工芸会（一九二六年設立）を立ち上げ、国家が介入して産業デザイン教育と輸出振興策を講じる時代を迎えていた。

彼を誘った白木屋の社長・西野恵之助も、一九二七年には白木屋を去り、黎明期の航空業界に転身した。西野は渋沢敬三とのかかわりが深く、その縁で帝国劇場の開設にかかわり、一九二一年に白木屋の社長となった人物であるが、百貨店業界に直接かかわった期間は短かった(渋沢社史データベース『十年史　日本航空輸送株式会社』一九三八年一一月)。

その後の藤井達吉は、一九二九年には、帝国美術学校(現、武蔵野美術大学)の設立にあたり、図案工芸科の教授となる。同時に、この頃から郷里に戻って、地場産業としての陶芸の指導に着手した。三五年に東京の大井から神奈川県の真鶴《まなづる》町に転居するまでの期間は、隆盛する帝国工芸会が発刊した『帝国工芸』にも寄稿し、国家による産業工芸、産業デザイン振興の一翼を担いながらも、三二年には、郷里に近い小原村での和紙工芸制作にも関与していく。次第に首都圏での活動が少なくなり、三七年には帝国美術学校教授も辞職する(『碧南市藤井達吉現代美術館所蔵品目録』)。

藤井による「郷土工芸」に関する議論や取り組みについては、基本的には本書の扱う範囲から外れるが、山本鼎の活動と重なる部分も多い。ここでは、彼の郷里での陶器や和紙の指導は、在地の工人たち、とりわけ若者への啓蒙的活動であったことを確認しておきたい。藤井が、芸術の民衆化という理想を失わず、百貨店という都市の街頭から郷土へと移って、和紙製作の現場に関与しようとしたことが軌跡からはうかがえる。しかし見方を変えると、国家的な規模で工芸や産業デザインの組織化・合理化が推し進められていく一九三〇年代半ばには、五〇代を迎えた藤井が活躍する場は、次第に縮小していったようにも見える。

敗戦の年に疎開した小原村に、藤井は戦後もとどまって、「小原総合芸術研究会」(一九四五年)、「小原工芸会」(一九四八年)を創設、「小原村農村美術館」の開館に漕ぎつける。ところがそこにも藤井は定住することはなく、一九五〇年以降は転居を重ねた。彼の工芸作品の後援者は、東京でも、愛知県でも途絶えることはなかった。協働、社会教育を志向する一方で、藤井達吉は、常に「個人作家」であり続けたともいえよう。晩年、支援者には「孤高」の芸術家とみなされる存在であった[松尾編、一九六五]。

三　農民美術運動と農村政策の時代——山本鼎の実践と蹉跌

山本鼎の生い立ちからロシア滞在まで

本節では、版画家・洋画家として活躍した山本鼎《やまもとかなえ》(一八八二—一九四六)(図**26**)が一九一九(大正八)年に長野県上田(旧、神川村《かんがわ》)で始めた農民美術運動を取り上げる。「農民美術運動」とは農閑期の農民男女に木彫、および染織と刺繡を指導して地域の産業と美術文化の創出を図ろうとするものであった。ヨーロッパからの帰路に革命前夜のロシアに立ち寄り、彼の地の農民芸術に触発された山本が、富本やリーチ、藤井の切り拓こうとした民衆的工芸の創出に身を投じたのである。

山本は、近代日本美術史という枠内では、何よりも創作版画の立役者として広く知られている。既に触れたように、明治末に始まる自画自刻の近代版画への関心は、同世代の多くの美術家に共有され

図 26　農民美術展示即売会でギニョール人形を手にする山本鼎(図録 51『山本鼎のすべて展』)

ていた。その中にあって、山本は、小学校尋常科四年を卒業したばかりの一〇歳で、東京、芝の木版工房桜井虎吉(暁雲)に弟子入りし、奉公しながら彫版職人の徒弟として、木口《こぐち》木版の精緻な彫りの腕を磨いた。一九〇一(明治三四)年、一九歳となった山本は年季明けとなり、桜井の工房を去り報知新聞に入社するも、翌年には、希望であった絵を学ぶため、東京美術学校の西洋画科選科予科に入学する。

このような山本鼎のスタート時点における経歴は、彼の生い立ちにかかわっている。愛知県岡崎の生家は、岡崎藩のお抱え医師の家系であったが、ここに養子に入った父の一郎は、西洋医学を学んで医師になるため、鼎が生まれて間もなく東京に出る。父が東京で医学校に通うために書生として住み込んだ先は、森鷗外の父、森静男が北千住に開いた医院であった。五歳の時に、鼎も母タケと上京するが、父とは別に浅草山谷《さんや》の長屋で暮らした。知的環境、家族の愛情には恵まれた生い立ちであったが、上京後の厳しい家計の事情から奉公に出る。しかしその後、父は免許を得て医師となり、一八九八年、知人の誘いに応じて当時養蚕で活気のあった神川村に医院を開いた。そこは、もともと鼎の両親にとっても縁のない土地であった。だが、父がこの地で地域医療に携わる中で、一人息子の鼎も、留学前の一九一二年に本籍をここに移す。

文化人類学者の山口昌男はその著作『「敗者」の精神史』〔山口、一九九五〕において、この上田の地で山本鼎の考えに共感して農民美術運動を支え協力した、同地の青年たちによる自由大学運動を取り上げる。山口が広い視野から論じるように、これらの運動は地域に根ざしたものだが、同時に、一九世紀末のヨーロッパで始まる民衆による文化創造の機運が日本に波及した事例の一つであった。

さて、一九〇二年に山本は、東京美術学校西洋画科選科予科に入学、本科へと進む。美術学校の仲間たちとスケッチ旅行に出かけ、西洋画を学ぶ傍ら、創作版画隆盛の立役者のひとりとなる。在学中の一九〇四年、『明星』に《漁夫》を発表して注目を集め、卒業の翌年には、友人たちと『方寸』を創刊した（→一九六頁「コラム4」参照）。

一九一二年七月、山本は、神戸から船に乗り欧州へ向かう。潤沢な資金に恵まれての留学ではない。藤井達吉の後援者・芝川照吉からの支援もあったが、多くは出発前に組織された頒布会を通しての先渡しのお金、つまりは借金に頼るものであった。滞仏中に制作する創作版画をフランスから送り頒布会の出資者に届ける約束をして、山本は留学を実現した。

多くの友人と交流し、旅費も風景画などの作画で稼ぎつつ、ブルターニュやアルル、リヨン、イタリアへ写生旅行に出かけ、充実した留学生活を送る。第一次世界大戦の戦禍を逃れ、ロンドンに移った一九一四年九月には、彫刻家の友人とともに、ロダンへの面会も果たした（「ロダンの追憶」〔山本、一九二二〕）。

経済的には厳しくとも四年の滞在を謳歌した山本は、一九一六年には帰国を決意し、六月三〇日に

コラム……4

山本鼎の版画と民衆

『方寸』は、ドイツの美術雑誌『ユーゲント』に倣って、一九〇七年に当時まだ二〇代の青年たち、山本鼎の他に森田恒友、石井柏亭が同人となって創刊したもので、小杉未醒、倉田白羊なども加わり、後の山本を精神的に支える多くの友人との関係がここで築かれた。諷刺画(カリカチュア)を多く取り上げたことでも知られ、それはとりもなおさず、民衆の日常生活、労働の場を主題とすることにつながった。

この時期の山本の版画は、卓抜な技術とデッサン力で評価が高い。主題の面でも、市井の人々、労働の場や、街頭の風俗を好んで描く。この点は、同時代の傾向を反映し、かつリードしていたと思われるが、民衆、生活者の視点で社会や自然を見つめる姿勢は、後の時代まで一貫している。《漁夫》(木版、『明星』七号、一九〇四年)や《寒朝》(色面木版とジンク版、『方寸』一巻五号別刷付録、一九〇七年)は、その代表作である。野の花のカットや水彩にも才能を発揮している。

また『方寸』には、木下杢太郎、上田敏、高村光太郎といった、頭角をあらわす若い詩人たちが寄稿し、詩歌や小説、評論が掲載されて、清新な美術文芸雑誌としての性格を有していた。これらの人々が集う「パンの会」にも山本は参加する。後にその妹(いゑ子)と結婚することになる北原白秋と出会うのもこの頃である。石川啄木の葬儀に白秋とともに参列したのは、一九一二年の四月であった。

図　山本鼎《漁夫》『明星』7号, 1904年(図録51『山本鼎のすべて展』)

パリを出て、イギリスに渡り、北海を航行して、スカンジナビア半島のベルゲンに着いた。そこからは鉄道で北欧諸国を乗り継ぎロシアの首都ペトログラードに入り、エルミタージュをはじめとする主要な美術館を訪問した後、モスクワに到着する。七月二〇日頃から一二月までの滞在であった。

山本のロシア滞在については、ロシア文化研究者の遠藤三恵子による『ロシアの農民美術――テニシェワ夫人と山本鼎』に詳しい。以下、ロシアの農民美術とのかかわりを知るため、遠藤の著作、およびそれが参照した山本の著作『美術家の欠伸《あくび》』（一九二一年）所収のエッセイによって、五カ月におよぶロシアでの経験を整理しておこう。

彼のロシア滞在期間は、第一次世界大戦が始まって三年目、ドイツとロシアの前線が一進一退の時期であり、翌一九一七年の春に二月革命、秋に一〇月革命が勃発する前夜であった。

山本は、モスクワでは総領事・平田知夫のもとに寄宿し、夏の間は彼の所有するロシアの夏季別荘（ダーチャ）で過ごした。留学中であったロシア文学者の片上伸《かたがみのぶる》（一八八四―一九二八）と知り合い、親交を結ぶ。片上とはトルストイ博物館に同行した。トルストイが亡くなって六年が過ぎていたが、山本はモスクワから二〇〇キロ離れたヤスナーヤ・ポリャーナの生家を訪問し、夫人にも面会する。トルストイ主義の農民の簡素な家に一夜を借りることとなり、その食卓の貧しさ、簡素きわまりない食器、干し魚に菜っ葉のスープに黒パン二切れの夕食に驚く。若い農民の夫婦が示してくれた心遣いを感じながらも、床に敷いてくれた乾草《ほしくさ》の強い香りに刺激されて眠れなかったという。

一九一六年の夏から冬にかけてのロシア滞在の収穫、パリでは見られなかった、気づかなかったものとして、山本は、農民音楽の試演、クスタリヌイミュゼ（すなわち農民美術蒐集館）、児童創造展覧会

（自由画展覧会）の三つを挙げる。そして「農民音楽は、其場だけの事であるが、他の二つは私の生涯と深い関係を有《も》ってしまった」と記す。そしてクスタリヌイミュゼ、すなわち木工品陳列所に陳列販売されていた農民美術の数々を、回想して列挙する。それは「玩具文房具、小器具、風俗人形、紙細工、籠、織物、小家具、陶器等の多種目で、皆露西亜趣味のはっきりと現れたものであった」。陳列所の二階には歴史的な農民美術が展示してあった。

また、ここへ山本を誘ってくれた片上伸の引き合わせで、蒐集館の支配人にも会う。しかしこの時点では、帰国後は版画や油彩画などの「美術」に打ち込むつもりだった山本は、支配人から別にくわしい話を聞こうともせず、「階下で素木《しろき》人形の安いのをちっとばかり買い込んだゝけでやがてモスクワをお暇《いとま》してしまった」という（「農民美術と私」〔山本、一九二二〕）。

美術家の「欠伸」――「脱線」としての農民美術建業

ところが、帰国後の日本で、「味気ない美術界」は、彼に「欠伸をさせ、脱線させた」のだった〔山本、一九二二、一三七頁〕。その結果としての自由画教育の提唱であり、日本農民美術の「建業」であったと二年半前を振り返る。

一九一六年の年末に帰国し、明けて一七年正月に両親の待つ信州に帰省した山本は、地元神川村大屋の青年団グループの歓迎を受けた。後に農民美術建業の同志となる金井正《かないただし》（一八八六―一九五五）や山越脩蔵《こしじゅうぞう》が参加する青年会である。

他方で、この年の三月には上京し、旧友と語らって画家としての活動を東京で本格的に再開する。

親しい友人の小《こ》杉《すぎ》未《み》醒《せい》（放庵。一八八一―一九六四）が一九一四年に創立した、再興日本美術院洋画部に加わり、同人となる。

一九一九年には、創作版画の方面でも、第一回日本創作版画協会展覧会（日本橋三越）に、滞欧時代の《セーヌ河畔》、《ブルトンヌの水浴》、《支那夫人》、《ブルターニュの入江》、帰国後の《哥路》（飼い犬の哥路を抱く、新妻のいゑ子がモデル）などを発表した。山本は、創作版画の代表作をこの数年間に集中して世に出す。たとえば、日本近代版画の記念碑的作品と評価の高い一九二〇年の版画《ブルトンヌ》（**図27**）は、一九一三年のブルターニュでの二枚の画稿（水彩）に基づき、そこに描かれていた背景のモチーフを消去して構成した名品である。刀痕の味わいと、平明な色面構成、みずみずしい色づかいが美しい。しかし、山本の創作版画家としての活動期間は短く、総数でも三〇点ほどしか残っていない。

図27　山本鼎《ブルトンヌ》1920年（上田市立美術館．図録51『山本鼎のすべて展』）

他方、油彩画は生涯にわたり制作を続けたが、その代表作は、と問われると一致した見解はない。一九二〇年には「日本美術院」において、洋画部と日本画部の確執が高まり、山本と小杉未醒、森田恒友、倉田白羊ら『方寸』時代からの友人たちは脱会する。その後、岸田劉生、木村荘八、中川一政ら草土社を結成していた画家たちと合流して、一九二二年、新たな洋画の美術団体「春陽会」を設立した。

版画や洋画の創作、美術団体の運営や展覧会開催に尽力しながらも、一九一九年以降、山本鼎の時間とエネルギーは、美術にかかわる農民美術と児童自由画の二つの社会運動に注がれていく。二つの運動は共働・支援者も一部重なり、併せて考察すべき特徴を持つが、本書では「農民美術運動」のみを取り上げる。

山本を本気にさせたのは、神川村の金井正、山越脩蔵らである。彼らと親密な交際を重ねるうちに、「農民美術建業」の志を明確にしていった。

金井正は、神川村の富裕な養蚕・蚕種製造農家で、銀行をも経営する家の三男に生まれたが、兄たちが病弱で家督を継ぐこととなり、中央の高等教育機関への進学をあきらめざるを得なかった。八歳年下の後輩、山越脩蔵も同様である。

金井は、明治末の冬の時代に社会主義に触れ、その思想や哲学に感化され、さらなる未知の世界への扉を開こうと模索した。すでに中学を卒業したばかりの一九〇五年には、『平民新聞』の読者会を開き、社会主義への関心を深める。西田幾多郎、田辺元を私費で招き(一九一六、一七年)、上田の中学校講堂で講演会を開催するなど行動力にもすぐれていた。知の吸収に貪欲であったのみならず、一九一五年には「軍縮に関する卑見」という講演を村内の軍人共励会でおこない、軍拡反対と普通選挙の実施を訴えるなど、政治的な見解を公にする大胆さもあった。自分ひとりのためではなく、地域の人々とともに知と芸術の豊かな実を採り味わい、またその種を蒔き育てようという公共的思考によって山本の事業に賛同したと考えられる[小崎、一九七五][大槻、一九八三][長島、二〇一二]。

金井や山越のような青年が生きる「農村」に、情熱と行動力の塊の芸術家、よそ者でロシア帰りの山本鼎がやってきた。互いが求めるもの、与えられるものが第一次世界大戦後の神川村で合致し、スパークしたのだといえよう。

「農民美術」、あるいは「農民芸術」という言葉は、山本がロシアから帰国する一九一六年以前、大正のごくはじめには、少なくとも美術関係者の間では知られ、すでに関心の的になっていた。たとえば本書Ⅱ章で取り上げた『美術新報』の一九一三年四月号は「美術工芸号」であったが、そこに建築家(工学博士)の塚本靖(一八六九―一九三七)が「露国農民の工芸」という記事を寄稿している(223号、二〇九―二一一頁)。彼は当時、東京帝国大学工科大学助教授で、建築意匠と装飾・工芸に造詣が深い人物として知られていた。

塚本によるロシアの農民美術に関する理解をまとめると、それは地域差があり、近代化によって消えつつあるが、古風で素朴、宗教心があらわれ、空想的で面白みがあるとされる。そしてその製作は、基本的に作り手自らの楽しみを目的とし、自己を発揮するものである。生活の中での使用が第一義で、余力があれば売るもの、との認識を示す。言い換えれば、ロシアの農民芸術を、近代化の中で変化する手工芸の一種、新たに開発された商品とみる視点は採られていない。

帝政末期ロシアの農民美術

ロシアに戻るならば、山本鼎が立ち寄る以前のロシア農村の手工芸は、美術家たちの関与によって新たな創造の時代を迎えていた[遠藤、二〇〇七、五―三二頁]。

山本が訪問したモスクワの農村手工芸陳列館は、一八八五年にロシアの資本家モロゾフの発案で創立されたが、当時すでにモスクワ県をはじめ農村の手工業は近代的な工場生産に押され気味であったため、伝統的な技術継承への支援がおこなわれたという[同、三頁]。その後、農村の手工業復活の試みは、一九世紀末に、モスクワから東北に六〇キロ離れたアブラモツェヴォを拠点に展開する。資本家マーモントフが支援して、新進画家たちを集めて展開した新しい芸術運動は、ロシア美術史においてよく知られている。ここでは、民衆の想像力から活力を得ようと、農村の手工芸品が集められ、手工芸品製作の振興がはかられた。

マーモントフの破産で、アブラモツェヴォにおける農村手工芸品の振興は、一八九〇年代後半から末になると低迷する。そこで新たに、ロシアの農村の手工芸復活をめざし、より組織的な取り組みをおこなったのが、マリア・テニシェワ侯爵夫人(一八五八―一九二八)であった。彼女は、モスクワから西へ四〇〇キロはなれたスモレンスク市郊外の領地タラシキーノを拠点に、画家たちを指導者として招き、集められた近隣の農村の子弟が学ぶ学校を設立した。手工芸だけではなく、養蜂、バター製造などを加え、酪農や野菜栽培を教えるなど新しい農業学校の形をとっており、一八九五年には一〇〇人収容できる寮もつくられたという。

経営する工房では、技術を習得した人々が木工品、染色、刺繍などを製作した。タラシキーノの工房は、木工部、染色部、刺繍部、陶器部と分かれ、最盛時には刺繍工房だけでも、近郊の五〇を超す村々から二〇〇〇人の娘たちが集まって刺繍作業に従事したというから、まさに産業化された事業であった。ここで製作された手工芸品は、一九〇〇年のパリ万国博覧会にも出品され評判となった。山本が見学した農村手工芸陳列館にも並べられたという。さらに一九〇三年から〇五年にかけては、モスクワの中心にあるペトロフカ街に、「ロドニータ」(泉)という名前のショップが開かれ、タラシキーノ製品が常時、並べられていたという。テーブルクロス、カーペット、ナプキンなどが販売され、パリやブリュッセルへも出荷された[同、一二一―一二一頁]。

山本はタラシキーノを訪問していないが、後に創設した神川村農民美術研究所の機関誌『農民美術』の中で、テニシェワ夫人の試みを紹介し、工房で製作された工芸品を図版とともに掲載している(一巻四号、一九二四年一二月)。

一九世紀末から二〇世紀のはじめにおいて、ロシアの農民美術は、組織的な事業として、「伝統」を創出しながら、地域の産業振興をめざして発展し、その動向は欧州においてよく知られていた。中でも最先端を走っていたのが、テニシェワ夫人のタラシキーノであった。山本は、農民美術建業を決意した後に、あらためて、彼女の事業についてその著作『タラシキーノ　M・K・テニシェワ侯爵夫人の工房の作品』フランス語版(一九〇六年)に学び、自らが構想する練習所や研究所、そして販路拡大の方法について考えたのであろう[遠藤、二〇〇七]。片上伸の協力もあったと考えられる。

「他者」の手仕事の蒐集

ここで強調しておきたい点は、山本が帰国後に構想した運動において、社会に商品として送り出そうとした農民美術は、塚本靖が『美術新報』に紹介したそれとは根本的に違ったということである。塚本が蒐集した農民美術は、小芸術として、また「個」のあらわれとしての手仕事であると同時に、それは、素朴で古風な「他者」のものとして存在するものだった。

コラム……5

マトリョーシカと木彫り熊

アブラモツェヴォで最初につくられたのが、今日、日本でも大人気のロシアを代表する木工品、マトリョーシカであったと言われている。民族服をまといスカーフをかぶる女性の人形に、次第に小さくなる人形が入れ子状におさめられた基本形のそれは、一九〇〇年のパリ万国博でロシアの手工業品として評判となり、その後ロシア全域に広がり隆盛した。モデルになったのは、日本に滞在したロシア正教会の神父が土産として持ち帰った、箱根の入れ子状の七福神であったとする説があり、遠藤三恵子も紹介している［遠藤、二〇〇七、一一一―一二頁］。その真偽、詳細にここで踏み込む用意はないが、近代化が進む世界において、地域の文化、芸術振興が参照する「伝統」は、決してその土地固有の伝統のみに由来するわけではない。各国、各地で、人とモノの移動、異文化接触をきっかけとして、新しい手工芸品が創案、製作される時期が到来していた。

たとえば、アイヌの木工芸品、北海道土産物として知られる木彫り熊の創出の起源の一つは、北海道で八雲農場を経営する尾張徳川家の当主徳川義親（一八八六―一九七六）が、欧州への新婚旅行（一九二一―二二年）で買い求めたスイス土産の熊の人形を、八雲の農民の農閑期の手工芸品のモデルとして提供したことにある［大石、一九九四］。北海道の渡島半島北部に位置する八雲は、同家の先代が官有地払下げを受けて取得した。アイヌの人々が多く暮らすその地で、義親は彼らと交わり、その助けを借りて熊狩りに興じ、農民美術製作にも彼らを誘う。木彫り熊はこの地のアイヌの木彫に由来するものではなく、スイス由来であったというのだ［同、九―一四頁］。また義親は、一九二六年には山本鼎に助言を求め、彼を講師として八雲に招くが（「研究所消息」『農民美術』三巻三号）、欧州の農民美術（ペザント・アート）に触発され、独自にその所有地で農村美術振興を構想した。

実は、塚本靖が寄稿する『美術新報』の「美術工芸」特集号には、他に二つの記事が続く。そのひとつが、東京美術学校校長の正木直彦による「土人の工芸に就て」、もうひとつが彫刻家の朝倉文夫による「南洋の工芸」(上)である。正木直彦は、「近頃は大分、土人芸術が流行して来た」として以下のように書く。

「世間が文明に進む程、あゝ云う反対の原始的の物を好む様に成る。漸次社会の組織から、我我が日常生活の些細な事に至る迄、複雑し錯雑して来、従って仕事も複雑して来ると慰安を求める方法が、どうしても単純な方に傾くのは、自然の要求だろうと思う。(中略)野蛮人の仕事の模様は大抵先ず同しものだが、それが判で捺した様に、正確に行かないで、製作した人の心持が、一個々々に現われてる様である。」

次に、朝倉文夫は「南洋の工芸」(上)で、こう述べる。すなわち、南洋の土人や南洋の工芸家は、「文明人のように第三者の鼻息を討ったり、金次第の芸当が出来たりする人間ではない。そんな融通の利く人間ではないが、何処までも好きで、道楽で、一心不乱に、一村総掛りでやっているのが南洋土人の工芸である」。ちなみに、朝倉は一九一一年二月から八カ月をかけ、マレーシア、シンガポール、ブルネイ旅行と視察の旅に出かけており、この記事はその時の見聞に基づくものである。現地における朝倉の蒐集品は、この年一〇月の創立記念日の日に東京美術学校(正木直彦校長)の依頼により、展示会で陳列された(堀正三『朝倉文夫の青春』国文社、一九七六年、一四六頁)。

さて塚本、正木、朝倉と続くこれらの文章を併せて読むと、農民美術(ペザント・アート)、土人芸術、原始的の物、野蛮人の仕事といった言葉が、互換性のあるものとして用いられていることに気づく。

もちろん、これらの語を使用した学者や芸術家には、製作者を貶《おとし》める意図はなく、むしろ好意的に、彼らの工芸の表現がどこまでも単純であること、野心や商売っ気がないことを繰り返し讃えている。しかし、そこからは、「他者」の表現に特定の性格を求め、自らは彼らの美のよき理解者、庇護者としてふるまう「帝国」の視線、姿勢を読み取ることができるだろう。他者の「個」を「素朴」「単純」と規定し、その変化を抑圧する一方で、自らは、他者に反応し、触発され、変容する、能動的で創造性に満ちた「個」の所有者であるという前提が、無意識のうちにも成立していた。

このように、日清・日露戦争後、明治時代末の日本における農民美術への関心は、山本鼎による産業化をめざす農民美術運動の導入以前に、土人、野蛮人、原始の芸術への関心に連動しながら高まっていた。『美術新報』に記事を寄稿した各界の著名人にとどまらず、こうした「他者」の手仕事を蒐集する美術家、知識人は、当時大勢いた。美術界では、岡田三郎助がその代表格である。実は、藤井達吉も民族美術や農民美術の蒐集を手がけている。すでに述べたように、一九一二年の明治記念拓殖博覧会で、富本憲吉が樺太アイヌや台湾、朝鮮の手仕事に興奮し、同行したバーナード・リーチと気に入った手工芸品の奪い合いを演じたことを想起しよう。

彼らの蒐集品は、たとえば一九一三年に設立された国民美術協会が開催した展覧会において披露されている。少し後のことになるが、一九二一年四月、上野竹の台陳列館において「内外農民美術陳列」が開催された。国民美術協会の第九回展特別陳列である。

藤井達吉がここに出品した蒐集品を、展覧会目録から拾うと、「アットゥシ織の衣装（北海道アイヌ）、絵馬（信州）、鳥型貯金壺（南洋）、真鍮の盃（印度）、登壇用壁掛（ロシア、ウクライナ地方）、登壇用刺繍裂

（ポーランド）、巾着（アメリカ、インディアン）、写真掛（木皮製。アメリカ、インディアン）」などがあった（『第九回展覧会特別陳列　内外農民美術陳列目録』）。彼の蒐集品はさらに増えていったようである。美術家たちの民族美術や農民美術への関心は、昭和期に入っても衰えることはなく、一九三二年五月、国民美術協会は「民俗美術工芸展」を開催したが、藤井による出品は、一九二一年のものと一部重なり、さらに数を増やしている（『民俗美術工芸展覧会出品目録　国民美術協会』）。本書では触れないが、坪井正五郎や彼の提唱で設立された華族人類学会の関係者が北海道や樺太で明治三〇年代にアイヌ民族資料を収集している。人類学・民族学の学知に基づく収集活動と美術家たちによるそれとの交差・関係についても検討が必要である。

こうした蒐集品の拡大だけではない。『みづゑ』（特集「各国之農民美術」一八五号、一九二〇年七月）、『農民美術』（一九二四年九月の創刊以後毎号）、『工芸時代』（「農民美術号」二巻六号、一九二七年六月）などが、世界各地の農民美術・民族美術を紹介する記事や図版を次々と掲載・紹介する。この中にあって、山本鼎の『農民美術』のみ「農村の副業」として紹介されていることに、留意しておきたい。「工芸」という領域に、複数の、互換性のある「他者」の手仕事、新たな製作の場／運動の場が出現していた。それら相互の関係、境界線の引き方／引かれ方、評価の違いとその根拠、それぞれの観点を、さらに丁寧に追っていかねばなるまい。

次に、「農民美術建業之趣意書」を読み、神川村で製作された農民美術の諸作品や資料、批評の言説などを具体的に検討しながら、草創期の農民美術運動の位置づけをさらに探っていきたい。

「農民美術建業之趣意書」を読む

一九一九年一一月、山本鼎と金井正は連名で、農民美術の「練習生」募集のため、神川村で「農民美術建業之趣意書」(以下「趣意書」とする)と題したパンフレット*を配布し、翌日には、村の青年会と婦人会の幹部に集まってもらい、山本は趣旨を説明したという(「農民美術と私」〔山本、一九二一〕)。また、山本はこの「趣意書」を改稿の上、エッセイ「農民美術と私」の中に「大意」として再掲した。これは村に配布したパンフレットの原文を用いつつ、口調をやさしく改め、一部文章を削除、加筆し、また言葉を置き換えたものである。

*配布された「趣意書」の全文は、山本鼎記念館のホームページに掲載されていて読むことができる(https://museum.umic.ueda.nagano.jp/kanae/noubi/syuisyo.html)。後に『美術家の欠伸』(一九二一年二月刊行)に収録されるが、推敲の跡も生々しい原稿が国立国会図書館に所蔵され、インターネットで公開されている(http://dl.ndl.go.jp/info:ndljp/pid/2532505)。原稿の末尾に「〔大正〕九〔一九二〇〕年七月二三日」と、脱稿の日付が書き入れられている。

以下、本書では「大意」としてエッセイ「農民美術と私」におさめられた趣意書の内容を紹介する。その際、配布された「趣意書」原文(以下、原文とする)との比較を試み、両者の違いに留意したい。

冒頭は、以下のように始まる(傍点は引用者による)。

「農民美術は何《いず》れの国にもありますが、是れを現に、組織的に国家の産業として奨励して居るのは露西亜であります。其製作品は広く欧米に輸出せられて逐年其額を加え、Peasant art in Russia の名は産業美術の首位に標されて居るのであります。農民美術とは、農民の手によって作られた美術的手芸品の事であって、民族的若くは地方的な意匠――素朴な細工――作品の堅牢等が其特色とされて居るのであります。日本にも農民美術と称す可きものが昔から各地にあるにはありましたが、其製作及販売の方針が頗《すこぶ》る消極的で、何等の美術的理想も産業的奨励もなかった、めに、段々製作品の美的価値が低下して、終《つい》にもろく機械力に圧倒されてしまい、今日では外国に対して Peasant art in Japan と名づく可き何物も無いのであります。

而《しか》も吾が日本は、由来美術的手芸に就てはアテネの大美術にも比肩す可き光栄ある成績を有して居り、趣味も性能も〔原文「本能も趣味も」〕共に頗る産業美術の製作に適合した民族なのであります。

されば、此処に若し或美術的理想と、微細で広汎な経済的効果を所期する産業組織とを以て美術的手芸品〔原文「手工品」〕の製作を奨めたならば、必ず愉快な成果を見るに相違ないと思うのであります。」

このように山本は、まず現代のロシアにおいて、輸出産業として成功をおさめている農民美術を紹介し、その上で、日本にも存在していた「地方的な意匠」を持つ「美術的手芸品」を「日本の農民美術」として世に出すのだと宣言した。

ここで注目しておきたいことは、「趣意書」原文からの改変である。傍点を付した三つのキーワードに注目してほしい。「産業美術」は、原文では「美術的手工品及手工的玩具の市場」、「美術的手芸品」は、原文では「美術工芸」、そして「美術的理想」は、原文では「国家的理想」となっていた。

小さな改変のように見えるが、山本は神川村で「趣意書」を配布してからエッセイを執筆するまで

図 28　農民美術練習所，開始当時の様子（神川村小学校，1919 年 12 月．図録 51『山本鼎のすべて展』）

の半年ほどの間に、農民運動の具体的な構想を徐々に明確にしていった軌跡がうかがえる。何よりも、「美術的手芸品」としたところに、この事業が想定する製作者を、男性のみならず、農民の女性を加えたことが読み取れる。染色・刺繍は、木工と並んで、大きな市場を開拓しうるという判断が働いたといえよう。

予定の制作品目は「木彫人形、彫刻を施したる各種の木製器具〔原文「文房具」〕――彩画に飾られたる木製器具、及陶器――刺繍或は染色によって装われたるクッション、卓子掛〔テーブルクロス〕、袋物、――特色ある意匠による各種の家具――壁紙、壁画、敷物等でありますが、すべて必ず手芸〔原文「手細工」〕によって飾られ作られる」と列記され、木工と糸・布にかかわる手芸が、等しく扱われることがわかる。

そして、原文が「国家」を前面に押し出し、「名誉と利益とを国家に捧げ」る事業としてその意義を強調するのに対し、エッセイにおさめられた「大意」では、農民が農閑の時を充たす「簡易な娯《たのし》み多い創造的労働」として「美術的理想」に重きを置いている。これはそもそも「趣意書」の目的が、村内での練習生募集を兼ねた事業告知にあり、また中央の関連省庁役人にも送られたこととかかわろう。読み手を意識したレトリックの使い分けであった可能性が高い。村内には、山本・金井らの試みを警戒する人々が存在し、他方、中央の官界にはこの事業に関心を持つ人たちがいることを、山本は察知していた。

また、産業構想としては、産業組合を組織すること、そして「農民美術練習所」を立ち上げて練習生を募集し、これを将来的には拡大して「農民美術学校」を開校するという計画も披露された。エッセイの大意では、この点に関しても、より教習の内容を具体化し、材料や道具の調達方法についても、計画を練ったことがわかる。

「趣意書」を神川村で配布した後、応募してきた初年度の練習生の数は、山本らの期待通りではなかった。当初はわずかに男女各四名で、山本は「四倍の申込者を予想していた」とエッセイに記している（図28）。ただし練習生は開校後に増えて、最終的に初年度の男子部（木彫部）は七名に、また女子部（刺繡部）の志望者は一六名（展覧会に出品したのは一三名）となった〔山本、一九二一、一四七―一五六頁〕。男性よりも女性の応募者が多いことに注目したい。この点からも、パンフレットが農民美術が製作する対象を、「美術工芸」から「美術的手芸品」に言葉を変えた背景がうかがえよう。冬の信州へ来てくれる女性講師の確保に苦労したというが、日頃から針仕事をしていた女性にとって、農民美術練習所で新たな「手芸品」に取り組むことは、男性が木彫りをおこなうよりも、ハードルが低かったと推測することもできよう。

三越での展示即売会の成功

ところで、「農民美術と私」の執筆に先立ち、山本は、「農民美術建業の趣意及其経過（展覧会目録よ

図 29　『みづゑ』185 号表紙（「各国之農民美術」特集，1920 年 7 月）

図 30　ロシアの陶器と木皿（『みづゑ』185 号カラー口絵）．口絵解説：「上部 3 個は陶器製，中央は瓶，左右は皿．下部の 3 個は彩画の木皿．小露西亜ウクライナ製」

り）」（五月一八日付。以下「目録より」とする）と題した文章を『みづゑ』に寄稿している。ここには「農民美術と私」中の「趣意書（大意）」と同じ文章を、冒頭に掲げる。「目録より」が掲載された七月号の『みづゑ』（一八五号）（**図29**）は、「各国之農民美術」特集を組んだ。多くの美術家や工芸に関する有識者が、各国の農民美術を紹介するが、特集の眼目は、明らかに前年に建業したばかりの信州神川村、山本鼎の農民美術に注目し、作品に対する批評を掲載することだった。また、世界の動きの中に山本の動きを位置づけることをも含意していたと判断したい。

『みづゑ』には美しいカラー図版（グラビア四頁分）が掲載された。ロシア（ウクライナ）の陶器や木皿（**図30**）、ジャワ（スラバヤ）の更紗とポーランドの切紙模様、続いて、神川村農民美術練習所男子部製作品（木片人形、木皿・木鉢、白樺樹皮細工（白樺巻））（**図31**）、女子部製作品（クッション、手提袋、半襟、卓子掛、棚敷ですべて刺繡が施されている）（図32）であった。

掲載されたこれらの神川村農民美術練習所の製作品は、すべて、同年五月二八日から三〇日まで、三日間の会期で、東京日本橋の三越で開催された「農民美術作品展示即売会」に出展された。神川村の農民美術の写真は、あたかも展示会場のディスプレイを彷彿させるように作品が並べられている。ちなみに白黒図版は一六頁におよぶが、これらはすべて「各国農民美術製作品」で、朝鮮の墨壺や

図31　神川村農民美術練習所男子部製作品（『みづゑ』185号カラー口絵）

図32　神川村農民美術練習所女子部製作品（『みづゑ』185号カラー口絵）

木箱、ラップランドの木箱や木桶などを含み多彩で、特に生活用具(「民具」)が含まれるのが特徴である。「農民美術」の定義が曖昧なことは、特集に寄稿されたエッセイからもわかり、逆説的に、山本らが信州神川村で始めた「農民美術」の特徴を浮かび上がらせる仕掛けがあるように思える。

ところで、三越での展覧会に先立つ四月、神川村でも小学校を会場に二日間限定の「農民美術製作品展覧会」(第一年度)が開催された。一一日には、文部次官の南弘が来校し、熱心に鑑賞して講演を行った。これはとかく冷淡であった村の長老たちの態度を変え、村内の協力を得る上で効果があった。

山本はまた、『みづゑ』に寄稿した文章中で、この頃の主要な同種の展覧会(農展、佳都美村美術工芸品展覧会、装飾美術家協会展覧会)と比較しながら、自分たちの製作品の特徴について熱心に説明する。贅沢で希少な素材を用い、手間をかけ、高値で売る上記の三つの展覧会とは異なり、自分たちは参考にするロシアの農民美術のように「安い素材に高い趣味」を施すことを目標とする、と主張した。

事業の滑り出しは順調であった。特に三越の展示即売会について山本は、「想うに分にすぎた成功であった」と振り返る。陳列品総数は、一一五三点、売約品総数は九八八点、予約品総数は三六四点であった〔山本、一九二一、一五六―一五七頁〕。

農民美術の理念と現実

山本鼎は「趣意書」の文章を、事業の展開の現状を踏まえながら、美術家や知識人を核とする読者層を意識して(当然山本自身もその一人である)、言葉を改めながら再掲した。これによって、山本の理想、農民美術の理念は、ひろく美術界、および教育界、農村経営にかかわる官界、産業界へと急速に知られることになった。趣意書が流布した順は、以下のとおりである。①パンフレット「農民美術建業之趣意書」一九一九年一一月一八日に信州神川村で配布、②「農民美術建業の趣意及其経過（展覧会目録）」一九二〇年五月一八日成稿、五月二八日開催の三越における展覧会にて目録として配布（『みづゑ』七月号に転載）、③「農民美術と私」七月二三日成稿、単著『美術家の欠伸』に掲載（一九二一年二月刊行）。

山本は、わずか一年半の間に、独自のネットワークと美術雑誌などの媒体を巧みに利用して、神川村に始まった農民美術についての社会的認知を高めた。しかし、産業美術、社会事業としての可能性を期待する声と、美術として豊かな趣味を期待する声（それはとりもなおさず「農民らしさ」という「他者性」を期待する声）との間で、彼の事業は揺れることになる。

山本自身もまた、最初は美術家が指導者として図案を提供することが「産業」としては不可欠としながらも、ゆくゆくは農民自身の意匠なり図案なりに立脚せねばならないと考えていた。しかし山本は、農民には「先入の悪趣味」があり、「これをひと度自由製作の習慣のもとに是正した後」に「彼らを美術的雰囲気に誘っていく」のだと述べる（「目録より」三七—三八頁）。どんな道具・工具を使用するかに関しても、山本の考え、判断にはぶれがあった。モデルとするロシアの農民美術に対しても、山本は「道具に頼りすぎている」と書く箇所がある（「目録より」三四頁）。練習生の「短期の教習」で製作できるものを目指す、目指さねばならない現実があり、職人技を追求するよりは「段々大規模な器械力によろうとさえ思う」との考えも示す〔山本、一九二一、一六四頁〕。

「吾が農民美術当面の使命は芸術的であると共に産業的であり、「安値」のうちに清新な美術趣味を植えつけてゆこうとするもの」と述べる時〔同、一六五頁〕、山本の立ち位置は、まぎれもなく洋行帰りの男性美術家のそれであり、帝国日本の中心領域にあった。それは雑誌や単著においてこそ消去され、またそれだけが目的では毛頭なかったが、自身の事業を国家の利益に寄与するものと考え、そのように語りふるまったことも確かである。

他方で、農民美術の蒐集者、愛玩者たちとは異なり、山本は、農民の価値観や生活にまで立ち入っていく。山本は、農民美術の価値を支えているのは、技術面というよりも（製作法は簡単を旨とする）「図案の契機を身辺の自然物から直接取る方法」など、ものの見方や美意識だと考えた〔同、一五〇頁〕。この方針を指導し、啓蒙・改革する対象として、山本は練習生を見ている。

もちろん山本や練習所の他の教師たちの努力は、当地の人々、とりわけ練習生によって否定されたわけではあるまい。だが、果たして練習生たちは、「建業之趣意書」が掲げる理想をどこまで共有することができたのだろうか。

山本の「農民美術と私」には、練習生と教師とが高原に出て、図案に適当な「種々な木の葉や草の実を採集し」、冬の雑草の裸の茎、野葡萄の蔓《つる》を見つけて持ち帰り、図案の練習をおこなった様子や、三越の展示会場で自分たちの作ったものが売れていくさまを目のあたりにして悦び、「訂正す可き点を」語り合っていたことなどが、山本の目を通して（期待を投影して）活写されている。また、木片人形の製作では、ロシアの素木《しらき》人形をサンプルとしたが、彼らが自由に「オペラ役者だの裸体美人だの形を刻み出して教師等を面くらわした」という〔同、一四八頁〕。わき目もふらず針を動かしていた女性たちも、時々は音楽室でオルガンを弾き歌ったり、運動場に飛び出してキャッチボールをして遊び、

「活潑に少時《しばし》の倦怠を回避」し、閉所式にはきれいに掃除して片づけた練習室で、教師も一緒に「最後の晩餐」をやり、一緒に御馳走を作るといったエピソードも語られる。これらの描写からは、創造的労働の場、理想の農民美術の共同体のイメージを山本が求め、読者に提供していることがわかる。

　だが、手仕事、創作の悦びと、作ったものが売れる物心両面の満足とのバランスは難しく、練習生、農民美術家自身の評価は山本の文章からはわからない。また、産業というからには、事業として、個人として、収支が常に問題になる。地域経済を支える養蚕の出来高に左右され、一九二九年に始まる世界恐慌以後は生糸相場下落の影響を大きく受けて農民美術運動が停滞すると、事業の行き詰まりとともに、草創期には見えなかったさまざまな矛盾があらわになっていった。

農民美術への批判と期待

　では、始動した神川村の農民美術運動と作品は、同時代の美術家仲間や文化人・官僚などには、どのように受け止められたのだろうか。村への訪問者、あるいは三越の展示即売会に足を運んだ人々の感想や批評を、いま少し詳しく検討したい。

　先に述べたように、一九二〇年三月末日に終了した第一年度練習生による作品と山本鼎による紹介、これに対する感想が、はじめて中央のメディア、美術雑誌にあらわれたのは『みづゑ』七月号(「各国之農民美術」特集、一八五号)だった。そのラインナップも興味深いが、いくつかの記事のポイントを紹介しよう。

　まず、石川欽一郎(「農民美術」一七頁)は、植民地となった台湾美術界とのかかわりの深い画家である〈図録25 『官展にみる近代美術』一二三頁〉。ちなみに山本鼎も一九二四年四月、台湾総督府の委嘱に応じて台湾へ視察に赴き、台湾手工教育計画を提出するとともに、パイワン族の彫刻の調査・研究をおこなった（図録50『山本鼎　生誕一二〇年展』「年譜」）。

石川によれば、農民美術の農民とは、「要するに民衆の意味」で「美術が民衆的に発達してこそ」日本にはじめて「安定がある」と述べている。日本は美術国だと外国に言われてその気になっているが、疑問が残るとし、「民衆美術の土台が築かれてようやく名実伴う」と言い、地方には箱根細工など種々の名産があり、これも農民美術の一種であろうが、千篇一律で工夫がないと批判、改善や指導が必要と指摘して、山本の事業に期待を寄せている。また、美術は「金」、すなわち経済によって直接の影響を被るとの前提に立ち、現在の日本は「世界大戦の結果大分金持ちになったので美術界の盛況は言語に絶した」、しかし「この一二ヶ月以来は不景気風の襲来で急に下火になった」と書く。

次に、先に見た『美術新報』（223号、一九一三年四月）にも寄稿していた建築家の塚本靖が、『みづゑ』の特集号でも再びロシアの農民美術を取り上げ、蒐集品の一部を図版に提供している。この中で塚本は、神川村の農民美術が「本邦最初の農民芸術ではない」とし「たとえば「アイヌ」の木工品とか、弘前附近の農家で作る被服地の「コギン」と称するもの、如きは、立派な農民芸術である」と述べている。他方で塚本は、三越の展覧会を見ていないと断りながらも、山本のそれが「唯単に芸術という点よりも、社会的事業として」意義あるものと評価し、雪の多い東北地方におけるこの事業の拡大を期待する。

官展系の洋画家、大野隆徳（「農民芸術に就いての雑感」二一〇—二一三頁）は、「農民美術」の定義に疑問を呈す。すなわち、農家の人々の手によってつくられたもの、そうでなくとも「農家が主として日常に用いている器物、あるいは衣服の類等の趣味的なものもまた農民芸術と云いうる」と主張した。たとえば煙草入れなどの根付、囲炉裏に用いる自在鍵をあげ(信州で購入した所有品のスケッチを掲載)、日用具をつくる職芸的工人たちの手技の魅力を強調する。これに対し、山本らの三越における展示即売会のカタログ掲載作品には、「ロシアの匂いと模倣」を見て批判する。

また、山本とも親しい日本画家にして、漫画や挿絵、多様な工芸制作に携わった小川千甕(「農民美術展覧会を観て」二三―二四頁)は、賛辞を並べた上で、「農民美術とあるからは、もっと間のぬけたぼくとつな、純な」モノを期待していたと失望を漏らす。他方でその「異国趣味」を批判しつつも、普通選挙が論議される現在、「農民諸君が昔からの型の如く愚鈍、朴篤に安住」はできそうにないとして、美術の購買層が広がる「現世間」に調和する「日本農民美術」の発展に期待した。

文部次官の南弘も「神川村農民美術練習所の展覧会を見るの記」(二五―二六頁)を寄稿する。展覧会を見学した南は、「自然からじかに得た」図案、西洋の男女が散歩する姿を彫った二寸ばかりの木片人形(『みづゑ』中扉図版)に目をとめ、練習生の「内面の芸術心」に駆られた表現を褒める。そして、農民美術を「天下に普及」して農閑期の副業とするならば、ただ国家経済に貢献するのみならず、「農村の風俗を美化し」、「国民の品性を向上」させるであろうとして、この事業は、ひとり山本のためではなく、「国家の為」に有意義なのだと結んだ。

南は神川村での見学と講演を終えた後、上田に立ち寄り、蚕糸専門学校(一九一〇年創立、一九四九年に信州大学に包括)を見学したことにも触れている。南は、富山県の豪農の出身で、内務官僚として累進の後、文部次官（一九一八年）、台湾総督（一九三二年）を歴任する。同年には逓信大臣に就任するが、運動が停滞する時期にも山本鼎と農民美術への支援を続けた。

さらに官僚としては、農商務書記官、石黒忠篤の手紙も掲載された（三〇頁）。石黒は一九一〇年に新渡戸稲造を代表に、柳田国男、有馬頼寧《よりやす》、建築家で早稲田大学教授の佐藤功一、他に農学者、地理学者らによって結成された郷土会に参加した人物である。さらに郷土会を母体に柳田と佐藤功一を中心に、一九一七年に結成された白茅会《はくぼうかい》にも参加、農村文化研究に関与した（本書Ⅱ章、一三二頁注参照。図録13『今和次郎採集講義』五八頁）。

一〇年ほど前から農民美術のことが念頭にあったと述べる石黒は、個人でも、農商務省としても外国の事例を注視、研究してきたが、このたびの「山本君の挙」に対し、喜びとともに、「古くて新しき領域」の開拓を希望すると述べる。そして、日本の「郷土的」色を帯びた、また「祖先が幾百年と作ってきた」「藁靴、はばき、背負子《しょいこ》」、あるいは「家具建具農家建築」などの大小の品を挙げ、これらの研究が肝要だとする。新時代に応じた日本の農民美術が興ることは否定しないと言いつつも、消えゆく技術の伝承の重要性を指摘し、「吾々の祖先の芸術を採り入れた」ものが必要との考えを示した。

その他、美術評論家の大隅為三は、ジャワ島のろうけつ染め（バチック）の図案、素材と技法について説明し、その「自然的」（偶然のひび割れ）面白みをほめる。また、富本憲吉の青年期の親友である洋画家の南薫造は、この号の「口絵」に所蔵品を提供したが、その説明の文章をも寄稿した。それは、印度の石製動物（象、鳥、猿）と泥人形（鳥、牛）、ロシアやイタリアの土人形、木製人形（クリスマス降誕祭の飾り）、英国の木製鶏、九州の古賀人形などで、特徴や製作者、製作状況を説明した。

さらに、当時の洋画壇の巨匠・岡田三郎助もその豊かな知識を盛り込み、「農民芸術に対する希望」を寄稿した。岡田は、「美術」よりも、「農民芸術」とすべきと述べ、特に、女性による刺繍をあげる。「朝鮮支那でも、富貴より貧賤にいたるまで刺繍は女子のなさねばならぬことのようである」とし、「印度のことは知らないが、また大差はない」と述べ、日本におけるその芸術的な製作奨励を強調した。ロンドンのスタヂオ社（The Studio）が一九一二年に刊行した*Peasant art in Russia*（ed. by Charles Holme）に言及し、これに匹敵するほどのものは日本には見あたらないが、過去にそれが存在しないわけではないとして、第一次世界大戦前から輸出向けの「バテンレース」が小田原や越後の高田付近で盛んになった例を挙げる。しかし、これは「土地の人の嗜好から生まれてきたいわゆる農民芸術ではない」ので戦後は廃れたと除外し、日本では日本内地の一般の需要を考慮し、農民自身にも利用できるものを「土地土地の事情のもとに選択して」やっていくべきと主張する。

さらに「コマコマしたものを沢山作るよりもただ一個でもよいから骨を折った製作」を希望すると述べ、織物、刺繍、編物、塗物といった「大きなもの」を、根気よく一冬かけて製作したなら良いものができるであろうと述べ、実例として「台湾の生蛮の女」による織布を挙げ、その製法を詳しく紹介する。その上で、日本国内の各工芸地に設けられている「図案調整所」は、土地の専門業者の諮問に応じる仕組みを拡張し、農民芸術家に対しても、芸術家の関与が必要と示唆する。すなわち指導者の養成、諮問機関、材料の供給等、「農民自身に委することは困難」な課題への対応が必要として、踏み込んだ提言をおこなった。

最後には、山本と同世代の洋画家ながら、フランス留学中に受けたルノワールの影響があらわな裸婦像などにより人気の高かった山下新太郎の談話(「農民芸術の意義」)を載せる。山下は、「農民芸術は現代の立場から見れば時代錯誤」と厳しい。すなわち分業や機械製品が万能となった近代において、自用品を「自作」する必要がなくなった反面、「手で造る面白さをあらわそう」という点が注視されるのだと言い、農民芸術の最も貴いところは「飾り気の無い人間の心情の発露」、「個性を尊べ」ということだとする。また「日本に農民芸術はあるか」という問いを立て、過去には、自作の楽しみを追求した「高級」な光悦や乾山の作品はあるが、農民芸術も目指すならそこであるとして、「工人」とは別の道を行くべきと示唆しつつも、現代の日本、文明国での実現は困難とした。対比して、「台湾の土人とかアフリカの土人」の芸術、日本の農民芸術では「アイヌが最も注目すべきもの」と挙げつつも、それは「独創力のない衰微してきた人種が祖先の伝統を追うに止まっている」として、台湾の方が(人種的な多様性ゆえに)変化に富むと、根拠をあげぬまま比較と批評を開陳する。

いささか長くなったが、以上が一九二〇年七月号の『みづゑ』特集に掲載された農民美術、農民芸術に関する、官僚や美術家の見解である。

『みづゑ』以外にも同時期に、作家の内田魯庵(一八六八―一九二九)が、一九二〇年夏に『読売新聞』に連載した「貘の舌」(「(十)郵便切手と玩具」)の中で、山本鼎の農民美術(魯庵も「農民芸術」とする)に触れてこれを批判した。いわく、それは「師授によらない純真な表現」であるから尊いのであり、学校で教えては農民芸術としての生命は亡びるという内容であった。これについては、山口昌男が論じているので参照されたい[山口、二〇一〇(下)、二三四頁]。

農民美術を「芸術」と言い換える多くの論者は、作品に「個」としての表現を認め、評価する。「手芸」と言い換える文脈も同じであり、それは画一的で、機械を導入した大量生産品への対抗を含意する。「農民」という集団を、ひとつの「個」性と認める立場が共有されているといえよう。ただ、そのような「農民」と「農民芸術」を過去の存在と見るか、現在にも認め、期待するかで意見が分かれた。さらに、山本が意図する「個」の芸術としての農民美術と、「産業」としての農民美術の両立の可否についても、論者によって意見は食い違う。何らかの手本を用いたり、上位の芸術家、指導者の介入があって、はじめて産業化が果たされるとすれば、その結果製作された作品に農民としての「個」性は宿るのか否か、この点が問われたのだった。手本とすべきものの種類についても、意見は分かれる。農村由来の民具、手技の継承を求める大野や石黒と、新時代の趣向や素材の導入を認める南、小川、岡田の主張は交わりそうにない。

批判への応答

では、これらの批評を受けた山本鼎は、これをどのように受けとめたのだろうか。彼の素早い反応は、「農民美術と私」(七月二三日付)に見られる〔山本、一九二一、一五八―一六五頁〕。再びこのエッセイに戻ろう。

山本は、まず、展示即売会会場で受けた訪問者からの好意を伝える。招待日には、日蓮主義に立つ宗教者の田中智学が家族を伴いやって来て、彼から一封の金子と激励の言葉を受けたという。封筒に書かれたメッセージは「一日も早く全国に普及をいのる。左の条件に於て大賛成、一、美術思想の普及、二、一国大挙副業的生産の普及、三、挙国惇風粛清の勃興」というものだった。

また、石黒忠篤が、ロシア、ドイツの手工業、小産業、農民工芸と教育にかかわる三冊の本をくれたこと、またその紹介で農商務省副業課の人が作品を撮影に来たことをも「記念す可き事」と記した。さらに「吾々の心を躍らした事」として、ある理学博士の夫人から海辺の小別荘のサロンを農民美術で作ってほしいとの注文があったことをあげる。

そして連想は、同時期に開催され美術家仲間の評判を呼んでいたバーナード・リーチの個展、流逸荘の家具展示に及び、

図 33　日本農民美術研究所《朱漆パフ入れ》1922-39 年頃(東京国立近代美術館蔵．Photo: MOMAT/DNPartcom)

「恋敵にでも向うように胸を躍らしながら、あの独創的な家具に眺め入った」と述べる。ただし、「リーチの家具はお寺の道具に契機して居る――吾々は一度人の手に技工化されたものに拠らずに、自然物の組織からフォルル《(ママ)》を把《つか》んで見よう――ロダンは空に枝を拡げた街道の並木に、ゴシック建築の妙蹄《(ママ)》を味解したというではないか」と、己のめざす「自然」を契機とした独創を旨とする理想を確認した。

展覧会が終わり、月が改まった六月三日、山本鼎は三越から呼び出しを受け、売り上げを受け取る。五九〇円と八銭であった。恍惚となってその金を懐におさめ、帰路には「一村に二十人の農民美術家」の出現を長野県内に拡大し、冬期農閑一〇〇日の生産を計算してと、想像をめぐらす。「どうも

これは興味ある国富だ。——広大な需用面を控えた日本、広汎な生産面を成し得る農民美術、俺達は勇躍して「農民美術学校」を組織すべしだ」と、夢は膨らむ。

そして山本は、「今日の農民」による、個性や独創力をもった「農民美術」の創造をめざすことを決意し、そこから「西洋趣味を全く排斥する事はむしろ不自然」、「都会芸術の影響」が作品に現れるのはむしろ当然と考えた。たとえば赤と黒のふっくらとした器形にシンプルな山形の線が刻まれる《パフ入れ》(図33)を見る時、それが現代の使用者を楽しませ日々の暮らしを豊かにする「民衆的工芸」のひとつであったと了解することができよう。

産業か、美術か

「農民美術」を全国に普及するという山本の計画が、以後どのような場で、いかなる実践を伴い実行に移されたのかを、時系列に沿って見ていきたい(山本鼎「日本に於ける農民美術運動史」『工芸時代』二巻六号、図録39『美術的社会運動家としての山本鼎』六頁)。

一九二一年の九月には、自前の練習所建設用地を探し、翌二二年の新春には神川村大屋に農民美術練習所(「蒼い屋根の工房」)が完成する。ここを、農民美術の製作者養成ではなく、研究を目的とする機関に方針を変え、名称を「日本農民美術研究所」と改めることになった。

一九二二年には、講習修了者によって「農美生産組合」が組織される。二三年一月には、洋画家の足立源一郎が、日本農民美術研究所調査部員として推薦され、農商務省、並びに文部省、欧州工芸視察練習生として、農村工芸調査のためにヨーロッパへ向かった。二四年には山本自身が、台湾総督府の委嘱に応じて視察へ赴いたことは、先に述べた通りである。

また農民美術研究所の本館建設が計画され、山本は、南弘に相談し、資金集めに奔走する。実業家の岸本吉左衛門、細川護立《もりたつ》（侯爵）などの援助を得て、一九二二年七月、長野県出身の建築家・滝沢真弓が設計して建設が始まり、翌年春完成した（**図34**）。その開所式、祝賀会には、山本の親しい画家仲間、義兄の北原白秋、建築家の滝沢真弓、県知事や官僚らも出席し、にぎやかであった。

図 34　農民美術研究所

一九二四年九月には、機関誌『農民美術』を創刊、二五年には、『刺繍レース染色――実用手工芸大講座（女子部1・2・3）』と『木工・木彫――実用手工芸大講座（男子部1・2・3）』の計六冊を、日本農民美術研究所出版部から刊行した。会員を募っての配本制で、当初はさらに続刊を計画していたが「此種の指導書が時期尚早であった」と山本は二七年に振り返る（「日本に於ける農民美術運動史」『工芸時代』二巻六号、一六九頁、図録39『美術的社会運動家としての山本鼎』）。

ただし、『実用手工芸大講座』は単なるハウツー本ではなく、参考となる様々な農民美術を各所から借用して図版を掲載し、解説も付した。たとえば、岡田三郎助所蔵の《素木彫ナイフとアイヌ細工の盆》が載る。「日本には珍貴な誇り得る手工芸の一つ」との解説が付された。アイヌの小刀（マキリ）に言及する記述もある（男子部・第2巻（木彫）口絵解説、八頁）。産業部では、工具の通信販売を試み、社会のニーズを掘り起こしながら、農民美術と自作工芸の浸透を図ろうと模索を続けた。

一九二五年六月には、申請していた日本農民美術研究所の財団法人化が、農林大臣・文部大臣によって認められた。また一〇月には、農林省より副業奨励費補助金を配分される。

一九二六年一二月には、産業部が東京に出張所を設け、組合生産品の販売斡旋に乗り出す。また、出張所では生産見本品を陳列棚に並べ、デパート等との取引を開始した。しかし、生産者組合と消費者を結ぶ商取引の仕組みの整備は、明らかに遅れていた。金井正やパトロンたちの寄付をあてにし、国家の副業奨励金などに頼る事業は、二九年一〇月に始まる世界恐慌の影響を受けて次第に行き詰まっていった。

そして山本は一九三一年、農民美術研究所長を辞任し、クレパスの開発に協力して二五年以来役員となっていた桜商会の株を手放し、画業に専念しながら生活を営み、借金の返却に宛てるしかなかった。

山本に代わり事業の責任を負った金井は、「日本農民美術研究所ノ目的及方法」(手稿)に、この事業が名称の中に「美術」の二字を加えたことを後悔していると記している。「美術」の二文字を入れたことで、研究所の事業が、「農村に対する美術啓蒙運動」なのか、あるいは「農村に手工芸品の製作を興さんとする一種の産業運動」なのかを曖昧にしたという。「此の二運動が何等かの共通基礎をもち得るや否や。その共通の程度如何。如何なる線に沿っては結合し得、如何なる方向に於ては離立すべきものなるや」という、金井の問いは重い[大槻編、一九八二、一〇五頁][藤城、二〇〇六]。

その後も、金井によって産業としての農民美術を成立させようとの努力は続けられたが、一九三五年をもって農林省副業奨励金は打ち切られる。四〇年には、農民美術研究所は閉鎖され、建物は神川村大屋の集会所として売却された。

最後に、改めて「農民美術」と「女性」の関係について考えてみよう。

農民美術運動は建業当初、一九一九年に第一年度の練習生を募集した段階から、指導対象、製作主体として男女を想定していた。これには、ロシアの農民美術をモデルにするという背景もあるが、同時に、副業的な手工芸は、日本においては、「農家が本業の傍らで営んでいる多様な業務」と行政によって位置づけられ〔寺本、一九九八、一〇三―一三〇頁〕、高度な専門的技術は要求されなかったことに深く関わると考えられる。また、農の現場においては、一部の富裕な地主をのぞけば、農村の各戸の営みは、男女の協業が基本であった。

そこで改めて注目したいのは、山本鼎の農民美術、彼と仲間の美術家たちが農村の男女に指導をおこなった手工芸が、まさにすでに前節で検討した藤井達吉とその姉妹と姪とによる実践と、内容も時期もほぼ一致する点である。

藤井が『主婦之友』に手芸の実用記事を掲載したのは一九二一年の新年号、白木屋における「家庭手芸品展覧会」の開催は二三年の三月であった。農民美術練習所の開講は一九年の暮であり、三越での第一回展示即売会は二〇年五月だから、山本の方がわずかに先んじている。内容的に比較すると、藤井と姉妹が始動した「手芸」の領域は、金工、木工、染色、刺繡と幅広く、山本の方はそれらを、男女に振り分けた感がある。

両者の最大の違いは、なんといっても農民美術が「産業運動」としての目的を掲げてスタートした点にある。これに対し、藤井の最大の目的は、女性自身の手で、彼女たちの生活に裏付けられた「真の家庭の文化」を創造することにあった。すでに引用したように、「〔受講者の女性の〕天分が自らの人生、趣味の道を切り拓いていく、なんらかの補助、手助け」をしたいと述べていた。つまり、女性規範（「婦徳」）の涵養と「趣味」の伸張が重ねられたのだった。

だが、一歩踏み込んで検討するならば、山本もまた、経済的収益を農民にもたらすと同時に、「創造的労働」の場を生み、どの人間にも備わっている「美の享楽と其表現的機智」の追求をめざしていた（「農民美術と私」）〔山本、一九二一、一六五頁〕。他方、藤井により唱道された「手芸」もまた、それに惹かれ、集まる女性にとっては、社会への回路を得る可能性ゆえに大きな反響を得たのである。女性たちの中に、指導者となり、また作品を展示・販売することで実益を得る人たちが現れたこともすでに指摘した通りである。

しかし、実益（産業）と趣味（美術）のどちらを表看板に掲げようとも、それが二枚看板として社会の仕組みの中に位置づけられている以上、経済的自立は常に妨げられ、抑圧されてしまう。山本が農民美術を「安く」提供しようと考える理由は、理念からいえば芸術の民主化、民衆化をめざすためだが、現実には、一般的社会通念として、素人による趣味の手づくり作品は売るための商品とは異なる、との前提下にあっては、高ければ売れなかった。ともに一時は日本美術院に参加するなど、芸術観を共有し、親しい間柄であった山本と藤井であるが、三越で販売される山本らの農民美術を、藤井が「進歩なく、馬鹿高い」と批判したことは、すでに指摘した通りである。

社会が農民美術に向けるまなざし、評価には、そこに含まれる女性の手仕事に対するそれが拡大され、近代のジェンダー規範が適用されたと言い換えることもできる。

強化される農民イメージ

ところで山本は、一九二一(大正一〇)年、羽仁《はに》もと子・吉一《よしかず》によって創立された自由学園に招かれて美術科の主任に就き、本科(女学校、四年)と研究科(二年)に在学する女子学生の指導にあたることになった。四二年秋に病に倒れるまで、自由学園とは二〇年にわたる深いかかわりが続いた。

ここで、自由学園と同じ経営になる雑誌『婦人之友』に掲載された、創設直後の農民美術研究所への訪問・取材記事「農村婦人の芸術教育と山本鼎氏」を読んでみよう(一九二三年四月号、五一―五九頁)。

記者(「龍華樹」、本名は不明)は、まず山本の建業を紹介し、ロシアからシベリア鉄道を経て持ち帰られた、選ばれた力強いタンポポ(農民美術)の種が、ここに蒔かれたと書く。山本の建業、三越での展覧会に対する批判はあっても、また経済的・物質的基盤が整っていないにせよ、ロマン・ロランの言葉を引用して、そもそも「不朽の道は辛い」ものと励ます。

記者はまた「農民美術」を語るために、友人から贈られた台湾「土人」の手になる「原始的で、荒削りな木像」(「楠の素材に子供を抱いている夫婦の像」)に言及する。「土人の眼に映ったものがすぐ刀にかゝって再現されたのだ。尊いのは技巧ではなくて、作者の個性の嘘を云わない魂が、暫《しば》らくその取るに足りない木像にうつされていたということである」と述べた。

「文明が農民美術とちっとも一致しなくても構わない。行きつまった都会文明を救うために、今まで雪の下に埋《うず》もっていた小さい祖国――農村から新しい生命と力とが芽生えるのだ。失われた正直が、失われた健康が、失われた単純が再びデカダンの胸を破って蘇らせられるのではないか」、「どうか農民の中から時代を覚《めざめ》させる新しい農民芸術の運動が創《うま》れて欲しい。そして労働する外に何んにも考える閑暇《ひま》のなかった農民が、その副業によって富み且《か》つ力強くなる経済上の立場を何よりも確実にしたいものである」といった、過剰な言葉の連続からは、「農民」に対して「知識人」が持っていたイメージを思い知らされる。

カメラマンが同行していて、研究所内外の制作風景、作品陳列室、遠来の客を迎えるためという寝室を含む九枚の図版が掲載されている。また、記者はここで学ぶ女性たちにインタビューを試みる。


「三人の女性が見えた。そこで私達の会話が始まった。

「若《も》しあなた方の家庭でこの模様画を用いるのだったら、先ず何に使います」単純な蔓に囲まれた葡萄を見ながら私は訊いた。それが都会へ送って売る品であるよりも、それらの美術が直接彼女達の生活に織込まれ、彼女達の趣味が如実に、雛菊の如く農家の飾りとなることを私は望むものである。

「そう……お重掛けにしたいと思います」、「私はお火燵《こた》掛けにするでしょう」

〔中略〕雪に埋められた冬の日を、自分達の刺繍したお火燵掛けを見て暮したいと云うのであろう。そしてお伽噺が、きっとそこから生れるに違いない。／みんなの答に私は満足した。何んとかして農民はもっと富みたいものだ。暇を作って頭をはたらかせて、その持前の元気な素質を充分生かしたいものだ。〔中略〕三越で売るクッションの模様画が、いつまでも彼女達のお重掛の、又お火燵掛けの延長であることを私は望む。芸術のために、それが一村の産物となって、彼女達が農から離れるような日が仮りにも来れば、後に残された農民はどうなるであろう。鍬《くわ》が絵筆に代り、馬鈴薯《ばれいしょ》が陶器や織物に代っただけでは、所謂地方の産物というものに、私はかなり憂鬱を感ずる。生命にとっての、それは味を失った食物ではあるまいか。」

記者による「善意」あふれる質問は、農民＝女性に「幻影」と要求を押しつける。「職人」になってはならず、「元気な素質を生かし」て、今のまま「正直」であれと言うのである。他方で、それが売れて、山本や金井の事業が成功するとしても、理念として「農民」はあくまでも土を耕す人であり続ける(べき)存在という前提に立っていた。

『婦人之友』(一九〇八年に〇六年創刊の『家庭女学講義』を改題)の読者は、組織化され学園経営の強力な母体となったが、都会のみならず地方にも広がっていた〔斉藤、一九八八〕。だが、読者、生徒は都会、地方を問わず、まぎれもなく中流階級以上のホワイトカラー層中心であった。また当然のことながら、「農民」を一つに括ることはできず、地主、農村の名望家出身層は、啓蒙や庇護の対象としての「農民」とは自らを分化、分離することを志向し、「人道主義」の視点や立場に共鳴する。持田恵三が『近代日本の知識人と農民』において深く洞察したように、農民の状況をどれほど憂い、深く関心を寄せたとしても、その姿は知識人によって「あるべき農民」として造形され、農民生活は「幻影」として作り上げられた〔持田、一九九七、八九・二〇二頁〕。

それは、山本鼎の盟友となった金井正や山越脩三においても、「小異」はあるにせよ同様であったといえるだろう。全財産を傾け、農民美術運動に力を注いだ山本、責任ある立場で(金井正は一九三七年村長となる)村政を担った金井、一九二六年に東京へ出ても戦後の農地改革までは地主であり続けた富本とを、同列に扱うことは乱暴に過ぎるかもしれない。しかし、持田恵三によれば、「自給自足経済の農民生活」をめざし、農村問題を都市と農村の対立に帰着させる視点は、「農村内部の階級対立を覆いかくすもの」であった〔同、二二五頁〕。

再びの、工芸と国家──「郷土」の時代に

モダニズムの時代、美術の中でも、とりわけ経済面での強い期待が寄せられた「工芸」とナショナリズムの問題は、当然のことながら、明治の輸出工芸の時代とは異なる複雑な様相を呈していた。この問題を考えるため、時代を少し遡ってみよう。

本書Ⅱ章で見てきたように、日露戦争後の美術界において、表現者の「個」の表出が課題となる過程では、「個」の絶対的な自由が主張されると同時に、「個」の根っこ、根拠となる「土地」の問題が浮上した。それは地方色／郷土色(ローカルカラー)という言葉で議論され、西洋との関係において民族や自身のアイデンティティの模索を促した。他方で、中央の美術界、美術家や批評家は、帝国の周縁に対し、中心との差異の提示、「他者」性を求める。これまで繰り返し述べてきたように「蛮人」「女」「農民」もまた、帝国日本がアイデンティティを構築する上で不可欠な「他者」であり、植民地や占領地の人々と互換性があった。非対称で抑圧的な帝国の構造の中に、それらの「他者」に、「個性」「独自性」の発揮が求められたのである。

だが、このような構造は、「他者」化される側にも、独自のアイデンティティの探究を促した。また、宗主国と周縁という単純な二分化を無効とする、複雑な差異化が働き、内国における「故郷」や

「郷土」という概念を浮上させる。同時にそれはまた、「国風」「国民化」といったナショナルな概念に包摂される危機にさらされ、実際にナショナリズムの動きは加速されたのである。

山本鼎は、一九三一（昭和六）年「郷土教育の指導精神――図画、手工及び農民美術について」と題した論考において、次のように述べた（学校美術協会編『郷土化の図画手工』学校美術協会出版部、一九三一年、一三頁）。

「郷土愛は、諸侯がそれ〴〵の民政を行っていた時代とちがって、今日天皇が天下をしろしめす時世に於ては、国内的でなく国際的に感悟される筈です。即ち吾々の郷土愛は、日本国民としてのそれです。僕は愛知県生れ、東京育ちの長野県人ですから、地方的郷土愛に乏しいのかも知れませんが、仮りに自分の作品に郷土色を発揮しようと志すとし、僕には、愛知風とか、東京風とか、長野風とかいうことは関心事でなく、唯だ日本的或《あるい》は東洋的なローカルカラーを表出することには成心《アンビション》をもち、研究もするのであります。〔中略〕僕の期待する郷土教育はリアリズムを指導精神とするものです。処《ところ》でリアリズムは、自由主義とも個人主義とも提携するものですから、時論に謂《い》うところの郷土教育と、僕の思想する郷土教育とには或は千里の差があるのかも知れません。」

「個」の実情（リアル）に立脚した表現を強く求める山本が、時流に疑問を投げかけながらも、他方では、「日本」や「東洋」のローカルカラーを研究せねばならないと考えている。農民美術をなんとか生き延びさせたい山本に対し、上記のように思考することを迫る力が、確かに働いていた。

他方で、近年図画教育界でしきりに議論されている「郷土教育」は、「自由主義とか、個人主義とか、社会主義とか、コスモポリタニズムとか、自由貿易主義とか云ったものに対する反旗で、民族自決とか、ファッショニズムとか、国産奨励とか、関税政策とかいうものとは御親類筋の提唱らしい」が、それは「大戦後の政治経済の動揺が生んだ世界的な声」だと、冷静な時局観察も山本は忘れない。

同時代の、他の動向に目を移してみる必要があるだろう。近代的な自我を誰よりも深く探究する過程で、「民芸」(民衆的芸術)を創始した柳宗悦にとって、またその運動に賛同、参加した工芸家にとって、集合的なアイデンティティと「個」との関係は、どのように問われたのか。農民美術運動が、次第に逼塞していく同じ頃、民芸の「美」は、なぜ、またどのように「協働」を志向しながら、創造と発展の時を迎えたのだろうか。次節では、可能な限り、この問題に迫りたい。

四 「個」と協働——富本憲吉と民芸運動

「大和時代」の富本

ふたたび、富本憲吉に戻ろう。

妻となった一枝を伴い、大和・安堵村に戻った富本が、住居と工房を設け実家から独立したのは一九一五(大正四)年の暮のことだった。本窯を築いて陶磁器の研究に没頭し、「陶器の民衆化論」(一九一八年)を発表した頃の状況については、本章の冒頭ですでに述べた通りである。研究史上、一九二六年秋の東京移住までは「大和時代」と呼ばれ、この期間の富本の作陶は、生活の中から創出された

「模様」の独自性と意義によって高く評価されてきた。既存の模様の借用を自らに許さず、自然観察と写生を繰りかえして生みだした、安堵村の風景、植物などに基づく、唯一無二の模様の数々である。これを富本は生涯を通じ、繰り返し用いながらも、器形や陶磁の質に応じて更新と深化をめざした。

　また、バーナード・リーチとの往来、書簡を通じた知識の交換、触発しあう関係は続いたにせよ、富本の大和での一〇年は、独学で楽焼から土焼、白磁、染付の技を身につけた基礎固めの時代である。同時に、表現の拡張、発展と成熟の軌跡が着実にきざまれていった。

　では、なぜ、彼は一九二六年、経済的にも大きな負担を背負いながら、東京へ移り、一九二八年には祖師谷(世田谷区)に新たな窯を築いて、次のステップへと進んだのだろうか。

　「民芸」という言葉の誕生は一九二五(大正一四)年末のことで、その後、この語を冠しての運動は一気に加速していく。柳は大正の末頃、江戸時代後期の遊行僧《ゆぎょうそう》、木喰明満上人《もくじきみょうまんしょうにん》が彫った一木造りの仏を全国に訪ね、その調査と情報収集に没頭していた。柳が後に記すところによれば、木喰の遺跡探索を目的とする紀州への列車の中で、同行した陶芸家の河井寛次郎、浜田庄司と語り合う中で「民芸」の新語がつくられた[水尾、一九九二]。三人は、年が明けて正月、再び紀州御坊《ごぼう》を訪れ、高野山《こうやさん》に宿って議論を重ねる中で、蒐集した民芸品を展示するための美術館設立が話し合われ、柳によってすぐに「日本民芸美術館設立趣意書」が起草されたという。その帰路に、三人が大和の富本を訪問した可能性が指摘されている[辻本、一九九九、二一九頁]。富本は木喰の遺跡探索には同行していないが、この趣意書への四人目の発起者として連署することになった。

　民芸運動の歴史においてきわめて重要なこの趣意書は、「時充《み》ちて、志を同じくする者集り」と書きはじめられている。この時点までに「志を同じくする者」としてともに歩む過程で、彼らの「志」は生成し、それが共有されて機が熟し、この宣言になったという意味であろう。

とするならば、大和を住まいとした富本は、どのように「志」の生成に関わったのだろうか。「趣意書」への連署と、大和を離れる決意とは連動するのだろうか。よく知られるように、その後本格的に展開していく民芸運動の中心を担ったのは、柳、浜田、河井の三人であって、富本は意見の相違を理由に運動からは距離を置く。柳と富本の関係、民芸運動における富本の位置について、大和時代にさかのぼり考察したい。

以下、富本の制作と芸術観とに大きな影響を及ぼした人間関係という観点から、大和時代における二つの局面、状況に注目する。

ひとつは妻、一枝との関係の変化である。安堵の地で、創造に専心・没入する憲吉との協働は、一枝の視点から見るならば、どのような意味を持ち、どのように二人の考えを変えていったのだろうか。こちらも複雑でデリケートな問題で、彼らの内面に踏み込むには十分な準備がおよんでいないが、避けては通れない。

ふたつ目は、柳宗悦との関係の深化である。二人には、バーナード・リーチを介しながら、『白樺』と『美術新報』に集う同世代の若者が交流した一九一〇年前後からの付き合いがあった。だが、周知のように柳の主たる関心、研究と執筆の対象は当初、英国の詩人で画家のウィリアム・ブレイクであり、近代の西洋美術である。とはいえ、彼は学習院在学中に、すでに朝鮮の染付牡丹壺をある骨董屋で買ったと回想しており、工芸史家の土田眞紀が述べるように、柳の「モノ」、とりわけ陶器に関する関心は、バーナード・リーチと富本憲吉との交友によって、一九一〇年代に育まれた〔土田、二〇〇七、二〇四—二一〇頁〕。

ホームの協働が終わるとき

結婚後の憲吉と一枝は、独立の住まいと工房においての協働を志していた。
「Our Home. 1916. KAZ.」との書き込みのあるペン画の絵葉書（図35）は、一九一五年三月の転居後、安堵に建設を始め、年末に完成した新居の一隅、飾り棚のあたりを描いたものと思われる。二人の仲人であった白滝幾之助夫人のしほに宛てたものである。

壁掛や額ものぞくが、小さな焼物が並んでいる。海棠《かいどう》だろうか、可憐な花木が手付きのマグに挿されている。陶器の研究と制作にのめりこんでいた憲吉は、この秋、本窯を築き、そこで土焼、青磁、染付などの技法を研究しながら、皿や鉢、湯呑、土瓶といった日常の器を中心に制作していた（図36）。

ジェンダーの視点から日本近代文学を研究する渡邊澄子は、この時期の一枝が「私達は自分達の焼いた花器に、好きな花を入れる。その花が花器とぴったり合ってくれた時、何よりもうれしい」（「私達の生活」『女性日本人』一九二〇年）と書いていることに注目し、その作品を「二人が共同して造ったものとの認識にたっている。そういう一枝に少しの傲慢さもみられない。より美しいものを、よりいいものを創り出すために、二人は力を合わせていた」と読む〔渡邊、二〇〇一、一六三頁〕。だが渡邊は、憲吉の書く文章では、一枝の位置が異なることをも見逃さない。

「何ということだ。全収入の半分を製作費につかいはたし、自分が現に使っている轆轤《ろくろ》師よりも低い報酬でこの生活を続けなければならぬとは。／私は私のすることで受ける苦しみである以上我慢するとしても、私について来なければならぬ人々に実に申訳けなくてたまらない。」(「窯辺雑記」『アトリエ』一九二四年八月)〔富本、一九八一、二八六―二八七頁〕

渡邊は「私について来なければならぬ人々」とされる一枝の思い、二人の意識のずれを浮かび上がらせる。

一九一七年には東京(流逸荘)で、一八年には東京(流逸荘)と大阪(べにや美術展)で「富本憲吉夫妻陶

図 35　富本一枝作絵葉書 Our Home, 1916 年(白滝しほ宛. 図録 30『富本憲吉のデザイン空間』)

図 36　染付老樹模様陶板, 1920 年(図録 34『人間国宝の日常のうつわ』)

器展」が開かれた。一七年の「工房にて」と題したエッセイに憲吉は「なるべく安価にして模様なきただ温かき衣を幼児に買うとてわれ等思いまどう。安価なるを望むは貧しき故にして、模様無からむと望むは日常模様をもって座右を廻らす我等がその模様のすべてを好まざればなり」と言う（『美術』一九一七年一月）〔富本、一九八一、二六八頁〕（図**37**・**38**）。

我が子の衣類にも、既製の模様はすべて好まず、ただ自分たちだけが良いと思う模様とともにあろうとする憲吉は、この時点において、模様を一枝と自分の二人のものと捉えているようである。憲吉は、子育てにおいても、二人の娘を村の小学校には通わせず、奈良高等女子師範の教師に個人指導を依頼して奈良に通い、あるいは東京から教師を招いて子供二人だけの「富本学校」で学ばせる徹底ぶりであった。一九二二年一〇月、家庭雑誌『小さな泉』を編み、父の絵、母の散文や詩、娘たちの絵や詩を掲載、それは翌年まで続き五号におよんだ（図録29『富本憲吉と一枝』）。

村の子供たちと娘たちを隔てての教育方針は、一枝に迷いを生じさせた様子もうかがえるが（「安堵村日記」『婦人之友』一九二四年八月、一五七―一五八頁）、憲吉の独断であったわけではなく、二人で決めたことと判断される。一九二三年に『婦人公論』（三月号）に発表した短編小説「貧しき隣人」は、被差別部落の貧しい老婆が持参する草鞋《わらじ》の購入をめぐる、夫と妻の苛立ち、葛藤を主題にする。不要な草鞋が納屋に溜まっても老婆の訪問を拒めぬ心を見透かされていると感じる自分の心にメスを入れる。一枝は大和の地主と近隣の自作農、小作、そして被差別部落からなる重層的な人間関係に目を向けながらも、その地になじむことはできなかった。近隣の誰からも逸脱的存在と目される夫妻であり、特に一枝はよそ者であった〔高井・折井、二〇〇二、一四六頁〕。

夫妻による合作とした展覧会は、一九一八年を最後に開かれなくなり、むしろ一枝は、文学によって自己を表現する道を探る。需要もあって、エッセイを多様な雑誌媒体に寄稿し続けた。しかし、一枝が造形表現から離れて以降も、一枝の言葉が鋭くポイントを突くだけに強い苛立ちを招いてもなお、憲吉は妻の批評を求め続けたという（富本荘吉「夏の日射しに…——父、憲吉のこと」→図録26『富本憲吉展』所収）。

晩年の富本に私淑し、富本の陶歴を精査・研究し、業績を顕彰しながら、安堵の旧宅を富本憲吉記念館（二〇一二年閉館）として自ら館長となって維持した辻本勇もまた、一枝の功績を認めている〔辻本、

図 37　安堵時代の富本夫妻（図録 30『富本憲吉のデザイン空間』）

図 38　富本憲吉陶器展（野島康三邸）1921 年（図録 29『富本憲吉と一枝』）
前列左から一枝，柳兼子，岸田蓁《しげる》，後列左から 3 人めが柳宗悦，4 人めが憲吉，5 人めが岸田劉生.

一九九九、一一一—一三二頁〕。多くの人の記憶に残る一枝の豊かな感性、見返りを求めぬ鷹揚な対人姿勢については、たくさんの証言や研究書に言及されており、小説にまで素材を与えた（『終りなき祝祭』一九九九年）。作者の辻井喬《つじいたかし》は、子息荘吉の友人だったとのことだが、その脚色は、二人のどちらにも、また時代にも真摯に向き合っているとは言いがたく、芸術家の心情に踏み込むことはむずかしいと思わされる。

ただ、遺されたエッセイや書簡からは、一枝の関心が外へと広がり、大和へ留まることを次第に苦痛と感じるようになっていたことをうかがわせる。

一九一八年の正月六日、一枝が与謝野晶子に宛てて書いた手紙が残されている。互いによく知る、新宮の西村伊作邸に話が及び、そこで出会った人物、沖野岩三郎の小説『煉瓦の雨』に書かれる大逆事件の関係者に言及する。また、晶子の末子の死去を悼み、思いやる内容である。手紙の後半には、大和の暮らしが四年になり、雑事に追われながらの自分の生涯を思い「私にも未来がある、そう思って暮す事がこの頃の自分の何よりのよろこび」と書き送る。東京へ戻りたいというおさえがたい気持ちも綴られた（岡山手紙を読む会編『書簡研究 二』和泉書院、一九八九年、八二—八七頁）。

ホームでの協働は、もちろん、憲吉の作陶の新境地をもっとも間近で見つめ、諍《いさか》いも辞さず批評する立場で続く。しかし男女の協働では、どれだけ女性の貢献が大きかったとしても「内助の功」とされる。

他方、作陶にかかわる富本憲吉の探究は、しだいに男性同士の関係に移され、競争と提携の中に進められていく。こちらは、美術史上に記録され、葛藤や対立がまた存在の重みを証明するものとして検証、研究の対象となってきた。

写真と工芸の領分――野島邸の展覧会

大和時代、柳宗悦は、一九一七年一月にリーチとともに、二一年には、四月に有島武郎や長与善郎、美術印刷の分野で業績のあった田中松太郎とともに、七月には一人で、また一一月には兼子夫人らと富本のもとを訪れている[辻本、一九九九、富本憲吉年譜]。この頃から一枝に代わって、富本の仕事に対し重要な内省の視点を与える存在として、柳宗悦、あるいは柳と共有する場が浮上し、大きな意味を持つようになっていったのではなかろうか。

交友は安堵でのみにとどまらず、東京で開催される富本の展覧会に柳が足を運ぶことで交際が深まったと推測される。土田眞紀は、柳と富本のこの時期の交友を、写真家で美術パトロンとしても知られる野島康三《やすぞう》(一八八九―一九六四)とのかかわりで、注目する。

野島は、一九一九年五月に、神田神保町に兜屋画堂を開き、その開堂展に富本は出品する。翌年には閉じてしまうこのギャラリーは、山本鼎の母方の従兄弟で夭折の画家として多くの同時代人を惹きつけた村山槐多《かいた》の遺作展を開催したことでも知られる。ともあれ、野島が兜屋画堂を閉じた後も、彼の小石川の自邸を会場に、富本憲吉の展覧会は一九二一年から二五年まで(二三年は除く)開かれた。

震災のあった一九二三年七月には、野島が撮影した写真の印画紙を台紙に添付した『富本憲吉模様集』の第一冊が刊行される。これは五〇葉を一冊にまとめたもので、第二冊(一九二六年)、第三冊(一九二七年)が、いずれも限定二〇冊作られた(図録27『モダンデザインの先駆者 富本憲吉展』、Ⅱ―2)。富本のカメラに対する関心の深さは、ロンドン留学時にさかのぼり、その芸術を考察するもう一つの重要な視座を与える。特に野島との協働は長く継続し、大和時代から東京時代に及んだ。一九三三年にも、『富本憲吉陶器集』を限定二〇部の私家版で出している。富本という陶芸家と野島という写真家が、陶磁器を撮らせる／撮ることを通じて、何を模索したのかという問いは、美術史・写真史において近年深く問われている（越前俊也・光田由里、図録36『生誕一二〇年 野島康三』）。

柳宗悦は、富本と野島の交際に、場所と時を接して加わっていった［土田、二〇〇七、二九一―二九二頁］。柳は、一九二二年に刊行した『陶磁器の美』の写真を、野島康三に依頼する。限定三〇〇部の和綴の本には、柳が蒐集した中国や朝鮮の古作品と並んで、富本とリーチの作品が取り上げられた［同、一五六頁］。柳が野島と知り合った経緯は明らかではないが、野島がパトロンとして支援していた岸田劉生の日記によれば、二一年一二月に野島邸で開催された富本の個展を柳は訪れており、野島宛の柳の書簡（未公開）における文体の推移からも、『陶磁器の美』の写真撮影をきっかけに交友が始まり、親しくなっていったと推測されている［同、二七六頁］。

視覚と触覚のせめぎあい、あるいは提携は、「工芸」において先鋭化する。それを「写真」に撮ることで、二つの感覚は、さらに研ぎ澄まされざるを得ない。土田が鋭く指摘するように、芸術の大衆化・複製化が急速に進展する時代を生きる表現者として富本、野島、岸田は、結びついていたのであろう。

芸術は「自然」をどのようにとらえることで、その神秘性に肉薄し得るのか。また「工芸」（「モノ」）は、その物質性（「自然」）をあらわにしつつ、人の眼と手というもう一つの「自然」（身体）を通じて、芸術(＝人工)がこの世に存在することの意義を証明できるのか。柳宗悦は哲学者としてこの問いを共有し、深くのめり込んでいったと考えられる。彼らは、写された／移されたモノ(絵画、工芸、写真＝「芸術」)が、「自然」に勝るとも劣らない美を有することの証をたてようとしていたと言い換えることもできるだろう。岸田劉生のリアリズム探求の同時代的な意味については、美術史家の北澤憲昭、哲学者の伊藤徹による考察があり、土田の議論と併せて示唆に富む。

すでに述べたように、富本憲吉にとって「模様」という彼の芸術の核心が、「自然」を写すことと、写してなお「自然」の生命を宿していることにある以上、野島邸におけるネットワーク、そこでの議論に加わらざるを得なかったと推測したい。そして、写した自らの模様を「反復」してなお、オリジナルの模様(それは複数性の中に存在する)にも、またその起源となった「自然」にも宿っていた生命をくり返しよみがえらせる必要があった。さらに、その生命力は、「量産陶器」の中にこそ追求されるべきものであり、写真という近代の技術もまた、この力を殺ぐことなく、生かすものであるとの証が得たかったのだと推測される。

一九二〇年一月九日付、英国のバーナード・リーチに宛てた葉書に、富本は以下のように記している。

「我々は懸命に研究しなければならない。我々のアイデアをどう装うか習得せねばならぬ。(中略)思うにぼくらは今まだ我々の画室の中にいる。街頭にまだ立っていない。そうかもう二、三年待って下さい。ぼくは街頭に出て、万民のための安価な陶器を提示出来るだろう。これこそ我々の最大の望みではないか！　ぼくはそう思う。」(山本茂雄訳、図録34『人間国宝の日常のうつわ』、

Ⅳ—3、二八頁）

そして、「模様」とするにふさわしい「自然」は、常に探し続けられていった。柳は、一九二二年『中央美術』に発表した文章で、富本の芸術を次のように評している。

「神に打たれる心のさまを、宗教家は「火花」と呼んだが同じ様に美も亦《また》自然が与える心の閃き《ひらめ》である。一度此《この》閃きが過ぎ去るならば、美は遠く心から離れるであろう。瞬間の閃きを持たぬ長い無益な労作は、屢々《しばしば》美を殺した。富本君は此自然の秘事をよく知りぬいている作者である。彼の美にはいつも此閃きが欠けていない。彼は稀に見る鋭い感覚の保有者である。与えられる美の閃きに対して彼の神経はいつも用意されている。彼の感覚は眠っていない。美への速な反応が彼に筆をとらせる。模様でも線でも人の心を目覚ます様ではないか。それは屢々針の様な鋭さである。」（『柳宗悦全集』一四巻、筑摩書房、一九八二年、一五一―一五二頁。『中央美術』八巻二号掲載のエッセイは「富本憲吉論」という表題が付いているが、全集は自筆の書き込みのある掲載分の切り抜きに基づき「富本君の陶器」と変更して掲載）

大和時代の富本は、安堵で陶磁器を焼き、東京や大阪で展覧会を開催しながら、津の川喜田半泥子、越後木浦の伊藤助右衛門、近江八幡の小野元澄などの知人、パトロンの家を一家で訪ね滞在し、また写生旅行にも出かけた。「自然」と「人」が深く交感する場に身を置くことで、自己を拡張し、自然にむきあう眼をさらに深めようとしたのであろう。それは「他者」が用いる「日常の器」の制作を志す富本が、「他者」との共感を強く求めたことを意味すると同時に、自己の眼と表現の革新のために「他者」を必要としたのだとも考えられる。

富本と朝鮮

そのような「他者」の眼、美を、富本もまた柳宗悦と同様に「朝鮮半島」に見出したのだった。柳宗悦、富本憲吉と朝鮮の焼物との関係は、それぞれに前史がある。先に触れたように、柳は学習院在学中に朝鮮の壺を購入したと回想し、一九一四年には朝鮮から浅川伯教《あさかわのりたか》(一八八四―一九六四)の訪問を、移り住んだ我孫子、手賀沼畔の家に受け、土産として持参された李朝の染付陶磁器に啓示を受けたという(「我孫子から 通信一」『白樺』五巻一二号、一九一四年一二月)〔水尾、一九九二、八七―八八頁〕。

富本は、すでにⅡ章で詳しく見た通り、一九一二年の拓殖博覧会でリーチとともに朝鮮の焼物に、深く魅せられている。さらに早く、南薫造から贈られた朝鮮の壺を画室に置いて楽しんでいた(『南宛書簡』34、一九一一年一一月三〇日付)。また、浅川伯教が一九一九年に大和・安堵に富本を訪ね、彼を通して富本はさらに朝鮮陶磁への関心を深めていた。

そして、一九二二年秋、柳宗悦にとっては七回目の訪朝にあたる旅(九月一四日から一〇月一四日まで)に、富本は合流する(富本は九月二四日から一〇月一三日まで)。浅川伯教、そしてその弟の巧《たくみ》とは古窯趾を調査した。そして、朝鮮貴族会館を会場に、前年に創設された朝鮮民族美術館主催の「李朝陶磁器展覧会」を開催した。会場は研究室と展示室とからなっていたという。研究室では、窯跡や遺品の調査報告、手法別(富本担当)、時代別(浅川伯教担当)、用途別(浅川巧担当)による展示を、展示室ではとりわけ優れたものを集めて、相互の美的効果を配慮した展示を柳自らおこなったという。また講演会も開かれ、富本は「技巧」、浅川巧は「朝鮮人が用うる陶磁器の美」、伯教は「李朝陶磁器の歴史」、柳宗悦は「色の調和、形の整調」をテーマに話した〔高崎、二〇〇二、一一二頁〕。

このような男性同士の強い連帯に基づく協働は、繰り返し述べてきたように、本書が扱う一八八〇年代生まれの美術家たちが、日露戦争後の社会において、実践的に培ってきた姿勢である。ことに第一次世界大戦後に顕著になる芸術の民衆化、生活化を自らの課題とする過程で、男たちの協働は「他者」との遭遇というかたちで拡大しながら試行されていく。

「他者」には、すでに繰り返し指摘してきたように、「女性」、あるいは「土人」、「野蛮」という言葉でとらえられた人々の造形が含まれている。しかし、これらと朝鮮の自然、建造物、工芸への富本の向き合い方には、違いがあったと考えられる。朝鮮の陶磁器の歴史、造形の多様性や高みを、本格的な研究を通して味わう場、朝鮮民族美術館が浅川・柳らにより創設され、「李朝陶磁器展覧会」を開いて、それを朝鮮の人々とも共有しようとした。出品は約四〇〇点、入場者一三〇〇人余の三分の二は朝鮮人であったという〔同、一一二頁〕。

一九二二年には、景福宮正門の光化門を総督府が取り壊す計画であることを知った柳が、雑誌『改造』九月号に「失われんとする一朝鮮建築の為に」(『柳宗悦全集』第六巻、一九八一年)を発表し、その朝鮮語訳が『東亜日報』(八月二四日から二八日)に掲載されている。

ただし、「李朝陶磁器展覧会」終了後、柳は、斎藤実《まこと》朝鮮総督宛に手紙(一〇月一八日付)を出して、展覧会への来場と美術館への一五〇円の寄付の礼を述べている。美術家で生前の柳に私淑した水尾比呂志は、「この仕事が総督府にも認められたことが知られる」と記す〔水尾、一九九二、一四六頁〕。確かにその通りであろうが、見方を変えれば、朝鮮の歴史や文化を学術的に調査し、その美を日本が称揚することは、帝国日本による植民地経営にとって好ましく、有効な実践であったことは疑いない。

また富本は、この旅で、朝鮮の風景を見つめ、自然や建造物を描き、陶磁器にかたちづくり、模様を創出していった。富本は、同地で風景、建造物を写生し、それに基づいて小さな染付の家や門を象《かたど》った作品を制作した。それらは、いずれも手に乗るほどの大きさで、優美で、かつ親しみやすい。またこれらは、陶磁器の模様としても繰り返して用いられた（**図39**、表紙カバー参照）。

富本はこの時の旅の印象を記したエッセイを「京城雑信」と題し、一九二五年に刊行した著書『窯辺雑記』におさめている。


「今度来て最も驚き最も尊敬したことを聞かれるなら自分は建築という。陶器は勿論であるが以前から随分見ていたし、破片での勉強も随分やっていたために、種類の大半は未だ来ない前から知っていた。しかし建築は素敵だ、何といっても造形美術のうちで建築程力強く意味あるものはなかろう。しかしよくゆく場合が実に少く近世のものは大抵先ず悪い。そしてよい建物はどうしてこう自然にあるものらしく見えるか、人工ということは勿論わかり切ったことであるのにそこにそのバックをとりこめて充分一つの空気を造り出しているように見える、京城のそれは王宮の後の北漢山、三角山、臥虎山等が実によい調和を持って、建物自身がそこに当然建物が建つ以前からあったような感がある。」（「京城雑信」『窯辺雑記』）［富本、一九八一、二七九―二八〇頁］

図39　富本憲吉《染付机上小品（土塀）》1923年（個人蔵）

李朝の建築を、「屋根の曲線の綺麗さ」、「胴にあたる部分の四角さの強さ、入口、窓の取り方」、「細部では金物のうち方、柱の面取り、礎石の石の扱い方、梁《はり》のかすかな曲線もいつも強くよいと思う」と、富本らしく細やかな観察眼によって称賛する。また、「慶州出土の金属の王冠や剣の握りに法隆寺玉虫厨子《たまむしのずし》と同じ透《すかし》金物がある」ことに驚き、「何んだか模様や材料の上から見ると当時大和がここの殖民地のような気がしてならない」と述べた。

他方で、こうした古い「朝鮮住宅」と新築の西洋建築とを、これもまた細部をあげて比較し、「善と悪と、新と旧と、美と醜とがここに軒を列べて見える」として後者を批判する。また、この朝鮮の「今」における「文化破壊」の光景は、日本の「過去」、「フェノロサが来た当時とよく似ていないかと思う」。「明治初年よりは物質主義の勢が強くなった今日、その勢力そのやり方は実にはげしい」として、朝鮮の人々の「美しい手製の朝鮮靴がいやなゴム靴に代っていく」と嘆いた〔同、二八〇・二八五頁〕。

考えてみるまでもなく、上記のような変化は、同時期の日本において当然起こっていたのだが、ここでは「過去の朝鮮」を真正なものとして、「今」のそれを否定する。過去の「美」を写し／移すことが、芸術家のつとめとして遂行された。模様と陶磁の手技を通じて、「他者」の好ましい一部を自らに取り込むこと、それは「「帝国」の欲望」と深く絡み合っていたといえよう。

東京転居と「量産陶器」製作――「内国」の協働の行方

一九二六年秋、一家で移住した富本は、まず新宿に仮寓して、娘を開校予定の成城学園に入れるため（それが上京の主たる目的であったという）、千歳村（現、世田谷区祖師谷）に土地を探し、自ら和室のない洋館の設計にあたった（海藤隆吉「祖師谷の家」↓図録30『富本憲吉のデザイン空間』）。

激しく変化する「現在」の東京を、そしてそこに移り住んで陶磁器を焼く自らを、富本は、どのようにに見つめたのか。帝国の外である朝鮮と、帝国の内、中心の東京とを見つめる視線には、非対称があった。

「東京に来りて」と題した文章は、一九四〇年に刊行された著書『製陶余録』に収録されている。執筆の時期は、長男の荘吉が生まれ、千歳村の新居に引っ越した一九二七年の四月以降、季節からこの年の秋から冬にかけてと判断できる。

「田舎から来たらしい老女が紺ミジンの手織木綿を着て居る。その傍に若い都会人らしい女房が安い人造絹糸のショールをして立って居るのを電車で見た。渋い手織木綿が自分の家で手に取って見る時程美しくなく、人絹のケバケバしい光がかえって周囲の光景といかにもある種の調和あるものの様に光って居るのを見て驚いた。私は自分の感触が誤って居るのではないかを繰り返して考えてみたが、そうでなかった。そして終にもう手織という様な、手にとり静かに味い永年用いて初めて美しさの解る様なものは、この繁忙な急速度の電車を取り入れねば生活して行けない現代から死滅し尽し、それに代る可き人絹の時代が刻々生命づけられて居るのでなかろうかと思うた。」

またこうも書く。

「ある人は貧乏について、ある人は作品の不安を、色々と矢張り私がひとりで田舎にかえった時の様に忠告して呉れた。都会に住めば都会から生れる作品を、私がもし作り得る様なら、私は本当に美術家として生きて居る。私の恐れる処は、ただこの烈しい速度の電車の傍に住みながら宋窯や李朝の様な陶器が生れることである。そんなものは手習いした書家の字を見る様に、手本を見れば価値の落ちるニセ物である。〔中略〕どこに住もうと富本は富本でないか。出来る陶器にも考えにも変りはないではないか。」

新旧の風俗が急激に入れ替わる東京に立った富本は、京城を訪れた時とは全く異なる姿勢で、人絹のショールを美しいと感じる自身の感性の変化に驚きながらも、それを受け入れようとしている。変化の著しい都会から生まれる作品を、美術家としてめざすべきと考え、それを望んでいる。

こうした考え方は、「生活の中にある美」を探究してきた富本の立場に照らせば、一貫しているようにも見える。しかし、大和時代、あるいは朝鮮で生み出した模様を手放したわけではなく、自らの過去の経験を反復しながらの創造は続いていった。

「民芸」との乖離

ここで注目したいのは、やはりこの時点であらわになっている「民芸」の思想との乖離である。前年の春に柳宗悦らの訪問を受けて「日本民芸美術館設立趣意書」に連署してから、まだ二年も経っていない。しかし、連署に宣言された内容は、上記のエッセイに示された富本の陶磁に対する新たな考え方とは、相容れないものとなっていると言わざるを得まい。

趣意書は、以下のように述べる。

「自然から産みなされた健康な素朴な活々した美を求めるなら、民芸 Folk Art の世界に 来ねばならぬ。私達は長らく美の本流がそこを貫いているのを見守って来た。不思議にも此世界は余りに日常の生活に交わる為、却って普通なもの貧しいものとして、顧みを受けないでいる。誰も今日迄その美を歴史に刻もうとは試みない。私達は埋もれたそれ等のものに対する私達の尽きない情愛を記念するために茲《ここ》に此美術館を 建設する。必然蒐集せられる作は、主として工芸 Craft の領域に属する。それは親しく人の手によって作られ、実生活の用具となったものを指すのである。わけても民衆に用いられた日常の雑具である。それ故恐らく誰の目にも触れている品々である。」

もちろん柳は、美術館設立の趣旨を述べる中で、埋もれた、今では顧みられることのない雑具をその蒐集対象にしようと言っているのであって、現代の芸術家の創作について述べているわけではない。しかし、ケバケバしい人絹のショールが周囲の風景に調和するといった感覚を、柳は認めることはなかったに違いない。

同じ年、柳宗悦は「工芸の協団に関する一提案」と題した冊子を執筆、作製して、三〇部を親しい知人に配った。それは発足する上加茂民芸協団、織物、染織、金工、木工に取り組む若い工芸家のグループによる集団的創作実践に対し、期待を込めて贈る言葉であった。新作の「民芸」の在り方、めざすべき方向性について思索する中で、修行(自力道)、帰依(他力道)、協団(相愛道)という三つの段階を経由することが重要であると述べている。この中で示される、「帰依」とは、すぐれた古作品に見える特徴で「自然に忠順」で、「どこにも自己への執着がない」こと、「現れている国民性や地方性は血液から来たので、個性の主張から来たのではない。従ってそこには必然さがある。「自然さ」と「美しさ」とは同意義だと云える。工芸の美は自然が与えるよき材料からくる」と述べる（『柳宗悦全集』八巻、一九八〇年、四七―五八頁。傍点筆者）。

もちろん、柳の協団を拠点とした新作民芸創造の理念は、ただ他力に帰ることを奨励するわけではなく、個々のメンバーによる「「我れ」の訓練」、また個人ではなく工芸家相互の補助（それは工芸を用いる「民衆」との結合をも意味する）とセットで主張されている。しかし、「自然」と「美」の関係は根幹であり、機械や人工素材の利用はまったく想定されていなかった。

他方、富本についても、上記の文章では「都会の今」に強いこだわりを持っているように読み取れるが、地方の土を求め、陶工との協働を続けた。一九二八年夏、東京・祖師谷の新居に併設した工房に、苦労して築いた初窯に成功した翌年以降、自分の手で造り上げる陶器とは別に、「一年にすくなくも一回は必ず地方のどこかの大きい陶器の場所を見学し」そこで安価な日用品を焼くことを決めるのである。そして「素地もなるべくそこにある最も好きな形のもの、陶土も焼き方も釉薬すべてその地特有のものを用い、ただ少し模様だけぐらいは私の領分のものとしたものを焼いてくる」と書いた（「肥前中尾山に発見の陶片」『美術新論』五巻一〇号、一九三〇年）〔富本、一九八一、五四〇―五四二頁〕。地方とは、信楽《しがらき》（滋賀）、波佐見《はさみ》（長崎）、益子《ましこ》（栃木）、瀬戸（愛知）、九谷（石川）、清水《きよみず》（京都）など、日本を代表する窯業地であった。

一九三〇年一月に、家族で赴いた長崎、光永寺に寄宿しての一カ月は「長崎雑記」と題したエッセイに詳しく記されている。そこから富本は、波佐見の中尾、西原へ出かけ、「既成素地に染付の筆を執りあるいはゴム版の試作をこころみる」。工場の光景は、細やかに描写されている。

「茶碗、皿、酒器、等々の小食器類がここでいう絵かき座（陶工たちが並んで絵付をする場）の天井一杯床の上一面に幾万と積まれ、人々は慣れ切った無言でよく仕事を運んで行く。〔中略〕一日四、五百個轆轤《ろくろ》し得る工人が二十幾人全力をそそいで造り出す素地の大洪水が非常な円滑さと速度で窯に流れ込むその壮観。われわれの陶器は実に児戯に等しい（波佐見西ヶ原工場にて）。」〔富本、一九八一、四一八—四一九頁〕

場所を移し折尾では、以下のように書き記す。

「戸外で物売る声、交尾期にある山羊の奇声、窯づめしつつ泣く子供をあやす弟、この多勢の人々は夜十時まで働きつづけで朝までまたこの一室に寝るのである。そして得る銭は僅少である。ああこの家内工業の残留者達。彼等がこの混然たるうちに平和な仕事を続け得るのもそう永いことではあるまい（折尾瀬木原横石工場にて）。」〔同、四一九—四二〇頁〕

機械を導入し、合理化を進める大工場、小さな家内工業の工房、地方の製陶の現場に身を投じながら、富本による各地の技術の研究、そして「量産陶器」への取り組みはさらに続いた。

「量産陶器」、「工業陶器」こそが民衆が日常用いる器であり、美しさの点で分け隔てはないと考える富本は、理念において、東京・祖師谷の自工房で焼く一点制作の陶器と同じ美を追求する構えであったと考えられる。

しかし、販売、流通、消費の現場ではどのように捉えられたのだろうか。富本がその模様を自ら描いた量産品は、もちろん一点ものに比べれば格段に安価であったが、デパートの美術部で開催される個展において展示・販売されるとき、それはやはり「民衆」からは遠いものにならざるを得ない。

たとえば、一九三六年一二月に、大阪日本橋の松坂屋で開催された「富本憲吉氏第二回近作陶器展覧会目録」と題された小冊子には、この年の九谷窯での研究の成果が披露され、カラーを含む図版が豊富に掲載され購買者が目ぼしい作品を確認する上で役立つものになっていることがわかる。展覧会は招待日を二日設け、一般展観は四日間であった。

冒頭の文章の中で富本は、九谷での仕事について次のように述べる。「あくまでもこれは研究である。私の九谷研究の最初の試作として見ていただきたい。尚、千歳村窯の今秋第一窯から自信あるもののみを選び、併せて列べることにした。この種の研究は機会あるたびに今後も続けていきたいと願っている。幸い松坂屋が自分の計画に賛成して助力を与えてくれるという。今度の九谷での研究もそのことによって便宜を得た」。

これに続く松坂屋の口上には、「富本先生の作品と云《ママ》えば、乳白磁潤な肌に、呉須か、でなければ赤絵の素晴らしい絵付けがあって、健康美に併せて清素な感情を盛った芸術でありました。〔中略〕右はかねて当店が希うところのものとて、挙げて全部を寄せられると同時に千歳村の近作をも添えられましたので、ここに左記の如く展覧会を開催いたします。これこそ先生が新境地の開拓であり、はじめて世に問う新しい芸術でございましょう」として、地方窯の陶磁を研究した成果としての富本芸術の素晴らしさを、強く訴えている。祖師谷の近作は、富本自身によっても、松坂屋においても「別格」の扱いである。

富本憲吉は一九三五年には、改組された帝国美術院の新会員に任命され、まさに大家に上り詰めていく。またこの年、帝国美術学校(現、武蔵野美術大学)教授に就任し、工芸論を講じ、後進の指導にもあたる。「民芸」との距離はさらに開いていった。ともに参加していた国画会工芸部は一部(富本)、二部(民芸)に分裂し、三七年には、前年の日本民芸館開館を機に、二部会員は国画会を脱会した。この年の六月には、美術の国家統制の強化を目的に、帝国美術院が廃止され、帝国芸術院官制が制定される。富本は改めて会員に任命され、開催された新文展(一九〇七年に開催された最初の文部省美術展覧会と区別してこう呼ぶ)の審査員をつとめることになった。こうして、個の内面、生命の発現としての芸術を主張して、既成の美術ジャンルのヒエラルキーを拒否して美術家となった富本もまた、美術をめぐる制度に取り込まれていった。

エピローグ――「手仕事の国」日本はどこから来たのか、そしてどこへ行くのか

「工芸」という領域――世界史の中の工芸と国家

一九二六年一二月一日、元号が「昭和」に改まる直前に創刊された雑誌『工芸時代』(アトリエ社)は、本書が取り上げた世代の美術家たちが中核的な執筆者として多数登場するだけではなく、「工芸」が時代のうねりの中で再編されていく状況を浮かび上がらせて興味深い。

発刊の辞はこう始まる。「一九一四年から五年間続いた欧羅巴大戦争は幾千万の壮丁を動員し、それを惜しげもなく消費しましたが、一方あらゆる学問、あらゆる技術を駆り催して悉《ことごと》く是れを実用しました。さて平和克復して人々が個人々々の営《いとなみ》に帰った時、「実用」に対する思想は面目を一新して居ました。戦争を動機に煥発した学問や技術のエネルギイは、其新《そのあらた》な思想に導かれて、諸衆の生活を向上する為のいろ〳〵な仕事に向って活躍し、美術の領土では、工芸時代を展開しようとして居るのであります」。

続いて、「いち早く美術の産業化を唱えた露西亜の美術家達は」、一九二〇年のモスクワで開催された全露農業博覧会に際し、記念塔設計、看板製作、造園、ポスター、レッテルを図案して、「思想の示威運動をやりました」と紹介する。文中では革命によって共産主義国家が成立したことには触れぬ

まま、美術による思想の表現が、体制の大事業に直接関与する力を持つことを肯定的に伝えている。

また一九二五年、『工芸時代』発刊の前年に、フランス政府が巨額の予算をかけて、現代産業装飾芸術国際博覧会(本文中では装飾工芸世界博覧会とする)を主催し、ドイツをのぞく他の文明国が皆これに参加したことに言及し、「一切の装飾工芸に関し、各国民の現代的趣味を紹介するにあって、美術の高蹈性よりも美術の普遍性が迎えられた」と強調する。

さて本書は、近代日本が「美術」を制度化し、新体制の社会において、政治と経済両面において有効な機能を果たすべく、その編成を更新する過程を追ってきた。すなわち、西洋の美術の制度を導入して絵画と彫刻とを上位に置く枠組みを成立させる過程において、「絵画と彫刻」以外という意味での広義の「工芸」は、その内側に、異なる複数の領域を生んだ。それらはさらに階層化、序列化されて存続する。前近代から続く生産と享受の場の変容に対応することで、生き延びた領域も多かったが、需要を失い消えてしまった技も少なくない。また残った「工芸」の中にも、I章で見たように、重要な輸出品として期待が寄せられ、貿易振興の経済政策の下で奨励されて拡大した領域があれば、弱体化した領域もある。

さらに、経済と文化、両面での国家競争の場となった一九世紀末から二〇世紀の万国博覧会に目を移すと、ジャポニスムの追い風が止んでもなお、フランス、オーストリアなどを中心に、西欧の装飾芸術は活況を呈していた。「美」と「経済」の国際競争を睨みながら、工芸界では、「美術工芸」を特化し、引き上げる動きが美術家の間で顕著になっていく。

しかし、「美術工芸」が、絵画(日本画・西洋画)、彫刻と肩を並べ、官設展の一翼として陳列されるのは、ようやく一九二七(昭和二)年、第八回帝展においてであった。それまで工芸の領域では、一九一三年に開設された農展/商工展が、最大規模、かつ最も権威ある官設公募展覧会だったのである。そして、皮肉にも、「美術工芸」が、純粋美術(ファイン・アート)として公認されるその時に、産業面での工芸の重要性が再び叫ばれた。「図案家」から「デザイナー」に呼び名を変え、「工芸」の工業化、組織化をめざした上で、その芸術性の向上と生産の拡大が課題となっていく。

『工芸時代』が「発刊の辞」に記したように、「今や世界的に、工芸美術は新機運に会し、専門家によって大胆な独創と、賢い伝統咀嚼が試みられつゝある一方に、産業の方面に、教育の方面に所謂《いわゆる》工芸の社会的発展が現れ来《きた》った」との認識が共有されていく。

「吾が工芸界は、猶《なお》未だ所謂純粋工芸一点張りの観があって甚だ物足りません。工芸の完全な発達を期するには、産業工芸も自用工芸も斉《ひと》しく振興されねばならない。例えば、純粋工芸は医学です。産業工芸は診察治療です。自用工芸は衛生思想です。国民の生理的健在を図るには以上の三つが有機的に相関して進歩しなければなりますまい」と、「純粋工芸」「産業工芸」「自用工芸」の三つのカテゴリーをあげて、それらの重要性と関係を説いた。

もっとも、続いて、「すべての工芸の指導的責任は純粋工芸の負う処」と述べて、美術工芸の上位を「確認」するのだが、そうせねばならないほど、昭和初期において工芸の産業化は急務とされたともいえよう。

ところで「産業工芸」と並んで「自用工芸」なる、現在はあまり耳慣れないことばが用いられ、これを振興すべき対象としたのはなぜだったのだろうか。この領域こそが、本書Ⅱ・Ⅲ章で見てきたように、趣味の手仕事としての(女性たちによる)「手芸」であり、自らの楽しみを目的とし、また日々の暮らしを彩り豊かにするための手仕事、すなわち素人の工芸であった。この領域は、「農民美術」や「野蛮人の美術」に重なる。むしろ、産業工芸が強く叫ばれる以前に、この非経済活動に位置づけられる「自用」の工芸の重要性は説かれていた。

本書のⅡ章では、日露戦争以降の日本の美術界が、「小芸術」という言葉を好んで用い、私的空間、生活の中に、芸術を広めようとさまざまに働きかけた足跡を、『美術新報』誌を中心に検証した。「小芸術」の担い手としては、芸術性を追求する、各ジャンルの、あるいはジャンル横断的な工芸家のみならず、画家や彫刻家、建築家の主体的な参加が促され、実現した。まさに大正デモクラシーの時代であり、芸術の「民衆化」、私生活の重視が叫ばれた。そこで活躍したのが、建築、室内装飾を学び、独学で陶芸の道を究めようとした富本憲吉であり、素人の大胆さ自由さで工芸界に衝撃をあたえた藤井達吉である。

また大正期、とりわけⅢ章で見たように第一次世界大戦が始まる頃から、工芸の「民衆化」が広く主張されるようになっていく。その過程で、工芸家や思想家は、複数の作り手による「協働」を志向、その実践がさまざまな場で試みられた。「家庭手芸」や、「農民美術」を組織化し、ネットワークを生んでいくのもそうした現象のひとつである。また、富本憲吉が、「量産陶器」にこだわり、地方の窯を訪ね、そこでの研究と併せて、工人との協働によって安い陶器の普及をめざしたのも、こうした潮流に位置づけられよう。柳宗悦が先導する民芸運動が、新作、現代の「民芸」の育成・普及をめざし、「上賀茂民芸協団」の発足を促したのも同様である。この協団は短期で解散するが、民芸運動は各地に広がり、「民芸協会」が発足し、地方支部を拡大していった。「民芸協会」は、工人と販売者、そして享受者との協働をめざす新たな共同体／協団とみることもできよう。工芸を支える裾野は拡大し、パトロンの多くは依然として企業家であったが、明治末にさかのぼる中村屋サロン、大正期の芝川照吉、野島康三のように、自らの日常を芸術享受の場とする人々が増えていく。また、倉敷の大原孫三郎のように、蒐集品の公開を支援、あるいは自らめざすパトロンも現れた。

しかし、昭和へと時代が移る頃には、民間のネットワーク構築や協働の場を模索する動きが続く中、国が「工芸」にかかわる新たな組織を立ち上げ、振興策に乗り出していく。一九二八年、仙台に設立された商工省工芸指導所の取り組みが、まさにそれにあたる。農民美術運動の場合、すでに見た通り、民の動きにシンクロするように、官の側でも同種の関心、問題意識を先鋭化させていたため、同種の事業が国家の力で始まると、民間の運動は行き詰まりを余儀なくされていった。

信州神川村に始まった山本鼎を指導者とする農民美術運動を振り返ると、それは、官の側からの一方的な働きかけによってではなく、むしろ民、運動の側が、官に期待し、連携を望んだ結果としての蹉跌であったとも言える。より広い文脈で、「工芸」の振興を企図する側が、どのような論理とレトリックを駆使して、国家的な取り組みに歩調を合わせながらその重要性を強調したのか。その一端を、『工芸時代』創刊号の「発刊の辞」は示している。

「吾々《われわれ》の祖先は特に装飾工芸に就ては非凡な才能を顕しました。吾々が世界に向って涼しい顔して誇り得る、吾が民族のオリヂナリティは何に於て最も美事に発揮されて居るかと問われたなら、躊躇なく答えます「それは装飾工芸である」と。吾々は幸いにも血統として工芸に対する優秀な趣味性を有って居ます。されば、今日心配すべき問題は血統の問題でなし、エネルギイの問題です。専門家の工房のみならず、工場にも、学校にも、商館にも、家庭にも一とつの思想から働きかけてゆく程の真面目な精根です」と、民族のオリジナリティを、「血統」を根拠に自明化した上で、「装飾工芸」のそれと結びつけていくレトリックが見られる。

また『工芸時代』における、「本誌が、幾多の行路難を予想しながら、敢然先駆して工芸界の忠実な機関たろうとする意は、要するに吾が国の工芸を立体的に発達せしめんとする熱烈な意志に基くもの」とする文章からは、工芸にかかわる個人、団体の努力が、（明言はされないものの）国家貢献、国威発揚に寄与する行為だとするほのめかし、アピールを読み取ることも可能であろう。

現に創刊号には、商工次官（男爵）四条隆英《しじょうたかふさ》の「工芸界に対する希望」という寄稿が載り、工芸界が「国家の発展の為、国民相互の幸福の為に発奮努力して吾人の実生活に立脚し、文化の進運と内外の要求に順応して気韻の生動した立派な工芸品を続々製出して世界の耳目が我工芸品に集注さるゝ様にならん事を翹望《ぎょうぼう》して止まぬ」と記された。個人の生活に立脚する手仕事が、あからさまに、「国家の発展」、世界による評価に結びつけられている。

民は官に期待し、連携や支援を望むが、その結果として、時におおよそ志とは異なる道へと足を踏み込まざるをえなくなったり、中途で梯子を外されて逼塞を余儀なくされる例は少なくない。

先に見た『工芸時代』「発刊の辞」の執筆者は、無署名ではあるが、工芸評論家の大島隆一（一九〇三―八四）であると考えられる。大島は、編集責任者として巻末に「編輯室」（後記）を署名入りで記し、他に「プロイセンの美術工芸と手芸学校」という記事を寄稿している。海外の工芸事情に通じた人物として、昭和前期に活躍した足跡が残る。

もうひとつ『工芸時代』創刊号にかかわり、特記しておきたいことがある。それは、表紙、口絵、中扉などに、過去の日本における工芸の優品、「民族図案」、「新興工芸美術図案」、そして農民美術などが、ふんだんに掲載されていることである。表紙には中宮寺の「天寿国繍帳」(部分)、原色図版には「奈良染」(「辻が花」岡田三郎助蔵)、「バウハウスの手織物」、「アイヌ人の装飾図案」(図40、表紙カバー図版)が、広川松五郎の「百蟲賦」と題した染色のパネル作品のページの前に置かれた。白黒の図版も、まず、ギリシアの壺絵、オセアニアの染色、エジプト壺絵、続いて複数の新作工芸の頁が配される。また気になるのは、中扉の「お多けどん」と名付けられた竹細工とおぼしき、こけしに似た一対の人形である。「編輯室」の中で、大島は「民族図案」や「新興工芸美術図案」を、これからも口絵に続けて取り上げるという。

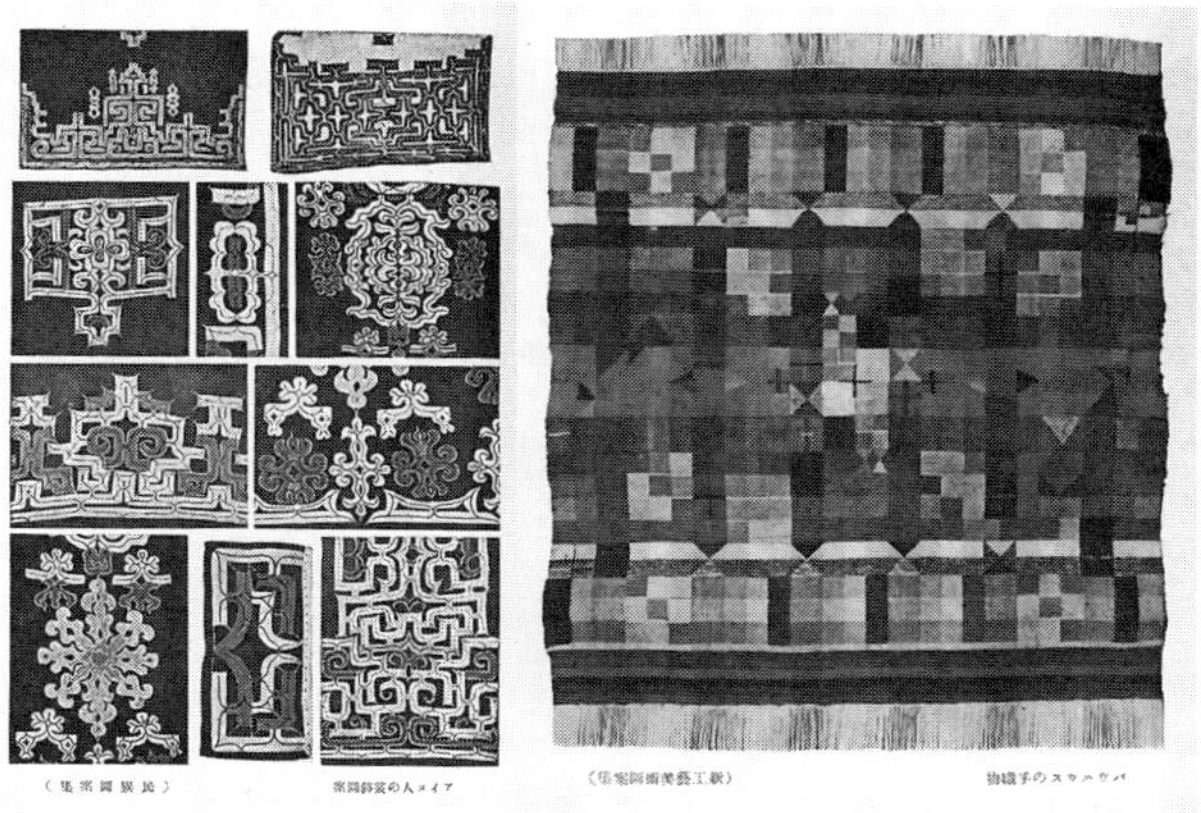

図 40　『工芸時代』カラー口絵
左：アイヌ人の装飾図案(民族図案集)，右：バウハウスの手織物(新工芸美術図案集)

創る主体と帝国の欲望

これらの「工芸」、過去の「伝統」を体現する歴史的作品から、最新の美術工芸作家の作品、最先端のバウハウスの織物、アイヌ文様、農民美術までを見わたすうちに、すべてが等しく口絵に集められているようでありながら、その配置、提示方法からは、対象を見つめる主体、雑誌読者／工芸を創り享受する人々のまなざし、帝国日本の欲望が浮かび上がる。

日本の古美術(古典)、欧州の新興工芸(モダニティ)の順で口絵を配置するのは価値観の反映、また、アイヌ民族の刺繡は、当時の製作であるにもかかわらず、製作者の名前や製作地は意識されないという、無意識の不均衡である。刺繡を施した衣装が本来の姿を失い、断片化され、「図案」として提示される。現代の製作品にもかかわらず、作者を示さないのは、農民美術の一種とおぼしい「お多けどん」も同様である。ただし、人形である「お多けどん」は、そのまま、享受者の生活の場に飾られ、愛されるのに対し、断片化された「アイヌ人の装飾図案」は、雑誌を購読する工芸家、趣味の自作者に提供され、誰もが自由に利用して構わない、オープンアクセスの図案とされた。つまり、帝国の創作者に、製作上のヒント、霊感を与えるモチーフという扱いである。

「美術の高蹈性よりも美術の普遍性」が主張、標榜される時、本来は存在する製作者、その主体性が奪われ、客体化される。上記のように断片が図案として利用される場合もあれば、そのアイヌ文様を刺繡した衣装をまとう身体そのものが提供される場合もあった。

一九一二年の上野で開催された拓殖博覧会を見物した富本憲吉が、樺太のギリヤーク(ニヴフ)の女性に魅了された瞬間を語る文章を、先にⅡ章で読んだ。黒い大きな眼、美しい黒髪の女性が、民族衣装をまとう姿、「模様から模様にうつる時のクヅレ方の面白味と云う様なキモノの着かたをして無言で座」るとして描写される箇所(本書一二三頁)からは、衣装に施された民族独自の「模様」が「他者性」を際立たせ、強く印象付ける要因となっていることを示している。エキゾチックな魅力は、まさに異文化、異民族の意匠と女性身体が重なるところに生まれ、強化されて、帝国の男性の視覚を強く刺激し、所有／支配の欲望をかきたてたのである。

一九三三年八月に北海道を旅した山本鼎は、《アイヌの娘》と題した油彩画を制作した(岡崎市美術館)(**図41**)。黒目勝ちの若い女性が、白と赤の布を帯状に切り出して置き刺繍する「ルウンペ」とよばれる技法(アップリケ)で装飾されたと思われる衣装をまとい、手を膝に静かに座っている。頭には、やはり刺繍を施した幅広の「マタンプシ」(はちまき)を着け、「タマサイ」と呼ばれる首飾りを下げる、アイヌ女性の正装である。

図41　山本鼎《アイヌの娘》1933年(岡崎市美術館．図録51『山本鼎のすべて展』)

一九一五年と大正初期にさかのぼるが、石井柏亭も北海道を旅し、《牧柵によれるメノコ》(**図42**)(一九一五年、所蔵不明、第二回二科展出品)を描いた。石井は青春時代の山本鼎ときわめて親しく、ともに美術文芸雑誌『方寸』を刊行した洋画家である。「メノコ」とは、若い女性を意味するアイヌ語である。山本の《アイヌの

図 42　石井柏亭《牧柵によれるメノコ》1915 年
（第 2 回二科展出品，絵葉書）

娘》とは異なり、こちらの女性は、日常生活の中でポーズをとり、衣装は襟元に洋風の刺繍を施した白い着物、絣模様の前垂れを着けている。また紫の布で髪をまとめる。一方で、軽くウエーブのかかる黒い豊かな髪に縁どられた彼女の顔は、唇の周りに入れ墨をしていることがわかるようにはっきりと描かれている。下げた右手の指、関節にも帯状の入れ墨が見える。同化政策の下でもアイヌの人々の間で入れ墨はおこなわれており、他方で、日常の服装は和人と同じものとなっていく時代である。

しかし、この牧場の一隅に立つ女性が、その日常のまま描かれていると判断することはできない。民族衣装を身にまとわせることも、同化した衣装の、しかし入れ墨のアイヌを描くことも、帝国の画家にとっては選択可能であり、いずれも女性の身体に「他者」の記号が重ねられていることに注意を向けておこう。「娘」、「メノコ」という呼び名、いずれかを選択するのも、帝国の男性／主体であり、女性身体は「包摂」と「排除」の間に置かれていたことがわかる。

アイヌ女性だけではもちろんない。帝国日本の画家たちが描く民族服をまとう女性像、「土地の女」の表象に付与される意味や、政治的機能については、近年、議論が重ねられてきた［児島、二〇〇一・二〇一九］［池田、二〇〇七］。中国、朝鮮、そして日本国内でも都市ではなく「周縁」に位置する農村、漁村、山村の女性たちが、ローカルな服飾に身をつつむ姿で描かれ始める。その時期は、やはり明治の後半、日露戦争後の時代であった。帝国化の伸展、帝国日本の膨張を背景として、この主題は、絵画の表現や様式が変化・革新しても変わらず人気が高く、描き継がれた。

ところで、西洋美術史家の天野知香は、両大戦間期のフランスにおいて、「装飾芸術における非西欧の意匠や技法、素材の取り入れや、ジェンダーと絡み合った「他者」表象との関わりは、さらなる展開といっそうの顕在化を見ることになる」という〔天野、二〇一八、序文(九頁)〕。特に、キュビズムの流行下に、現代性(モダン)を志向する一方で、「アフリカ性」を喚起し、「プリミティヴィズム」の含意によって、植民地主義を背景とした「エグゾティック」の強調は、「ブラック・デコ」と呼ばれていることに目を向けた〔同、七六―七八頁〕。

天野の議論は、西洋世界における「他者」表象、身体表象を拠点とした「他者」と「自己」の構築過程と、アジアの帝国である日本のそれとの比較を、強く促して刺激的である。「アール・デコ」(モダニズム)の表現は、第一次世界大戦後の日本に対し、ファイン・アート(ハイ・アート)にとどまらず、広く「工芸」、大衆文化にまで影響をおよぼしたからである。先述の雑誌『工芸時代』の創刊、それ自体が、まさにアール・デコ博と呼ばれた、一九二五年開催の現代産業装飾芸術国際博覧会の強い衝撃を受けていることからも、この課題は重要であるが、本書で扱う余力はない。

ただ、ひとつ考えておきたい問題がある。それは、この時期にいたってもなお、日本美術において は「手仕事をする女性」という主題が好まれ、民族服の女性像と併行して、描かれ続けたことである。女性たちは、洋装、和装、そして帝国の植民地となった地域で、針を持つ手を動かし、織物をし続けた。「家庭」という領域を女性身体とともに描く視覚的表象、つまりイメージを通して、「帝国」はひとつながりの、大きな共同体として想像されたと考えられる。

　本書で取り上げた一八八〇年代生まれの美術家たちにとって、親しく、また大きな存在であった洋画家、岡田三郎助には、《縫いとり》(図43)という、妻の八千代(一八八三―一九六二)をモデルとする作品がある。八千代は、劇作家の小《お》山内《さない》薫《かおる》の妹で、『青鞜』に続く女性文芸雑誌『女人芸術』(一九二八年創刊)に寄稿し、小説家・劇作家として活動を続けた。

　八千代と夫の岡田、あるいは兄の小山内薫との関係については、児島薫が論じており、八千代の目が捉えた夫の画室やモデル、兄との関係、あるいは夫の弟子であった和田三造から受けた、文章による激しいセクシャルハラスメントなどのエピソードを交えながら、「創作」という男性領域に進出しようとする女性の葛藤や困難が細やかに、かつ論理的に探究されている〔児島、二〇一四・二〇一九〕。

　児島は、八千代の短編集(『絵具箱』一九一二年)に序文を寄せた兄の小山内薫が、女性が小説家であることを認めないかのような発言をし、妹が刺繡や裁縫を得意とするにもかかわらず、小説を書くことを「意外」と強調していること、また夫である三郎助が「書け」という立場だから、(兄としても)趣味という範囲なら認めた、と述べることに注目する。八千代にとって、この兄は親しく、また最大の理解者であったことから、兄は、プロの小説家であろうとする妹が、読者からの保守的な反発や、社会的攻撃、迫害を受けることを和らげようとしたのではないか、と推測する。

　また《縫いとり》についても、手仕事を学び、また得意とする妻のその姿を描くことで、「「芝居歩きばかりしている」などと攻撃された妻の悪評をはらそうとしたのではないか、と考えるのはうがちすぎであろうか」と書く。

岡田三郎助は、革細工や金属細工などの制作と、織や染の布、刺繍などの蒐集で知られ、「小芸術品作家としての岡田三郎助氏」として坂井犀水に早くから『美術新報』誌に紹介されている(204号、一九一一年九月)。また、女性が美術学校、美術界から排除される明治中期以降の近代日本において、私塾や女子美術学校の教師として、多くの女性画家を育てた人物であった。

逆説的に言えば、縫物や刺繍といった手仕事は、それほどまでに近代日本の社会のジェンダー秩序に組み込まれ、それを支える行為であり、安定感抜群の表象であった。岡田三郎助の《縫いとり》は、洋風ランプがあたたかく室内を照らし、たくさんの世界の手芸品に囲まれ(夫の蒐集品か)、椅子に座って静かに刺繍をする女性の姿を描き、女性のこの行為を「女性本来のもの」として本質化・普遍化している。八千代の視線は布に注がれ、右手に持つ針は、布に向け下ろされ、引き上げられる、迷いのない往復を続ける様子が描かれた。

図 43 岡田三郎助《縫いとり》1914 年(個人蔵. 図録 52『洋画家たちの青春』)

岡田の作品一点にとどまらない。近代日本絵画の中に、針仕事、手芸をする女性は、なぜかくも大量に生産されたのだろうか。
その答え、理由はひとつではなかろうが、若桑みどりは、黒田清輝にはじまる日本の本格的な洋画の受容に際して、主題の中から男性領域、公的世界が排除され、私的・女性的領域への囲い込みがあったと、指摘する［若桑、一九九七］。この特異性は、明治中期の草創期の洋画家たちが、歴史画を中心に、国家を体現する絵画を志向したことと比較してみるとわかりやすい。明治の後半に大転換があったといえよう。

また、西洋における女性身体の図像学的系譜（イコノグラフィー）には、複数の伝統がある。神話、キリスト教、五感の寓意など多様な図像の中から、画家は時代やパトロンの要請に従って選択し、時に重層的にそれを用いた。ところが日本近代の洋画は、市井の生活、それも家庭を中心とする空間を占め、静かに手仕事に専心する女性を好んで描いた。特に、黒田清輝と岡田三郎助には、家庭で手芸をする女性を描く作品が多い。また岡田とその同世代の藤島武二、さらに次世代にあたる梅原龍三郎、安井曾太郎といった洋画壇の中心を占めた画家は、手仕事を駆使した民族服をまとう女性像を競い合うように描き、バリエーションを広げて、画壇をリードした。

家庭で、家族や自分のためにおこなう手芸・裁縫という行為は、実態においては賃仕事であり、女性の経済的自立の一助となってきた。また、糸と布にかかわる工場労働は、女性（女工）によって支えられてきたし、彼女たちは近代国家に不可欠な労働力であった。

しかしその行為は、表象においては、常に私的領域にとどめられた。そして女性の手仕事は、本書において見てきたように、農民の手仕事（農民美術）、植民地の民族的手仕事と互換性を有し、帝国の美術の制度においては周縁化されながらも、不可欠で重要な役割を担っていく。女性、農民、植民地の民族の「本質的で内発的な」表現とみなされる手仕事は、中心／男性の優位と支配を受け入れ、癒し、支えてくれるものとして必要とされ、視覚的に表象され続けたのである。

言い換えれば、これらの手仕事は、西欧列強による帝国主義体制に組み込まれた東アジアの中で、自らを帝国としてつくり上げようとした日本において発見された「美」の領域であった。富本憲吉、藤井達吉、山本鼎は、日々の暮らしが営まれる場に目を向け、自ら移動し、そこに生きる人々との協働を通じて新たな「美」の創造をめざす。しかし、彼らによる周縁への移動と創造が、「他者」を特定の場に閉じ込めようとする暴力を伴い、文化帝国主義の色彩を帯びたことを見過ごすことはできない。

資本主義経済の中で、富を生む工芸の育成が急務となる傍らで、周縁化された手仕事に対する評価は失われるどころか、一層必要とされた理由を、今一度考えてみたい。

また、周縁化された手仕事の側に立って、その作り手を主体的な存在として抵抗的に立ち上げようとする実践もあった。今日、その意義の見直しは急務であろう。

儲かる工芸、儲からない工芸は、今日の社会においても、いずれもがただ存在するのみならず必要とされている。資本主義の論理によれば、後者は淘汰されてしかるべきなのに、なぜなのだろうか。葛藤を生みながら、境界線が引かれていく手芸と工芸の関係を改めて注視したい。民族・民俗資料とアートの境界線も未だに引かれ続ける。権力が生成し、私たちの価値観や評価の基準が生まれる過程を検証しながら、権力による一方的な線引きを拒否し、モノを美しく作ること、それを生活の中で使い評価する私たち自身の判断と行動を手にしていきたい。

文献一覧

【引用・参考文献】


青木茂・酒井忠康編、一九八九『日本近代思想大系17 美術』岩波書店。

浅野泰子、二〇一一「小川登代子氏寄贈作品・資料に関する報告」『碧南市藤井達吉現代美術館研究紀要』一号。

東珠樹、一九八三「『美術新報』とその時代」『美術新報 総目録』(『美術新報』復刻別巻)。

足立源一郎・山本鼎、一九三三『北海道展記念』(丸井今井で開催された展覧会の冊子)。

阿部公正、一九六六「ムテジウス――ドイツ工作連盟」勝見勝監修『現代デザイン理論のエッセンス』ぺりかん社。

天野知香、二〇〇一『装飾/芸術――一九―二〇世紀フランスにおける「芸術」の位相』ブリュッケ。

天野知香、二〇一八『装飾と「他者」――両大戦間フランスを中心とした装飾の位相と「他者」表象』ブリュッケ。

池田忍、一九九八『日本絵画の女性像――ジェンダー美術史の視点から』筑摩書房。

池田忍、二〇〇七「「女性」の自立と「国家」――明治期日本の女性が構想した労働の場を手がかりに」栗田禎子編『ナショナリズムとジェンダーに関する比較史的研究』(千葉大学大学院人文社会科学研究科研究プロジェクト報告書第一一一集)。

池田忍、二〇〇八「視覚表象研究/美術史研究の視点から」『歴史学研究』八四六号。

池田忍、二〇一七「アイヌ女性の手工芸にみる創造と協働(前編)――大正期、拓殖博覧会と農民美術を背景に」上村清雄編『テクストと引用――原典、異本、翻案』(千葉大学大学院人文社会科学研究科研究プロジェクト報告書第三二一集)

石田あゆう、二〇〇四「〈研究ノート〉震災支援としての婦人雑誌のメディア・イベント」『京都社会学年報』一二号、京都大学文学部社会学研究室。

伊藤真実子、二〇〇八『明治日本と万国博覧会』吉川弘文館。

今橋映子、二〇一三「美術編集者・坂井犀水の軌跡――初期社会主義運動と明治期美術界」『超域文化科学紀要』一八。

今橋映子、二〇一四a「雑誌『美術新報』改革と岩村透・坂井犀水――大逆事件とポスト印象派の時代に」『超域文化科学紀要』一九。

今橋映子、二〇一四b「美術批評家・岩村透と初期社会主義――大逆事件下の「美術と社会」」(上)(下)、『思想』一〇八一・一〇八二号。

今橋映子、二〇一五「大正改元期の〈美術問題〉――美術批評家・岩村透と輿論形成の戦略」『比較文学研究』一〇〇号、東大比較文学会。

岩切信一郎、二〇〇九『明治版画史』吉川弘文館。

遠藤三恵子、二〇〇七『ロシアの農民美術――テニシェワ夫人と山本鼎』東洋書店。

大石勇、一九九四『伝統工芸の創生――北海道八雲町の「熊彫」と徳川義親』吉川弘文館。

大﨑綾子、二〇一六「近代における刺繍教育」→図録4『糸と光と風景と』。

大塚和義、二〇〇三「アイヌ工芸、その歴史的道程」『アイヌからのメッセージ――ものづくりと心』財団法人アイヌ文化振興・研究推進機構。

大槻宏樹編、一九八三『金井正選集――大正デモクラシー・ファシズム・戦後民主主義の証言』早稲田大学教育学部大槻研究室。

五十殿利治、二〇〇八『観衆の成立』東京大学出版会。

五十殿利治編、二〇一〇『「帝国」と美術――一九三〇年代日本の対外美術戦略』国書刊行会。

堅田智子、二〇一七『外交官アレクサンダー・フォン・シーボルトの描いた明治日本――広報外交戦略の立案と展開』学位(博士)論文。

金子宜正、一九九五「イッテン・シューレにおける造形教育の我が国への受容過程に関する一考察――山室光子・笹川和子両氏の業績をふまえて」『美術教育学』一六号。

鹿野政直、二〇〇七『鹿野政直思想史論集1 大正デモクラシー・民間学』岩波書店。

唐澤昌宏、二〇〇二「富本憲吉の量産陶器について――瀬戸(品野・赤津)で制作した作品から」『陶説』五八六号。

川端康雄、二〇一六『ウィリアム・モリスの遺したもの――デザイン・社会主義・手しごと・文学』岩波書店。

神田愛子、二〇〇九『山本鼎物語――児童自由画と農民美術 信州上田から夢を追った男』信濃毎日新聞社。

菊地潤、二〇一七「分離派瀧澤眞弓設計「日本農民美術研究所」――知られざる実施作が持つ意味について」『美術運動史研究会ニュース』一六二号。

岸田陽子、二〇一二「サウス・ケンジントン博物館と日本――クリストファー・ドレッサーの運んだ一八七六年の寄贈品選定基準について」『アート・リサーチ』一二、立命館大学。

木田拓也、二〇一二「自由学園「北京生活学校」」→図録6『越境する日本人』。

木田拓也、二〇一四『工芸とナショナリズムの近代――「日本的なもの」の創出』吉川弘文館。

北澤憲昭、一九八九『眼の神殿――「美術」受容史ノート』美術出版社(定本、ブリュッケ、二〇一〇年)。

北澤憲昭、一九九三『岸田劉生と大正アヴァンギャルド』岩波書店。

北澤憲昭、一九九五a「美術雑誌にみる明治美術の諸相④――新派系雑誌の台頭」『日本の美術』三五二号。

北澤憲昭、一九九五b「美術雑誌にみる明治美術の諸相⑤――明治から大正へ」『日本の美術』三五三号。

北澤憲昭、二〇〇〇『境界の美術史――「美術」形成史ノート』ブリュッケ。

北澤憲昭、二〇〇三『アヴァンギャルド以後の工芸――「工芸的なるもの」をもとめて』美学出版。

北澤憲昭、二〇一三『美術のポリティクス――「工芸」の成り立ちを焦点として』ゆまに書房。

北澤憲昭・森仁史・佐藤道信編、二〇一四『美術の日本近現代史――制度・言説・造型』東京美術。

北原進、一九九六「シーボルトのみた日本の地域産業」『シーボルト父子のみた日本』ドイツ-日本研究所。

「郷土」研究会編、二〇〇三『郷土——表象と実践』嵯峨野書院。

沓沢宣賢、二〇〇〇「明治六年ウィーン万国博覧会と日本の参同——明治初期我が国の殖産興業政策を中心に」東海大学外国語教育センター異文化交流研究会編『日本の近代化と知識人——若き日本と世界Ⅱ』東海大学出版会。

國雄行、二〇〇五『博覧会の時代——明治政府の博覧会政策』岩田書院。

國雄行、二〇一〇『博覧会と明治の日本』吉川弘文館。

國雄行、二〇一三『佐野常民　1822—1902』佐賀県立佐賀城本丸歴史館。

久米邦武編、一九七七—八二『特命全権大使米欧回覧実記』(全五巻、田中彰校注・解説)、岩波文庫。

クライナー、ヨーゼフ、一九九六「三人の「日本のシーボルト」の生涯と業績」『シーボルト父子のみた日本』ドイツ-日本研究所。

黒岩比佐子、二〇一〇『パンとペン——社会主義者・堺利彦と「売文社」の闘い』講談社。

黄貞燕、二〇〇三「日本における官主導による博物館政策に関する一考察——明治初期における内務省の博物館と文部省の教育博物館の設立と運営を通して」『デザイン理論』四三号、意匠学会。

小崎軍司、一九七五『夜あけの星——自由大学／自由画／農民美術を築いた人たち』造形社。

児島薫、二〇〇一「中国服の女性像にみる近代日本のアイデンティティ形成」『実践女子大学文学部紀要』四四号。

児島薫、二〇一四「岡田三郎助と女性画家、および妻八千代とのかかわりについて」→図録7『岡田三郎助』。

児島薫、二〇一九『女性像が映す日本——合わせ鏡の中の自画像』ブリュッケ。

権田保之助、一九二一『美術工芸論』内田老鶴圃。

斉藤道子、一九八八『羽仁もと子——生涯と思想』ドメス出版。

齋藤玲子、一九九四「北方民族文化研究における観光人類学的視点(1)　江戸〜大正期におけるアイヌの場合」『北海道立北方民族博物館研究紀要』三号。

堺利彦、一九〇一『家庭の新風味』(エドワード・ベラミー作抄訳「百年後の新社会」を含む)内外出版協会(『堺利彦全集』第二巻、中央公論社、一九三三年所収)。

佐藤一信、二〇〇四「ゴットフリート・ワグネルと万国博覧会、そして旭焼の創始について」『陶説』六一五号。

佐藤、バーバラ編、二〇〇七『日常生活の誕生——戦間期日本の文化変容』柏書房。

佐藤秀彦、二〇〇一「クリストファー・ドレッサーの来日と英国の寄贈品」『郡山市立美術館研究紀要』二号。

佐藤道信、一九九六『〈日本美術〉誕生——近代日本の「ことば」と戦略』講談社。

佐藤道信、一九九九『明治国家と近代美術——美の政治学』吉川弘文館。

サンド、ジョルダン、二〇一五『帝国日本の生活空間』(天内大樹訳)、岩波書店。

椎名仙卓、一九八八『日本博物館発達史』雄山閣出版。

自由学園女子部卒業生会編、一九八五『自由学園の歴史Ⅰ 雑司ヶ谷時代』自由学園女子部卒業生会。

自由学園女子部卒業生会編、一九九一『自由学園の歴史Ⅱ 女子部の記録1934〜1958』自由学園女子部卒業生会。

神野由紀、一九九四『趣味の誕生——百貨店がつくったテイスト』勁草書房。

神野由紀、二〇一五『百貨店で〈趣味〉を買う——大衆消費文化の近代』吉川弘文館。

菅靖子、二〇〇五『イギリスの社会とデザイン——モリスとモダニズムの政治学』彩流社。

菅靖子、二〇〇七「今井和子と自由学園工芸研究所にみるモダニズム期日本の工芸産業」『デザイン学研究』一八二号。

菅生均、二〇〇六「権田保之助の芸術教育論に関する一考察」『熊本大学教育学部紀要』五五号。

鈴木禎宏、二〇〇六『バーナード・リーチの生涯と芸術——「東と西の結婚」のヴィジョン』(シリーズ・人と文化の探究1)、ミネルヴァ書房。

鈴木廣之、二〇〇三『好古家たちの一九世紀』吉川弘文館。

スチュワート、スーザン、一九九六「欲望のオブジェ——スーヴェニールについて」(高山宏訳)、今福龍太・沼野充義・四方田犬彦編『世界文学のフロンティア4 ノスタルジア』岩波書店。

スパーク、ペニー、二〇〇四『パステルカラーの罠』(菅靖子ほか訳)、法政大学出版局。

瀬尾典昭、二〇一三「藤井達吉の立つ場所――展覧会にあたって」→図録42『藤井達吉の全貌』。

セネット、リチャード、二〇一六『クラフツマン――作ることは考えることである』(高橋勇夫訳)、筑摩書房。

芹沢銈介美術館監修、二〇一六『芹沢銈介の静岡時代』静岡新聞社。

高井陽・折井美耶子、二〇〇二『薊の花――富本一枝小伝』(初版一九八五年)、ドメス出版。

高木久子、二〇一六「藤井達吉姉妹・姪の制作による工芸作品紹介」『研究紀要』一三、愛知県美術館。

高崎宗司、二〇〇二『朝鮮の土となった日本人 浅川巧の生涯』(増補三版)、草風館。

田中芳男・平山成信編、一八九七『澳国博覧会参同記要』国立国会図書館。

田辺徹、二〇〇八『美術批評の先駆者、岩村透――ラスキンからモリスまで』藤原書店。

千葉真智子、二〇一三「工芸一家――藤井達吉と姉妹・姪」「家庭手芸品製作の伝道者として」→図録42『藤井達吉の全貌』。

辻本勇、一九七二「富本憲吉断想」『季刊 銀花』一〇号。

辻本勇、一九九九『近代の陶工・富本憲吉』双葉社。

辻本勇・海藤隆吉共編、二〇〇七『富本憲吉の絵手紙』二玄社。

津田青楓、一九六三『老画家の一生』中央公論美術出版。

土田眞紀、二〇〇七『さまよえる工藝――柳宗悦と近代』草風館。

角山幸洋、二〇〇〇『ウィーン万国博の研究』関西大学経済・政治研究所。

鶴見俊輔、一九七六『柳宗悦』平凡社。

鶴見俊輔、一九八二『戦時期日本の精神史 1931~1945年』岩波書店(岩波現代文庫、二〇〇一年)。

デザイン史フォーラム編、藤田治彦責任編集、二〇〇八『近代工芸運動とデザイン史』思文閣出版。

寺本益英、一九九八、「大正~昭和初期における農家副業政策の展開」『経済学論究』五二―二(関西学院大学)。

ドゥ・ヴァール、エドモンド、二〇〇七『バーナード・リーチ再考――スタジオ・ポタリーと陶芸の現代』(金子賢治監訳・解説、鈴木禎宏解説、北村仁美・外舘和子訳)、思文閣出版。

東京国立博物館編、一九七三『東京国立博物館百年史』。

東京文化財研究所美術部編、二〇〇五『大正期美術展覧会の研究』中央公論美術出版。

冨田康子、二〇〇五「手芸のユートピア――藤井達吉とその家族の女たち(連載「日本染織工芸の遠近法」15)」『月刊染織α』二九五号。

冨田康子、二〇〇六「富本憲吉の染織――モダニズムの陶芸家をとらえたもの(連載「日本染織工芸の遠近法」17)」『月刊染織α』二九九号。

富本憲吉、一九六二「私の履歴書」『日本経済新聞』一九六二年二月一日―一三日(『私の履歴書 文化人6』一九八三年所収)。

富本憲吉、一九六九『色絵磁器〈富本憲吉〉』(内藤匡、文化庁編集「無形文化財記録工芸技術編」1)、第一法規。

富本憲吉、一九八一『富本憲吉著作集』五月書房。

富本憲吉、奈良県立美術館編、一九九九『南薫造宛 富本憲吉書簡』(大和美術史料 第三集)、奈良県立美術館。

富本憲吉・式場隆三郎・對島好武・中村精、一九六一「富本憲吉の五十年」(正・続)、『民芸手帖』三九・四〇号。

長島伸一、二〇一〇「金井正の思想と行動――大正デモクラシー・農民美術運動・ファシズム・戦後民主主義をめぐって」『長野大学紀要』一二一号。

長島伸一、二〇一二「金井正の思想と行動(1) 大正デモクラシー期を中心に」『長野大学紀要』一二六号。

長島伸一、二〇一三「金井正の思想と行動(2) ファシズム期を中心に(第一部)」『長野大学紀要』一二九号。

中村精、一九七三「富本憲吉と量産の試み」『民芸手帖』一七八号。

中山修一、二〇〇五「富本憲吉の「ウイリアム・モリスの話」を再読する」『表現文化研究』五―一、神戸大学表現文化研究会。

中山修一、二〇〇六a「岩村透の「ウイリアム、モリスと趣味的社会主義」を再読する」『デザイン史学』四号。

中山修一、二〇〇六b「富本憲吉の英国留学以前――ウィリアム・モリスへの関心形成の過程」『表現文化研究』六―一、神戸大学表現文化研究会。

中山修一、二〇〇七「一九〇九―一〇年のロンドンにおける富本憲吉（I）――ヴィクトリア・アンド・アルバート博物館におけるウィリアム・モリス研究」『表現文化研究』七―一、神戸大学表現文化研究会。

西川祐子、二〇〇〇『近代国家と家族モデル』吉川弘文館。

西川祐子、二〇〇四『住まいと家族をめぐる物語――男の家、女の家、性別のない部屋』集英社新書。

西山純子、一九九九「創作版画の一側面――富本憲吉を中心に」→図録31『日本の版画II』。

野呂田純一、二〇〇八「美意識の交流――「よき趣味」と「風雅」」『デザイン理論』五三。

野呂田純一、二〇一五『幕末・明治の美意識と美術政策』宮帯出版社。

朴昭炫、二〇一二『「戦場」としての美術館――日本の近代美術館設立運動／論争史』ブリュッケ。

土生和彦、二〇一五「アメリカからの手紙――藤井達吉の滞米時期に関する報告」『碧南市藤井達吉現代美術館研究紀要』三号。

比嘉明子・宮崎清、一九九五a「図案奨励策としての農展・商工展の様相とその意義――農展・商工展研究（1）」『デザイン学研究』一一〇号。

比嘉明子・宮崎清、一九九五b「大正・昭和戦前期における工芸奨励策としての農展・商工展――農展・商工展研究（2）」『デザイン学研究』一一二号。

日比嘉高、二〇〇二「絵の様な人も交りて展覧会――文学関連資料から読む文展開設期の観衆たち」『美術展覧会と近代観衆の形成について』（平成一一―一三年度科学研究費補助金（萌芽的研究）研究成果報告書）。

蛭川久康、二〇一六『評伝 ウィリアム・モリス』平凡社。

フォーティ、エードリアン、一九九二『欲望のオブジェ――デザインと社会1750年以後』（高島平吾訳）、鹿島出版会（新装版、二〇一〇年）。

深港恭子、二〇一四「窯業産地としての苗代川の形成と展開――薩摩焼生産の歴史」『薩摩・朝鮮陶工村の四百年』岩波書店。

藤井達吉、一九二三『家庭手芸品の製作法』主婦之友社。

藤井達吉、一九二六『素人のための手芸図案の描き方 附・応用図案百種』主婦之友社。

藤井達吉、一九六一「矢作堤」(自伝的随筆)→図録42『藤井達吉の全貌』。

藤城優子、二〇〇六「美術的社会運動家としての山本鼎──鼎と上田の青年が描いた夢」→図録39『美術的社会運動家としての山本鼎』。

藤田治彦、二〇〇九「農民美術と民藝運動──山本鼎と柳宗悦をめぐって」[藤田編、二〇〇九]。

藤田治彦編、二〇〇九『芸術と福祉──アーティストとしての人間』大阪大学出版会。

藤田治彦・川島智生・石川祐一・濱田琢司・猪谷聡、二〇一〇『民芸運動と建築』淡交社。

ブライソン、ノーマン、二〇一八「身体を西洋化する──明治洋画における女性、美術、権力」(佐藤康宏訳)、『絵は語り始めるだろうか──日本美術史を創る』羽鳥書店。

碧南芸術文化振興会事務局編、二〇〇三『藤井先生直筆の訂正による『碧南市史料第十一輯 藤井達吉翁』』。

碧南市史編纂会編、一九五六『碧南市史料第十一輯 藤井達吉翁』。

前田泰次、一九七五『現代の工芸──生活との結びつきを求めて』岩波新書。

松尾尊兊、一九九〇『大正デモクラシーの群像』(同時代ライブラリー)、岩波書店
松尾尊兊、二〇〇一『大正デモクラシー』岩波現代文庫。

松尾信資編、一九六五『孤高の芸術家 藤井達吉翁』愛知県総合芸術研究会(丸善)。

松田京子、二〇〇三『帝国の視線──博覧会と異文化表象』吉川弘文館。

松田京子、二〇一四『帝国の思考──日本「帝国」と台湾原住民』有志舎。

松原龍一、二〇〇六「富本憲吉の軌跡」→図録28『富本憲吉展』。

松本誠一、二〇一一『岡田三郎助』佐賀県立佐賀城本丸歴史館。

三浦泰之、二〇〇〇「明治初期の地方博覧会と開拓使」『北海道開拓記念館研究紀要』二八号。

三浦泰之、二〇〇一「ウィーン万国博覧会と開拓使・北海道」『北海道開拓記念館研究紀要』二九号。

三島雅博、一九九三『明治期の万国博覧会日本館に関する研究』(学位論文、神戸大学)。

水尾比呂志、一九九二『評伝 柳宗悦』筑摩書房(ちくま学芸文庫、二〇〇四年)。

南八枝子、二〇一一『洋画家南薫造交友関係の研究』杉並けやき出版。

宮崎隆旨、一九九九「南薫造宛 富本憲吉書簡について」[富本、一九九九]。

村上民、二〇一四「山本鼎と自由学園――教育=運動の現場に立ち続けた鼎」→図録51『山本鼎のすべて展』。

村上民、二〇一五「自由学園草創期の美術教育――羽仁もと子・吉一と山本鼎の協働を中心に」『生活大学研究』一―一。

村上民、二〇一六「戦時下自由学園の美術教育運動「美術」と「工芸」の重層的展開をめぐって」『生活大学研究』二―一。

持田恵三、一九九七『近代日本の知識人と農民』家の光協会。

森仁史、二〇〇九『日本〈工芸〉の近代 美術とデザインの母胎として』吉川弘文館。

モリス、ウィリアム、一八九一『ユートピアだより』(川端康雄訳)、岩波文庫、二〇一三年。

モリス、ウィリアム、一九五三『民衆の芸術』(中橋一夫訳)、岩波文庫。

安田禄造、一九一七『本邦工芸の現在及将来』廣文堂書店(森仁史監修『叢書・近代日本のデザイン』一四、ゆまに書房、二〇〇八年)。

藪亨、一九七九「創成期のドイツ工作連盟における指導理念――機械とデザインの関連をめぐって」『美学』一一八号。

山口昌男、一九九五『「敗者」の精神史』岩波書店(岩波現代文庫(上・下)、二〇〇五年)。

山口昌男、二〇一〇『内田魯庵山脈――〈失われた日本人〉発掘』(上・下)岩波現代文庫。

山越脩三編、一九七一『山本鼎の手紙 付渡航日記ほか』上田市教育委員会。

山越脩三編、一九七七『山本鼎の手紙 補遺』上田市教育委員会。

山崎明子、二〇〇五『近代日本の「手芸」とジェンダー』世織書房。

山崎明子、二〇〇七「女子美術教育における「手芸」の位置――ジェンダー理論による「手芸」概念の検討」『美術教育』二八、美術教育学会。

山崎明子、二〇〇八「戦後手芸ブームと新たな「主婦」規範」池田忍編『表象／帝国／ジェンダー――聖戦から冷戦へ』（千葉大学大学院人文社会科学研究科研究プロジェクト報告書第一七五集）。

山崎明子、二〇〇八―〇九「美術教育とジェンダー」（1）―（8）『美術運動史研究会ニュース』九四―九八、一〇〇号。

山崎明子、二〇一〇「美術教育をめぐるジェンダー・システム」池田忍・小林緑編著『ジェンダー史叢書4 視覚表象と音楽』明石書店。

山路勝彦、二〇〇四「拓殖博覧会と「帝国版図内の諸人種」」『関西学院大学社会学部紀要』九七号。

山田俊幸、二〇〇六「富本憲吉のデザイン空間」→図録30『富本憲吉のデザイン空間』。

山田俊幸、二〇〇九a「杉浦非水と富本憲吉の時代」→図録19『杉浦非水の眼と手』。

山田俊幸、二〇〇九b「富本憲吉・ギャラリー「三笠」の時代」『日本文学研究』四〇号、帝塚山学院大学。

山田光春、一九七四『藤井達吉の生涯』風媒社。

山本鼎、一九二一『美術家の欠伸』アルス。

山本鼎、一九二八『図画と手工の話』アルス。

山本鼎、一九三〇『世界工芸美術物語』アルス。

山本鼎編、一九二五a『刺繡レース染色――実用手工芸大講座』日本農民美術研究所出版部。

山本鼎編、一九二五b『木工・木彫――実用手工芸大講座』日本農民美術研究所出版部。

山本太郎、一九八〇『山の彼方の』山と渓谷社。

吉田光邦編、一九八五『図説 万国博覧会史 一八五一―一九四二』思文閣出版。

吉田光邦編、一九八六『万国博覧会の研究』思文閣出版。

吉見俊哉、一九八七『都市のドラマトゥルギー――東京・盛り場の社会史』弘文堂。
吉見俊哉、一九九二『博覧会の政治学――まなざしの近代』中央公論社。
リーチ、バーナード、一九八二『東と西を超えて 自伝的回想』(福田陸太郎訳)、日本経済新聞社。
リヒツフェルト、ブルーノ・J、一九九六「ミュンヘン国立民族学博物館所蔵の二番目のシーボルト・コレクション」→図録15『シーボルト父子のみた日本』。
若桑みどり、一九九七『隠された視線――浮世絵・洋画の女性裸体像』(岩波近代日本の美術2)、岩波書店。
鷲田清一編著、二〇一八『大正=歴史の踊り場とは何か 現代の起点を探る』講談社。
渡邊澄子、二〇〇一『青鞜の女・尾竹紅吉伝』不二出版。
Brandt, Kim, 2007, *Kingdom of Beauty: Mingei and the Politics of Folk Art in Imperial Japan*, Durham, Duke University Press.
De Waal, Edmund, 1999, 2014, *Bernard Leach*, British Artists, Tate Publishing.
Ikeda, Shinobu, 2017, "Imperial Desire and Female Subjectivity: Umehara Ryūzaburō's Kunyan Series", translated by Ignacio Adriasola, *Ars Orientalis* 47.
Leach, Bernard, 1978, *Beyond East and West: Memoirs, Portraits and Essays*, Faber and Faber Limited.
Vallance, Aymer, 1897, *William Morris: His Art, his Writings and his Public Life*, London, George Bell and Sons.

【展覧会図録】 *本文中で展覧会図録に言及する際の便宜のため、図録に通し番号を付した。

1『浅井忠・武田五一と神坂雪佳 京都高等工芸学校・京都市立美術工芸学校の図案教育Ⅰ』二〇一四、京都工芸繊維大学美術工芸資料館。

2『ありがとう! 山本鼎記念館 山本鼎記念館閉館特別展』二〇一四、上田市山本鼎記念館編集。

3『イギリス工芸運動と濱田庄司展 別冊追加出品資料』一九九八、千葉市美術館。

4『糸と光と風景と　刺繡を通してみる近代』二〇一六、北区飛鳥山博物館。

5『海を渡った明治の美術　再見！　一八九三年シカゴ・コロンブス世界博覧会』一九九七、東京国立博物館。

6『越境する日本人——工芸家が夢みたアジア——1910s-1945』二〇一二、東京国立近代美術館。

7『岡田三郎助　エレガンス・オブ・ニッポン』二〇一四、佐賀県立美術館。

8『恩地孝四郎展』二〇一六、東京国立近代美術館他。

9『黒田清輝・岸田劉生の時代』二〇〇五、ポーラ美術館。

10『芸術家の家　大沢昌助と父三之助展　絵画と建築』二〇一〇、練馬区立美術館。

11『幻想のコレクション　芝川照吉——劉生、達吉、柏亭らを支えたもう一つの美術史』二〇〇五、渋谷区立松濤美術館。

12『工芸継承　東北発、日本インダストリアルデザインの原点と現在』二〇一八、国立民族学博物館。

13『今和次郎採集講義』二〇一一、青森県立美術館・パナソニック電工汐留ミュージアム。

14『芝川照吉コレクション展　青木繁・岸田劉生らを支えたコレクター』二〇一三、京都国立近代美術館。

15『シーボルト父子のみた日本』一九九六、ドイツ-日本研究所。

16『第八〇回展記念　春陽会　草創の画家たち』二〇〇三、小杉放菴記念日光美術館。

17『白樺派と美術　武者小路実篤・岸田劉生と仲間たち』一九九九、東京ステーションギャラリー他。

18『白樺派の愛した美術　『白樺』誕生一〇〇年』二〇〇九、京都文化博物館他。

19『杉浦非水の眼と手——〈写生〉のイマジネーション』二〇〇九、宇都宮美術館。

20『生活と芸術　アーツ&クラフツ展　ウィリアム・モリスから民芸まで』二〇〇九、京都国立近代美術館。

21『世紀の祭典　万国博覧会の美術——パリ・ウィーン・シカゴ万博に見る東西の名品』二〇〇四、東京国立博物館他。

22『青春の山本鼎画集　美術文芸雑誌「方寸」から』一九八九、上田市山本鼎記念館。

23『創作版画の誕生』一九九九、渋谷区立松濤美術館。

24『生誕一三〇年　彫刻家・高村光太郎展』二〇一三、千葉市美術館。

25『東京・ソウル・台北・長春　官展にみる近代美術』二〇一四、福岡アジア美術館他。

26『生誕一〇〇年記念　富本憲吉展』一九八六、有楽町アートフォーラム・大原美術館他。

27『モダンデザインの先駆者　富本憲吉展』二〇〇〇、そごう美術館。

28『生誕一二〇年　富本憲吉展』二〇〇六、京都国立近代美術館他。

29『富本憲吉と一枝　暮らしに役立つ美しいもの』(富山市陶芸館開館三〇周年記念特別展)、二〇一一、富山市陶芸館。

30『生誕一二〇年　富本憲吉のデザイン空間』二〇〇六、松下電工汐留ミュージアム。

31『日本の版画Ⅱ　一九一一―一九二〇　刻まれた「個」の饗宴』一九九九、千葉市美術館他。

32『日本の眼と空間1　もうひとつのモダン・デザイン』一九九〇、セゾン美術館。

33『日本の眼と空間2　近代の趣味：装飾とエロス1900-1945』一九九二、セゾン美術館。

34『人間国宝の日常のうつわ　もう一つの富本憲吉』二〇〇四、東京国立近代美術館。

35『納富介次郎と四つの工芸・工業学校展』二〇〇〇、佐賀県立美術館。

36『生誕一二〇年　野島康三――ある写真家が見た日本近代』二〇〇九、京都国立近代美術館。

37『白馬会　明治洋画の新風』一九九六、日本経済新聞社。

38『パトロンと芸術家　井上房一郎の世界展』一九九八、群馬県立近代美術館・高崎市美術館。

39『美術的社会運動家としての山本鼎　鼎と上田の青年が描いた夢』(上田市山本鼎記念館編集)、二〇〇六、上田市山本鼎記念館。

40『藤井達吉のいた大正　大正の息吹を体現したフュウザン会と前衛の芸術家たち　開館記念展』二〇〇八、碧南市藤井達吉現代美術館(HP　http://www.city.hekinan.aichi.jp/tatsukichimuseum/)。

41『藤井達吉の世界　郷土が生んだ近代工芸の先駆者　碧南市制五〇周年記念特別展』一九九八、藤井達吉展実行委員会。

42『藤井達吉の全貌　野に咲く工芸・宙《そら》を見る絵画』二〇一三、渋谷区立松濤美術館・宇都宮美術館・岡崎市美術館。

43『没後五〇年　藤田嗣治　本のしごと——文字を装う絵の世界』二〇一八、西宮市大谷記念美術館・目黒区美術館他。

44『[クッションから都市計画まで]ヘルマン・ムテジウスとドイツ工作連盟：ドイツ近代デザインの諸相1900-1927』二〇〇二、京都国立近代美術館。

45『三國荘——初期民芸運動と山本為三郎』二〇一五、アサヒビール大山崎山荘美術館。

46『明治一五〇年展　明治の日本画と工芸』二〇一八、京都国立近代美術館。

47『柳宗悦展——「平常」の美・「日常」の神秘』一九九七、三重県立美術館。

48『山崎省三・村山槐多とその時代』二〇一三、横須賀美術館。

49『山本鼎　青春の絵はがき』二〇一八、サントミューゼ上田市立美術館。

50『山本鼎　生誕一二〇年展　山本鼎その仕事——版画と装幀に光をあてて』二〇〇二、上田市山本鼎記念館。

51『山本鼎のすべて展「自分が直接感じたものが尊い」の実像に迫る』(滝澤正幸・堀内克巳・小笠原正編)、二〇一四、上田市立美術館。

52『洋画家たちの青春——白馬会から光風界へ』二〇一四年、東京ステーションギャラリー他。

53『ヨハネス・イッテン——造形芸術への道』二〇〇三、京都国立近代美術館。

54『よみがえれ！　シーボルトの日本博物館』二〇一六、国立歴史民俗博物館他。
55 *May Morris: Arts & Crafts Designer*, 2017, Victoria & Albert Museum, London/Thames & Hudson.
56 *That Continuous Thing Artists and The Ceramics Studio: 1920–Today*, 2016, Edited by Sara Matson, Sam Thorne, Tate Publishing.

あとがき

美術、芸術作品との出会いは、私を取り巻く小さな世界が、ぱっと開けていくような感覚とともに記憶されている。「ここ」ではない、どこか遠くの未知の世界へと誘《いざな》い、私を連れ出してくれる造形の力、存在感に驚き、ときめく。かたちや色、誰か未知の人の身体の動きを感じ、手や指の動きの跡に触れる快楽が、美術史に進む原点にはあったと思う。

「プロローグ」で述べたように北海道生まれの私にとって、中学に入学する年の春休みに、まだ雪が残る札幌を列車で出て、はじめて訪れた奈良と京都は衝撃であった。お決まりの法隆寺参詣では伽藍と仏像の静謐《せいひつ》な佇まいに、また浄瑠璃寺では馬酔木《あせび》の可憐な白い花房と濃い緑のコントラストに、一足飛びに時空を超えた実感を味わった。旅のもう一つの目的は、この年(一九七〇年)大阪・千里で開催中の万博を見ることだった。運よく叔母の一家が転勤で堺市に住んでおり、母は大和路散策を楽しみ、併せて娘たちには戦後の二大国家イベントのひとつ万博を見せようと旅を計画したのだろう。異形の顔を持つ太陽の塔、カラフルな民族衣装と多様な肌の色、電子の前衛音楽、これらに呆然とした記憶は今なお新しい。母と叔母には神戸でショッピングというさらなる愉しみもあったようだ。

一九七〇年の関西への旅は、私にとって、広げられた異文化の網にかかる経験であり、後付けに過ぎないかもしれないが、古都と万博会場とを移動する中で、私は「文化の場所」という問題にはじめて遭遇したのではなかったか。この旅の経験を通じて、遠くの文化、歴史を学んでみたいという思いが、確かに芽生えた。それは、日本の古代か、異国の美術か……大学生になってもしばらく迷っていた。

その後、ナラティブ(王朝物語、説話、軍記、縁起)と視覚イメージが交差する絵巻物の研究に進んだ。学部で中世思想史家の大隅和雄先生、大学院で美術史家の秋山光和先生のご指導を受ける幸に恵まれて芽生えた関心である。出来事(描かれる人や空間)と、語り手(注文主や鑑賞者)との間の「距離」、両者の緊張が「絵」には刻まれている、現れると考えていた。では、絵師は、そして物語の作者、あるいは詞書《ことばがき》の編集者は、絵巻物の世界のどこに、どのように姿をあらわすのだろうか。そのような問いと考察を重ねる中で、美術史研究者として作品に向き合う私自身の位置を自省し始めた。

きっかけはひとつではないが、ジェンダー研究、ポストコロニアル研究との遭遇は、振り返ると必然だったように思う。女性たちの声が聞こえる平安時代の「物語絵」に魅せられていた私に、それが古代の中国(唐帝国)を中心とする一大政治文化圏の中で、自らを模索する「やまと」(和・日本)の宮廷社会が必要とした文化領域であったと教えてくれたのは、美術史家としてフェミニズム思想を生きた千野香織さんだった。進んだ唐の文化に憧れるやまとの(男性)貴族文化が、内部に唐を擬製する傍らで、日常の空間、文化領域には「唐」とは異なる「やまと」の領域を生んだ(千野香織「日本美術のジェンダー」『千野香織著作集』ブリュッケ、二〇一〇年、五一七—五三九頁)。そこは女性(貴族)の居場所でもあり、彼女たちによる創造の花がひらいた。

一九九〇年代の半ば、転機にあった私は千葉大学・文学部にはじめての職を得た。ここで、グローバリゼーションの時代の人文科学、歴史学の責任と役割について考え、議論する同僚と出会う。国家、共同体、さまざまな集団、すなわちマジョリティ、マイノリティの入り組む関係性に目を向け、社会において政治的に構成される大小の集合体に対する責任を、文化という側面から考え、自ら引き受け実践することの大切さを知った。それは同僚のひとり、美術史家の若桑みどりさんが貫いた姿勢である。

私もまた、日本の古美術を研究して、現代の日本、世界に発信することの意味や効果について考え始めた。それはとりもなおさず、西洋世界で生成し、近代に成立した制度としての「美術」、学知としての「美術史」の枠組みを学び直しつつ、ほどく作業となる。そこで見出した研究テーマが近代日本の「女性像」であり、彼女たちの身体を彩り、意味づける空間(「家庭」や「郷土」)、そして手仕事の表象であった。さらに表象からモノそれ自体へと、関心は次第に広がる。そして、故郷である北海道が蝦夷地と呼ばれた頃からの、つまり国境が引かれる以前の北の諸民族の造形を排除して成り立つ「日本美術史」の来歴を知りたい、明らかにしたいとの思いが芽生えた。女性、田舎(地方/農山漁村)、そして植民地の人々は、一級の文化の創造者/担い手としては認められないものの、帝国化する日本の文化表象の中核を占め、特に西洋の新思想と芸術に触れた男性たちを刺激し、創造の源泉となったように見えたからである。

シリーズ「日本の中の世界史」の基となる「世界史の中の日本、日本の中の世界史」の研究会に飛び込んだ背景は、おおむね上記のとおりである。起点で面識があったのは、かつて同僚として新米の私を千葉大に迎えてくださった南塚信吾さんおひとりだった。たじろぐ私に、研究会の趣旨と目的を明快に説かれたのは、凄腕の企画・編集人、渡邊勲さんである。二〇一四年の四月に千葉大の私の研究室へみえた初対面の渡邊さんからは、御祖父で日本画家の渡邊莱渚（一八七五―一九三九）が、福井県の粟田部村（現、越前市今立町）に生まれ、東京美術学校を出て、博覧会や初期の文展に入選を重ねるなど嘱望されながらも、一九一〇年代の半ば頃には出品を止めて修養に励み、少数のパトロンや郷土会との絆をよりどころに画作を続けたというエピソードを伺った。今にして思えば、芸術のパトロンが国家から個人へと広がるこの時期に出現した、「個」としての表現探究に邁進するタイプの美術家のひとりを、孫の渡邊さんを通して知ったのである。

それにしても、「日本の中の世界史」を捉えるには、あまりにも視野が狭く、知識が足りない私は、準備、執筆も遅れ、本当に完成は危うかった。どの段階においても研究会の皆さんは、あたたかい励ましとともに、私の理解、記述の曖昧さを妥協なく指摘、糺してくださった。ことに終盤の研究会で、明治・大正・昭和という改元を節目とする和暦にとらわれがちな私の思考を、まさに世界情勢とのかかわりから見直し、「日本の中の世界史」の現れとして取り上げる美術家の実践や思想を考えるよう鋭く迫られた。これによって、本書の章立てを大きく変更することになった。また、最終段階で欲張りすぎて溢れてしまった拙稿に目を通し、透徹した理論的見地からご意見をくださったのは南塚信吾さんである。岩波書店編集部の入江仰さんには、幾度となく難破しかかる小舟の舵をとっていただいた。吉田浩一さんの見えない手やお知恵がいつも働いていたことを感じている。もとより本書の内容についての責任は私自身にあるが、編集者の皆さんを含む研究会のメンバー全員の開かれた知性、歴史を踏まえた鋭い時代批評の精神に導かれ、「あとがき」を書く日に至ることができたのである。感謝の念とともに、研究会の終了が現実となった今、言いがたい喪失感を味わっている。

本書の執筆に際しては、多くの方々にお世話になった。

近代資本主義社会において商品でもある個々の造形は、価値の変容に晒され、失われるものも少なくなかった。著名な作家の作品であっても例外とは言えない。それらを、制作環境、伝来、展示の場において愛おしみ、大切に扱いながら、貴重な史資料、情報とともに蒐集・保存して、多くの観衆に橋渡しをし、研究者に提供くださる所蔵者、ギャラリスト、学芸員、先学の皆さまに心からの感謝と敬意を捧げたい。中でも清水真砂氏、唐澤昌宏氏、冨田康子氏は、お仕事で培われたネットワークを、寛大にも工芸研究では素人の私に開いてくださった。

本書の執筆と併行して参加したプロジェクト、機関の皆さまにもお礼を申し上げたい。国立歴史民俗博物館の基盤研究「日本列島社会の歴史とジェンダー」、科研「アイヌ・アートの現在に見る「伝統」とジェンダー」、日本学術振興会・学術システム研究センター・人文社会班では、研究の一端、報告を聞いていただき、貴重なご意見、示唆をいただいた。展覧会見学やフィールドワークの機会の多くは、これらの研究助成によって実現した。北海道から沖縄まで、また海外でも果敢で魅力あふれる現代の美術家に出会うことができたのはそのおかげである。そして、おひとりおひとりのお名前を挙げることは控えるが、幾度となく作品を見る場をご一緒し、異なる視座と豊かな知識を惜しみなく与えてくれた友人たちと妹、そして毛利美由紀さんに心からのお礼を申し上げる。暮らしの中で「モノ」を共有し、生活を離れて美は存在しえないことを教えてくれる家族に本書を捧げたい。

このテーマに取り組む期間、講義や演習では、「モノ」や表象、芸術作品をめぐる人の営み、それらについての語りや研究の歴史を取り上げてきた。学部生、院生の皆さんの質問や率直な意見に、気づかされることは実に多かった。「芸術」は非日常、自分たちの暮らしからは遠い存在と感じる人は、若者に限らず多いだろう。造形の魅力、面白さが、そこかしこに溢れ、自由な批評と研究が活発に展開し、未知の世界への窓が開かれる社会の実現が、美術史を専門とする私の夢であり目標である。

二〇一九年四月

池田　忍

池田　忍

1958年生．東京女子大学文理学部史学科卒業．学習院大学大学院人文科学研究科博士課程単位取得退学．現在，千葉大学文学部教授．日本美術史．
著書に，『日本絵画の女性像——ジェンダー美術史の視点から』（筑摩書房，1998年），『交差する視線（美術とジェンダー2）』（共著，ブリュッケ，2005年），『源氏物語と美術の世界（講座源氏物語研究10）』（おうふう，2008年），『視覚表象と音楽（ジェンダー史叢書4）』（共著，明石書店，2010年），『問いかけるアイヌ・アート』（編著，岩波書店，2020年）など．

シリーズ日本の中の世界史
手仕事の帝国日本——民芸・手芸・農民美術の時代

2019年5月30日　第1刷発行
2021年5月25日　第2刷発行

著　者　池《いけ》田《だ》　忍《しのぶ》

発行者　岡本　厚

発行所　株式会社　岩波書店
〒101-8002　東京都千代田区一ツ橋2-5-5
電話案内　03-5210-4000
https://www.iwanami.co.jp/

印刷・三秀舎　製本・松岳社

ISBN 978-4-00-028389-2　　Printed in Japan